高等学校图书情报与档案管理系列教材

图书馆管理

白献阳　张　鑫　陈则谦　主编

科学出版社

北　京

内 容 简 介

本书在概述图书馆管理概念与内容的基础上，简要回顾了图书馆管理思想的发展，介绍了图书馆管理的基本原理与方法，分析了图书馆计划、组织、领导、控制等基本职能，阐述了对图书馆产生整体影响的战略管理、业务流程重组管理、全面质量管理等内容，最后探讨了图书馆的服务管理、人力资源管理、组织文化、危机管理、营销管理等具体业务领域。在理解管理理论和遵循图书馆特点的基础上，本书彰显了图书馆管理的前瞻性和实用性，内容由浅入深，理论结合实践，基础融合前沿，紧扣图书馆管理实践。

本书既可以作为高等院校图书馆学、信息资源管理及相关专业的教学用书，也可以作为各类图书馆和信息机构的培训教材和工作参考书。

图书在版编目（CIP）数据

图书馆管理 / 白献阳，张鑫，陈则谦主编. —北京：科学出版社，2024.2
高等学校图书情报与档案管理系列教材

ISBN 978-7-03-069550-5

Ⅰ. ①图… Ⅱ. ①白… ②张… ③陈… Ⅲ. ①图书馆管理－高等学校－教材 Ⅳ. ①G251

中国版本图书馆 CIP 数据核字（2021）第 158560 号

责任编辑：方小丽 / 责任校对：王晓茜
责任印制：张 伟 / 封面设计：蓝正设计

科 学 出 版 社 出版
北京东黄城根北街 16 号
邮政编码：100717
http://www.sciencep.com

北京九州迅驰传媒文化有限公司 印刷
科学出版社发行 各地新华书店经销
*

2024 年 2 月第 一 版 开本：787×1092 1/16
2024 年 2 月第一次印刷 印张：16 1/2
字数：400 000
定价：68.00 元
（如有印装质量问题，我社负责调换）

前　言

图书馆作为重要的社会文化教育机构,在人类文明记忆的保护传承、知识信息的交流传播、经济社会的创新进步、社会公众的学习成长、多元文明的交流学习中发挥着越来越重要的作用,其建设和发展得到各国政府的大力支持。社会经济的发展、社会结构的变革、信息化浪潮的深化以及文化强国战略的实施给图书馆事业带来了新的挑战和机会。党的二十大报告提出:"深化文化体制改革,完善文化经济政策。实施国家文化数字化战略,健全现代公共文化服务体系,创新实施文化惠民工程。"[①]《关于加快构建现代公共文化服务体系的意见》(2015 年)、《公共图书馆服务规范》(2012 年)、《普通高等学校图书馆规程》(2015 年修订)、《中小学图书馆(室)规程》(2018 年修订)、《中华人民共和国公共图书馆法》(2017 年)等政策法规体系的不断健全,有效保障了各类型图书馆的科学管理与规范运行。在信息技术的驱动下,各种现代数字技术在图书馆得到广泛应用,各类图书馆向数字化、网络化转型发展,各种新的文献信息服务手段不断推出,智慧图书馆理论和实践开始起步,"24 小时自助图书馆""24 小时场馆型自助图书馆(城市书房)"开始出现。因此,国家政策法规、社会文化环境、信息技术等环境的变化对现代图书馆管理提出了新的要求。

图书馆管理是人类管理活动的重要组成部分,是管理学与图书馆实践有机结合的产物。图书馆是一个生长着的有机体,图书馆管理随着图书馆实践的变化而发展。一方面,图书馆管理需要适应不断发展变化的政治、经济、社会、技术等外部环境,抓住图书馆事业发展的机遇,寻求新的业务增长点,提升图书馆价值;另一方面,图书馆管理需要总结和升华图书馆管理实践活动,加强内部科学、规范的管理,提高业务效率和服务水平,保障图书馆事业健康有序发展。为此,我们编写了一部能够理论结合实践、基础融合前沿的图书馆管理教材。

本书在概述图书馆管理概念与内容的基础上,简要回顾了图书馆管理思想的发展,介绍了图书馆管理的基本原理与方法,分析了图书馆计划、组织、领导、控制等基本职能,阐述了对图书馆产生整体影响的战略管理、业务流程重组管理、全面质量管理等内容,最后探讨了图书馆的服务管理、人力资源管理、组织文化、危机管理、营销管理等具体业务领域。一方面,有利于读者掌握图书馆管理的基础知识,如管理的原理、方法与基本职能等;另一方面,本书旨在总结和升华图书馆管理实践活动,反映图书馆管理研究的最新成果,如战略管理、业务流程重组、组织文化等,实现理论结合实践、基础融合前沿的目标。

本书由白献阳编写初步的框架和大纲,张鑫和陈则谦修改和完善大纲。各章参编人员

---

① 《习近平:高举中国特色社会主义伟大旗帜　为全面建设社会主义现代化国家而团结奋斗——在中国共产党第二十次全国代表大会上的报告》,https://www.gov.cn/xinwen/2022-10/25/content_5721685.htm[2022-10-25]。

的具体分工如下：第一章和第二章，白献阳；第三章，陈则谦和李素云；第四章和第五章，邝苗苗和白献阳；第六章，严晓宇和白献阳；第七章，陈则谦和李素云；第八章，张鑫和牛冰倩；第九章，张琪和唐萍；第十章，张鑫和牛冰倩；第十一章，邝苗苗和白献阳；第十二章，白献阳。全书由白献阳、张鑫和陈则谦负责最后统稿。

本书的框架体系深受徐建华教授所著的《现代图书馆管理》和刘兹恒教授、徐建华教授、张久珍教授主编的《现代图书馆管理》的影响，它们也是编者在课程教学过程中长期使用的教材，对编者的帮助和影响很大；同时，参考借鉴了付立宏和袁琳的《图书馆管理学》的框架内容。本书在编写过程中参考引用了各类教材、著作的相关内容以及研究论文成果，在此致以诚挚的谢意！感谢本书的责任编辑与文字编辑的鼓励、包容和督促，使本书得以顺利出版。

本书历时两年编写完成，由于是多人参与编写，写作风格不完全相同，尽管在统稿时做了弥补，但仍然存在不少缺憾。囿于编者的知识、能力和经验所限，以及图书馆管理理论与实践的不断发展变化，书中难免存在不足，恳请读者在阅读和使用本书的时候不吝批评指正。

白献阳

2023 年 12 月 30 日于保定市紫园小区

目　　录

前言
第一章　导论 ……………………………………………………………… 1
　　第一节　管理与管理者 ……………………………………………… 1
　　第二节　图书馆管理概述 …………………………………………… 5
第二章　图书馆管理思想的发展 ………………………………………… 9
　　第一节　西方管理思想的发展 ……………………………………… 9
　　第二节　图书馆管理思想的历史沿革与发展 …………………… 16
第三章　图书馆管理的基本原理与方法 ……………………………… 27
　　第一节　图书馆管理的基本原理 ………………………………… 27
　　第二节　图书馆管理的基本方法 ………………………………… 38
第四章　图书馆管理的基本职能 ……………………………………… 49
　　第一节　图书馆计划 ……………………………………………… 49
　　第二节　图书馆组织 ……………………………………………… 52
　　第三节　图书馆领导 ……………………………………………… 55
　　第四节　图书馆控制 ……………………………………………… 60
第五章　图书馆战略管理 ……………………………………………… 65
　　第一节　图书馆战略管理概述 …………………………………… 65
　　第二节　图书馆战略规划的过程 ………………………………… 72
　　第三节　图书馆战略实施与评价 ………………………………… 83
第六章　图书馆业务流程重组管理 …………………………………… 88
　　第一节　业务流程重组概述 ……………………………………… 88
　　第二节　图书馆业务流程重组的思想 ………………………… 100
　　第三节　图书馆组织结构的重组 ……………………………… 107
第七章　图书馆全面质量管理 ……………………………………… 113
　　第一节　图书馆全面质量管理概述 …………………………… 113
　　第二节　图书馆全面质量管理的过程、方法和工具 ………… 121
　　第三节　图书馆服务质量管理 ………………………………… 133
第八章　图书馆服务管理 …………………………………………… 143
　　第一节　图书馆服务理念 ……………………………………… 143
　　第二节　图书馆服务管理的内容 ……………………………… 150
　　第三节　图书馆用户管理 ……………………………………… 159
　　第四节　图书馆服务管理的要求 ……………………………… 168

第九章　图书馆人力资源管理·······························172
　第一节　图书馆人力资源管理概述·····················172
　第二节　图书馆人力资源招聘·························179
　第三节　图书馆人力资源培训与开发···················184
　第四节　图书馆人力资源绩效考核·····················189
　第五节　图书馆人力资源激励·························195
　第六节　图书馆员职业生涯规划与管理·················200
第十章　图书馆组织文化·······························208
　第一节　图书馆组织文化概述·························208
　第二节　图书馆核心价值····························213
　第三节　基于 CIS 理论的图书馆组织文化建设···········218
第十一章　图书馆危机管理·····························226
　第一节　图书馆危机管理概述·························226
　第二节　图书馆危机管理的内容·······················230
　第三节　图书馆危机管理过程·························233
　第四节　图书馆危机管理策略·························237
第十二章　图书馆营销管理·····························239
　第一节　图书馆营销管理的概述·······················239
　第二节　图书馆营销管理的程序·······················245
　第三节　图书馆营销与公共关系·······················251

第一章 导 论

第一节 管理与管理者

一、组织和管理的产生[①]

把管理作为一门科学进行系统的研究，只是最近一二百年的事。但是，管理实践却和人类的历史一样悠久，至少可以追溯到几千年以前。自人类诞生以来，欲望无限与资源有限之间的矛盾就一直困扰着人类。从某种程度上来说，人类的发展史也是人类寻找这一对矛盾协调方法的历史，组织和管理就是在这个过程中产生和逐步发展起来的。

在人类发展初期，人类面临的主要是生存问题，抵御野兽，获取食物，以满足人类生存和发展的基本需要。一方面，人类制造工具，发明弓箭，学会磨制石器和制作陶器，增强人类与大自然斗争的能力；另一方面，人类通过组织的力量谋求生存，形成血缘家族，妇女采集，男人狩猎，共同生活、共同劳动。

在原始社会和奴隶社会时期，随着农业和畜牧业的发展，人类的物质需求得到较好的满足。在此情况下，原来的氏族随着人口的增多分为两个或更多的氏族，有血缘关系的氏族则联合形成部落。由于人口的增多，部落的扩大，产生了扩大生产、采集、狩猎地域的需求。为争夺土地、河流、森林等资源，部落与部落之间发生了武力冲突，产生了原始状态的战争。原始社会末期，随着生产力的发展，产品有了剩余，逐渐出现了私有财产。战俘成为劳动力投入农业和畜牧业，出现了主人和奴隶，出现了阶级，原始状态的战争蜕变为抢劫、掠夺财富和奴隶的战争。经过长期斗争，以军事首长为代表的奴隶主阶级夺取了全部权力，氏族制度最终为国家所代替。国家形成之后，战争仍然连绵不断，国家之间不断通过战争弱肉强食，争夺资源和财富。

战争能够掠夺资源，但战争本身也需要耗费资源。因此，在各方力量大致相当的情况下，人类又创造了和平的贸易方式，通过交换获得自己相对稀缺的资源，从而满足自己的欲望。最原始的贸易是发生在部落之间，私有财产出现后有了个人之间的物物交换；国家开始形成后，国家通过贸易的方式采购政府和军队所需的物资，促进了商品的产生、货币的形成及保障贸易的法律体系出现。

随着人类的进一步发展，通过生产劳动、组织、战争、贸易等方式获得的资源仍难以满足人类不断增长的需要，人们又提出了道德教化、法律规范和科学管理等方法来协调人类无限欲望与有限资源之间的矛盾。道德教化和法律规范建立基本的社会秩序，约束人们的欲望，如"清静寡欲""欲为万恶之源"等，缓和欲望与资源之间的矛盾，以使有限的

---

① 邢以群. 管理学[M]. 3 版. 北京：高等教育出版社，2017：5-12.

资源可以满足人的欲望。管理是通过科学的方法来提高资源的利用率，力求以有限的资源实现尽可能多的目标，协调欲望无限和资源有限之间的矛盾。虽然对管理的系统研究是在 19 世纪末 20 世纪初，但人类的管理活动是一直伴随着人类活动的，在早期的血缘家族中协调人们的劳动和狩猎，当家庭、国家、教会产生后带来了家庭管理、国家管理和教会管理。

总之，管理产生的根本原因是人的欲望的无限性和资源的有限性之间的矛盾，管理的功能是通过科学的方法来提高资源的利用率，力求以有限的资源实现尽可能多或高的目标。管理与生产劳动、组织、战争、贸易、法律、伦理道德一样，都是人们为了有效地协调资源有限和欲望无限之间的矛盾而采用的方法或手段。

二、管理的概念

管理是什么？不同的学者对管理有不同的认识，管理定义的多样性，既反映了人们研究立场、方法、角度的不同，也反映了人们对管理认识的逐步深入。在此，列举一些重要的定义，让我们更深刻地理解管理，掌握管理的实质。

罗宾斯和库尔特认为，管理是指"协调和监管他人的工作活动，从而使他们有效率、有效果地完成工作"[①]。

孔茨和韦里克把管理定义为"设计并保持一种良好环境，使人们在群体状态下高效率地完成既定目标的过程"[②]。

周三多等认为，"管理是为了实现组织的共同目标，在特定的时空中，对组织成员在目标活动中的行为进行协调的过程"[③]。

邢以群定义管理就是"在一定的情境下，通过科学运用人力资源和其他资源，以有效地实现目标的活动或过程"[④]。

综合上述概念，我们可以看到：①管理是为了实现组织特定的目标，组织目标能否实现是评价管理成败的唯一标准，同时强调实现目标的效率；②管理的对象是多样的，在组织中有人力、资金、信息、设备等资源，在这些资源中，核心的管理对象是人，人具有主观能动性，只有人才能有效地整合和利用各种资源；③管理是一个多阶段、多项工作的综合过程，包括决策、计划、组织、领导、控制、创新等；④管理的本质是协调，协调是解决各方面的矛盾，实现各种资源的有机结合与和谐一致，在管理中通过管理的各项职能实现目标、资源、任务、行为、活动等的协调。

三、管理者

组织是通过分工协作来实现组织功能的，其中最大的分工就是执行者和管理者的分离。管理者是协调和监管其他人的工作，以使组织目标能够实现的人。随着组织的发展，

① 罗宾斯 S P, 库尔特 M. 管理学[M]. 11 版. 李原, 孙健敏, 黄小勇译. 北京: 中国人民大学出版社, 2012: 8.
② 孔茨 H, 韦里克 H. 管理学: 国际化与领导力的视角[M]. 9 版. 马春光译. 北京: 中国人民大学出版社, 2014: 4.
③ 周三多, 陈传明, 刘子馨, 等. 管理学——原理与方法[M]. 7 版. 上海: 复旦大学出版社, 2018: 7.
④ 邢以群. 管理学[M]. 3 版. 北京: 高等教育出版社, 2017: 11.

组织内部出现越来越多的管理者。管理者在组织中要发挥作用，就必须进行合理的分工，因此产生了管理者的分类。

一个组织中的管理者，按管理层次可以分为高层管理者、中层管理者和基层管理者；按所从事的工作领域可以分为业务管理者、财务管理者、人力资源管理者、行政管理者、技术管理者等。在一个组织中，不同层次的管理者的责任和权限不同，工作的侧重点也有所差异。高层管理者对组织负有全面责任，决定组织的战略，为组织创造良好的内外环境；中层管理者理解高层管理者的决策，贯彻落实高层管理者确定的战略，指挥基层管理者开展工作；基层管理者直接指挥和监督现场作业员工，保证完成上级下达的各项计划和指令。

管理者通过了解管理者的分类，清楚自己目前所处的地位和在组织中的角色分工，从而正确地履行管理职责，防止角色错位。

四、管理的职能

在日常生活中，存在各种各样的管理现象：企业的经理管理着企业的生产经营活动；学校的校长管理着学校的教学活动……尽管这些组织的目标不同，管理的要求也不同，但若去掉管理的具体形式与做法，就可以看到基本工作是任何管理者都在做的，而且都共同遵循着一定的规律，这些基本管理工作就是管理的职能[①]。经过许多人近一百年的研究，管理的职能至今还众说纷纭。自亨利·法约尔提出五种管理职能（计划、组织、指挥、协调和控制）以来，有提出六七种管理职能的，也有提出三四种管理职能的。管理最基本的职能是计划、组织、领导、控制。

（一）计划

计划是管理的首要职能，任何管理活动都是从计划开始的。为了使管理有效益，必须确立清楚的目标。目标明确了组织什么事情应该做，什么事情不能做。为了提高效率，需要对资源的投入、工作的开展事先进行研究和安排，为此就要制订计划，明确实现目标的途径。因此，计划表现为建立目标和明确达到目标的必要步骤的过程，包括环境预测、建立目标、制订实现目标的方案、协调资源的具体行动方案等。

（二）组织

在计划制订后，为了将目标变成现实，就需要通过组织工作安排人力资源和其他资源执行既定的计划。组织工作应根据计划工作的要求，分解任务，设计岗位，通过授权和分工，将合适的员工安排到合适的岗位上，并用制度规定各个岗位的责任和岗位之间的相互关系，从而形成一个有机的组织整体。组织是计划的自然延伸，是其他管理活动的保证和依托。

---

① 邢以群. 管理学[M]. 3 版. 北京：高等教育出版社，2017：16.

（三）领导

员工是组织活动的行为主体，组织目标的实现要依靠组织全体成员的努力。配备在组织机构各个岗位上的人员，由于个人目标、需要、性格、价值观、工作职责、掌握信息量等方面存在的差异，在工作合作中必然会产生各种矛盾和冲突。因此，需要领导者进行领导，一方面通过沟通增强人们的相互理解，协调他们的认识和行动；另一方面，利用职权和威信施加影响，激励员工努力去实现组织的目标。

（四）控制

控制是保证组织目标能按计划实现所必不可少的活动。在计划执行的过程中，由于环境的变化、组织活动的复杂性和管理失误，常常会使组织活动偏离原来的计划。为了保证组织目标的实现，就必须对环境、组织成员、组织活动等加以控制。控制包括确立控制标准、衡量实际绩效、分析差异、采取纠偏措施等内容。没有控制就没有管理，控制不力会导致计划、组织和领导无效。

在这些职能中，计划是着眼于有限资源的合理配置，组织主要致力于贯彻落实，领导着重于激发和鼓励人的积极性，控制的重点是纠正偏差，它们从不同的角度出发，相互配合，共同提高组织的管理效率和效益，最终实现组织的目标[①]。

五、管理的有效性衡量

管理理论认为，可以用管理的有效性来衡量管理工作的好坏。有效性包括效率和效益两个方面，如图 1-1 所示。效率是指产出投入比，要求用比较经济的方法来达到预定

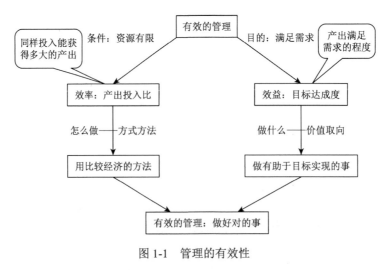

图 1-1　管理的有效性

---

① 邢以群. 管理学[M]. 3 版. 北京：高等教育出版社，2017：16-17.

的目标。效益是指目标达成度，也就是产出满足需求的程度。只有管理实现了既定目标，管理才是有效的。

效率与效益是相互联系的，效率意味着如何把事情做好，效益则意味着要做对的事情。由此可见，效益是解决做什么的问题，它要求我们确定正确的目标、做有助于目标实现的事；效率是解决怎么做的问题，它要求我们选择合适的行动方法和途径，以求比较经济地达成既定的目标。什么事情该做，取决于我们的目标定位和价值取向；怎样才能把事情做好，取决于我们的做事的方式方法。

效率与效益相比较，效益是第一位的。有效的管理，要求我们先做对的事情，其次把事情做好。光注重效率而不注重效益，是碌碌无为；光注重效益而不注重效率，则会得不偿失[①]。

第二节　图书馆管理概述

一、图书馆管理的概念

图书馆是人类社会所独有的一种社会现象，它是人类发展到一定阶段的文明产物。它随着文献的出现而产生，又伴随着社会经济、文化教育、科学技术的发展而不断变革和发展。在图书馆形成和演变过程中，图书馆管理也经历了由简单到复杂、由低级到高级、由传统管理到现代管理的过程[②]。在社会经济和科学技术的推动下，图书馆的规模、内容和形式逐渐复杂化，图书馆管理方法和制度逐步完善，管理能力和水平日趋提升。现代管理理论与图书馆实践有机结合，使图书馆管理活动进入崭新的发展阶段，图书馆管理的内容更加丰富化。对于图书馆管理的概念，不同的学者在不同的时期和不同的背景下有不同的看法。

吴慰慈和董焱认为，"图书馆管理是对图书馆的文献信息、人力、财金、物质资源，通过计划和决策、组织、领导、控制、协调等一系列过程，来有效地达成图书馆的目标的活动"[③]。

倪波和荀昌荣提出，图书馆管理是指"应用现代管理学的原理和方法，合理组织图书馆活动，有效地利用图书馆人力资源和物质资源，发挥其最佳效率，达到预定目标的过程。并在此过程中不断审查改进，最终圆满完成任务"[②]。

潘寅生认为，"图书馆管理是遵循图书馆工作的客观规律，通过计划、组织、协调、指挥等手段，合理配置和使用图书馆资源，以达到预期目标，满足读者知识信息需求的一种活动"[④]。

刘喜申给图书馆管理的定义是："图书馆的主管者，通过实施、决策、组织、领导、控制和创新等职能来协调工作人员的行为，以达到图书馆预期目标的活动过程。"[⑤]

① 邢以群. 管理学[M]. 3 版. 北京：高等教育出版社，2017：14-15.
② 南开大学图书馆学系等. 理论图书馆学教程[M]. 天津：南开大学出版社，1986：258-259.
③ 吴慰慈，董焱. 图书馆学概论[M]. 4 版. 北京：国家图书馆出版社，2019：205.
④ 潘寅生. 图书馆管理工作[M]. 北京：北京图书馆出版社，2001：10.
⑤ 刘喜申. 图书馆管理：协调图书馆人行为的艺术[M]. 北京：北京图书馆出版社，2002：11.

付立宏和袁琳认为，"图书馆管理是指引导人力资源、财力资源、信息资源和物质资源进入动态的图书馆以达到图书馆的目标，亦即使其服务对象——读者获得满意，并使服务的提供者——馆员亦获得一种高度的士气和成就感之活动"[①]。

从上述几个概念的定义可以看出，虽然表述方式有所不同，但是定义的内涵并没有实质性的差异，从图书馆目标、图书馆资源、管理职能等几个方面来界定图书馆管理，并把图书馆管理看成一种活动或过程。

借鉴上述定义，结合管理的概念，我们可以定义：图书馆管理是图书馆管理者科学地协调人力资源和其他资源，以有效地实现图书馆目标的过程。

在这个定义中，需要注意以下几点：①图书馆管理是为了实现其组织目标，主要目标是满足用户的需求，实现图书馆的社会功能；②图书馆管理的主体是图书馆中的各类管理者，如馆长、部门主任、科组长等；③图书馆管理的对象有馆员、文献资源、用户、信息、建筑、设备等，其中核心的管理对象是图书馆员；④图书馆管理是一个由决策、计划、组织、领导、控制等构成的活动过程；⑤图书馆管理的本质是协调管理对象之间的各种关系，尤其是协调人与人之间的关系，通过协调实现图书馆的各项职能。

二、图书馆管理的内容

随着图书馆的产生与发展，图书馆管理的实践由来已久，图书馆管理与图书馆的历史一样悠久，但是将图书馆管理作为图书馆学的一个分支来进行研究则是近百年的事情。图书馆管理包括宏观管理和微观管理，宏观管理主要研究图书馆事业管理工作，微观管理主要研究个体图书馆的管理工作。

在本书中，主要探讨微观层面的图书馆管理，分为基本理论、战略运作和应用专题三大部分。图书馆管理基本理论主要涉及管理与图书馆管理的概念、图书馆管理思想的发展、图书馆管理的基本原理与方法、图书馆管理的基本职能等；图书馆管理战略运作的主要内容是图书馆战略管理、图书馆业务流程重组管理、图书馆全面质量管理等；图书馆管理应用专题主要包括图书馆服务管理、图书馆人力资源管理、图书馆组织文化、图书馆危机管理和图书馆营销管理等。

在图书馆管理战略运作和应用专题上，我们强调用新的理念、新的理论和新的方法来研究图书馆管理内容，关注图书馆管理实践中产生的新问题，如图书馆人力资源职业生涯规划与管理、图书馆营销管理、图书馆形象等。总之，通过把现代管理理论与图书馆活动结合，以提高图书馆管理水平，更好地实现图书馆目标。

三、图书馆管理的性质[②]

（一）理念与实践的结合

图书馆管理是一种实践活动，是以管理理论为指导的实践活动，通过管理提高服务效

---

① 付立宏，袁琳. 图书馆管理学[M]. 武汉：武汉大学出版社，2010：27.
② 邱冠华，陈萍. 公共图书馆管理实务[M]. 北京：北京师范大学出版社，2013：17-18.

益，从而经济高效地实现图书馆的目标。但是，图书馆有其自身特定的价值观和使命，图书馆管理除了应符合管理本身的普遍规律外，还需要根据其使命符合自身固有的服务理念。因此，图书馆管理既需要具备管理理论、知识、方法与技巧，还必须把图书馆的服务理念贯彻始终，在管理中坚持自己的核心价值观，使决策符合理念，保持正确的方向；否则，背离理念的管理，效率越高，离目标越远。

（二）公平与效率的结合

图书馆的使命之一是实现社会信息公平获取，因而在各项服务中，公平原则成为管理中的前提。由于资源的稀缺性，在支撑和保障服务开展的过程中必须求效率，缺乏效率就无法保障公平。公平与效率是相对的概念，没有绝对的公平，也没有最高的效率。图书馆管理在政策制定和制度设置上，需要寻求公平和效率的结合点与平衡点。图书馆管理，对内，不断降低服务成本，提高服务效率；对外，不断降低用户利用图书馆的成本，提高用户的满意度。

（三）传统与现代的结合

图书馆既提供传统的纸本文献借阅服务，又大量使用现代科技手段来开展各种信息服务。由于向人们开放，用户的年龄、职业、层次、需求、利用图书馆的习惯和方式呈现多样性，不同的用户对图书馆的环境、资源、技术运用、服务手段和方式有着不同的要求。图书馆从满足所有用户需求的理念出发，需要在巩固传统服务技术和方式的前提下，不断运用新技术支持和支撑服务创新。为适应这种变化，图书馆在管理理论、管理体制、管理机制、管理实践、管理手段等方面上，一方面要学习和借鉴现代企业管理理论与实践，另一方面图书馆管理需要融合各种管理思想，选择适合自身实际的管理理论与管理方法，创新管理机制，开展管理实践。

（四）宏观与微观的结合

一方面，国家提出建设社会主义文化强国战略，加强构建现代公共文化服务体系，图书馆作为现代公共文化服务体系的重要组成部分，在传承和弘扬中华优秀传统文化，培育和践行社会主义核心价值观方面必将承担更加重要而艰巨的职责和使命；另一方面，移动互联网、社交媒体、物联网、大数据、云计算等新兴信息技术快速发展、交融渗透，对图书馆业务发展造成了持续而深远的影响，RFID（radio frequency identification，射频识别）、数字保存、开放资源、语义网、云计算、大数据、人工智能等技术已逐步推广应用于图书馆。面对着外部环境和自身发展的变化，图书馆的管理者既要适应单个图书馆的资源体系，又要适应总分馆、区域性服务网络、图书馆联盟等服务体系，这需要管理者积极探索实践，创新管理理论，实现外部环境与内部环境、宏观服务体系与微观个体的结合，以保障图书馆目标的实现。

四、图书馆管理的意义①

（一）图书馆管理是提供规范和专业的图书馆服务的需要

图书馆提供的是机构化、专业化的服务。一个高度专业化机构的运行，需要规划、组织和协调，有人事、行政事务，有资金的组织和运用，所有这些，都离不开管理。特别是，专业化的服务离不开专业人才，专业人才的招聘、录用、考核、薪酬、晋升及职业生涯规划等，都需要管理。

（二）图书馆管理是现代信息资源组织和利用的需要

图书馆是生长着的有机体，从甲骨文到计算机，图书馆一直充分利用人类文明成果开展文献信息资源的组织、加工和服务，科学技术的发展尤其是信息技术会导致图书馆运行模式、服务手段、服务方式、人员专业结构等发生变化，管理是适应变化、利用变化的有效工具和手段。

（三）图书馆管理是构建全覆盖图书馆服务体系的需要

方便、及时地获取尽可能多的有用信息已成为现代社会的共同需求，但在现代社会，学术的繁荣、信息的激增、出版业的勃兴等，使任何国家的任何图书馆都不能单靠自己来满足用户的需求，而必须通过各种规模和范围的馆际合作与资源共享来满足用户的需求②。图书馆合作是现代社会发展的必然趋势，图书馆联盟更是成为图书馆在现代社会中的生存模式和组织模式。图书馆合作机构越多，规模越大，管理就越复杂，一群图书馆构成一种体系后，其本身就成为一个系统，内部结构更为复杂。因此，图书馆管理不仅需要针对单个图书馆，而且还需要从整体出发，按照系统论的方法实施管理。

（四）图书馆管理是实现经济高效和可持续发展的需要

图书馆服务尤其是公共图书馆服务是一种较为昂贵的服务，在全免费时代，人民群众可以充分享受到图书馆服务，但服务越多成本越大。因此，图书馆一方面彰显价值，以在有限的公共资源中占有一定的份额；另一方面，必须以一种经济高效的组织形式、服务模式，来不断降低服务成本，提高服务效益，从而使其总服务成本维持在公共财政可以支撑的范围内，实现可持续发展。因此，图书馆通过图书馆管理提高资源的利用效率和效果，挖掘内部潜力，推动图书馆可持续性发展。

---

① 邱冠华，陈萍. 公共图书馆管理实务[M]. 北京：北京师范大学出版社，2013：15-16.
② 朱晓华. 在合作中生存发展——论图书馆联盟[J]. 图书情报工作，2004，48（7）：6-12.

第二章 图书馆管理思想的发展

第一节 西方管理思想的发展

管理思想是关于管理活动及其职能、目的、范围的知识体系①。它是在一定的历史条件和一定的文化背景下产生和发展起来的。管理思想正确与否，将直接关系到各项管理活动中的效率和效益。学习历史，融会贯通各种管理思想，可以提高管理的有效性。尽管管理思想的产生可以追溯到人类最初试图通过集体劳动来达到一定目标的年代，但系统化的管理思想则是在 19 世纪末 20 世纪初，随着生产力的高度发展和科学技术的进步，在西方形成并蓬勃发展起来。

一、古典管理理论

（一）科学管理理论

最先突破传统经验管理思想的代表人物是美国的弗雷德里克·泰勒，他于 1911 年发表了《科学管理原理》，提出了通过对工作方法的科学研究来提高工人劳动效率的基本理论与方法。该书提出的理论奠定了科学管理的理论基础，标志着科学管理理论的正式形成，泰勒被西方管理学界称为"科学管理之父"。

通过企业实践和科学实验，泰勒提出了科学管理的内容：①作业管理，制定科学的工作方法，使劳动方法、工具、材料标准化，对工人进行科学培训，实施激励性的差别计件工资制；②组织管理，把计划职能和执行职能分开，用科学的工作方法替代凭经验工作的方法，根据工人的操作过程提出了职能工长制，推行例外管理原则；③管理哲学，提出劳资双方要进行一场全面的心理革命，"双方把注意力从被视为最重要的分配剩余的问题上移开，而共同把注意力转向增加剩余上，一直到剩余大大增加"②。此外，甘特、吉尔布雷斯夫妇等同样为科学管理理论做出了贡献。

（二）一般管理理论

法约尔是欧洲一位杰出的经营管理思想家，以他为代表提出了一般管理理论。泰勒主要关心的是作业方面的问题，注重车间管理和科学方法的运用，而法约尔则关注整个组织，研究有关管理者干什么以及怎么样才能干好等更一般的管理问题。

---

① 雷恩 D A，贝德安 A G. 管理思想史[M]. 6 版. 孙健敏，黄小勇，李原译. 北京：中国人民大学出版社，2012：3.
② 郭咸纲. 西方管理思想史[M]. 3 版. 北京：经济管理出版社，2004：89-90.

法约尔在 1916 年发表了《工业管理和一般管理》一书，提出了适用于一切组织的管理五大职能和有效管理的十四条原则。①企业经营的六种活动包括技术活动、经营活动、财务活动、安全活动、会计活动和管理活动，管理职能是六种活动的中心，它由计划、组织、指挥、协调和控制构成。②十四条原则包括：劳动分工、权力与责任、纪律、统一指挥、统一领导、个人利益服从集体利益、报酬、集权、等级制度、秩序、公平、人员的稳定、主动性、团结精神。

法约尔提出的一般管理职能、原则对以后的管理理论发展起着重大的作用，因而西方把他称为"现代经营管理之父"①。

（三）官僚组织理论

马克斯·韦伯、法约尔和泰勒都在同一个时期生活并发表成果。韦伯的主要贡献是勾画了"官僚制"的主要特征。官僚制指的是由官职或职位来进行管理。他在《社会组织和经济组织的理论》中，对权力进行了分类，提出了理想的官僚组织。韦伯被称为"组织理论之父"。

韦伯认为，"任何一种组织都是以某种形式的权力为基础的"。他把权力分为法定权力、传统权力和魅力权力，法定权力是理想的官僚组织建立的权力基础。理想的官僚组织的特征有明确的劳动分工、清晰的等级关系、员工的正式选拔、管理者的职业导向、详尽的规章制度、非人格化的相互关系。因为这种组织模式强调规则而不是个人，强调能力而不是偏爱，所以这种组织模式有助于组织提高工作效率，有助于杜绝任人唯亲、组织涣散、人浮于事等现象，至今理想的官僚组织仍是许多大型组织的设计样板①。

二、行为科学理论

古典管理理论通常把人看作生产的机器，他们把精力放在如何最有效地运用这些机器的方法上。然而，它忽视了工人的社会需求和情感需求，引起了工人的不满和社会的责难，劳动效率受到制约，无法进一步调动工人的积极性。相反，行为科学理论则把人看作是生产活动的主体，注重分析影响组织中个体行为的各种因素，强调管理的重点是理解人的行为①。

（一）人际关系学说

霍桑实验是一项以科学管理的逻辑为基础的实验。从 1924 年开始到 1932 年结束，先后由美国国家科学院和乔治·埃尔顿·梅奥主持，开展了车间照明实验、继电器装配实验（即福利实验）、大规模访谈计划（即访谈实验）和继电器绕线组的工作室实验（即群体实验）②。通过霍桑实验，梅奥提出了人际关系学说：①企业的员工是社会人；②企业中存在非正式组织；③新型的领导能力在于提高员工的满意度。

① 邢以群. 管理学[M]. 3 版. 北京：高等教育出版社，2017：83-84，87.
② 郭咸纲. 西方管理思想史[M]. 3 版. 北京：经济管理出版社，2004：157.

霍桑实验对西方管理思想的发展产生了重大而深远的影响，引起了人们对组织中人的重新认识，使西方管理思想进入了行为科学理论阶段，探讨如何控制人的行为以达到预定目标。

（二）需要层次理论

亚伯拉罕·马斯洛提出了人类的基本需要等级论，即需要层次论。1943 年，他出版了《人类的动机理论》。马斯洛把人的各种需要归纳为五大类：生理上的需要、安全上的需要、感情和归属的需要、尊重的需要及自我实现的需要。人的需要取决于他已经得到了什么，尚缺少什么，只有尚未满足的需要能够影响行为；人的需要有轻重层次，某一层需要得到满足后，另一个需要才会出现。

（三）双因素理论

1959 年，弗雷德里克·赫茨伯格出版了《工作的激励因素》一书，正式提出了激励的双因素理论。①保健因素，它与工作环境或工作关系有关，如金钱、监督、地位、安全、个人生活等。当保健因素低于一定水平时，会引起员工的不满；当它得到改善时，员工的不满会消除。但是，保健因素对员工起不到激励的作用。②激励因素，它与工作内容和工作性质有关，如工作上的成就、赞赏、工作内容本身、责任感、上进心等。具备这类因素时，可以起到明显的激励作用；当它不具备时，也不会使员工产生极大的不满。

（四）X-Y 理论

管理的制度、方法和措施是基于人性的假设。道格拉斯·麦格雷戈在大量研究的基础上，于 1957 年提出了 X 理论和 Y 理论。X 理论是一种消极的人性观点，认为员工没有雄心大志，不喜欢工作，只要有可能就会逃避责任，为了保证工作效果必须严格监控。Y 理论是一种积极的人性观点，认为员工喜欢工作，他们接受甚至主动寻求工作责任来自我激励和自我指导，把工作视为一种自然而然的活动。麦格雷戈相信 Y 理论更应该用于指导管理实践，参与决策制定、提供承担责任和充满挑战的工作及融洽的群体关系能够有效激励员工。

（五）期望理论

维克托·弗鲁姆在 1964 年发表的《工作与激励》中提出了期望理论的主要观点，人们在工作中的积极性或努力程度（激发的力量）是效价和期望值的乘积。期望理论是对员工受到激励的过程最全面的解释。期望理论认为，一个人从事某项工作的动机强度是由其对完成该项工作的可能性、获取相应的外在报酬的可能性（期望值）的估计和对这种报酬的需求程度（效价）决定的。

三、现代管理理论

现代管理理论是从第二次世界大战以来一直到20世纪80年代初的整个历史阶段中形成的西方管理理论。由于人们心理、行为的多样性和对客观事物认识的深度、广度不同，管理大师所采用的分析模式也是多视角的，这样就形成了不同的管理流派。哈罗德·孔茨把这种情况称为"管理理论丛林"。

（一）管理过程学派

管理过程学派又称为管理职能学派、经营管理学派。这个在西方是继古典管理理论和行为科学理论之后影响最大、历史最久的一个学派[①]。这个学派的开山鼻祖是法约尔，后来经过美国管理学家孔茨发扬光大，使它成为现代管理理论丛林中的一个主流学派。这个学派把管理看作一个过程，这种观点和自然科学的研究方法有些类似，因而它的科学性比较容易被人们所接受。主要代表人物有詹姆斯·穆尼、孔茨等。孔茨把管理的职能分为计划、组织、人事、指挥和控制五项，认为协调本身不是一种单独的职能，而是有效地应用了这五种职能的结果。

（二）社会系统学派

社会系统学派从社会学的观点来研究管理，认为社会的各级组织都是一个协作的系统，进而把企业组织中人们的相互关系看成一种协作系统。它的创始人是美国管理学家切斯特·巴纳德。他于1938年出版的《经理人员的职能》是美国管理文献中的经典著作。巴纳德认为，组织是两个或两个以上的人有意识协调活动和效力的系统；作为正式组织的协作系统，由协作的意愿、共同的目标和信息的沟通构成。

（三）决策理论学派

决策理论学派以统计学和行为科学作为基础。这个学派的代表人是美国卡内基梅隆大学教授赫伯特·西蒙。决策理论学派的主要观点有：①管理就是决策；②决策分为程序性决策和非程序性决策；③决策的四个阶段是收集信息、拟定计划、选定计划和评价计划；④决策的准则是令人满意的准则。

（四）系统管理学派

系统管理学派把管理对象看作一个整体，是一个有机联系的系统。它的主要理论观点

---

① 郭咸纲. 西方管理思想史[M]. 3 版. 北京：经济管理出版社，2004：217.

有，组织是一个由相互联系的若干要素组成的人造系统；组织是一个被环境所影响，并反过来影响环境的开放系统。组织不仅本身是一个系统，它同时又是一个社会系统的分系统，它在与环境的相互影响中取得动态平衡。组织系统由目标和价值子系统、技术子系统、社会心理子系统、结果子系统、管理子系统等组成。

（五）数量管理科学学派

数量管理科学学派也称管理科学学派、数量学派，其理论渊源可以追溯到泰勒的科学管理。数量管理科学学派注重定量模型的研究和应用，以求得管理的程序化和最优化。它认为，管理就是利用数学模型和程序系统来表示管理的计划、组织、控制、决策等职能活动合乎逻辑的过程，并对此做出最优的解答，以达到企业的目标。

（六）经验主义学派

经验主义学派又称为经理主义学派，以向西方大企业的经理提供管理企业的成功经验和科学方法为目标。它的基本管理思想是：从企业管理的实际出发，以大企业的管理经验为主要研究对象，将其概括和理论化，以便于向企业管理的实际工作者和研究人员传授。其主要代表有彼得·德鲁克、艾尔弗雷德·斯隆等。

（七）权变理论学派

权变理论学派是在美国经验主义学派基础上发展起来的。权变理论认为，在组织管理中要根据组织所处的环境和内部条件的发展变化随机应变，没有什么是一成不变、普遍适用的"最好的"管理理论和方法。主要代表人物有艾尔弗雷德·D. 钱德勒、弗雷德·E. 费德勒等。

四、当代管理理论

20 世纪 80 年代以后，企业发展呈现出了新的特点：企业规模的巨型化和超小型化并存，生产技术复杂程度和自动化程度迅速提升，产品升级换代周期大大缩短，知识在经济增长中的作用日益突出，经济活动全球化、融合化趋势明显。面对现代企业面临的管理上的新问题、新情况、新要求，企业界和理论界纷纷投身于创新与环境相适应的管理思想、方式与方法之中，因此管理学说和管理创新百花齐放，呈现出欣欣向荣的景象[①]。

（一）质量管理理论

20 世纪 80 年代和 90 年代，质量革命席卷了商业和公共领域。它由质量管理专家发

---

① 邢以群. 管理学[M]. 3 版. 北京：高等教育出版社，2017：92.

起，其中最著名的是威廉·爱德华兹·戴明和约瑟夫·M. 朱兰。20 世纪 50 年代，他们倡导的理念在美国没有支持者，却受到了日本企业的广泛欢迎。当日本制造商开始在质量方面击败美国竞争者时，西方管理者终于认真考虑戴明和朱兰的理念，为质量管理奠定了基础。

全面质量管理（total quality management，TQM）是一种致力于持续改进并回应顾客需求和期望的管理理念。全面质量管理的核心理念有：密切关注顾客、关注持续改进、注重流程、改进组织所从事的每一件事情的质量、精确地测量、员工授权[①]。

（二）企业再造理论

企业再造是 1993 年在美国出现的关于企业经营管理方式的一种新的理论和方法。再造工程简单地说就是以工作流程为中心，重新设计企业的经营、管理及运营方式。这一概念由迈克尔·哈默于 1990 年在《哈佛商业周刊》发表的一篇文章中首先提出；1993 年，他与詹姆斯·钱皮共同出版的《再造企业——工商管理革命宣言》标志着企业再造理论的产生。

企业再造是针对企业业务流程的基本问题进行反思，并对它进行彻底的重新设计，以期在成本、质量、服务和速度等方面取得显著的进展。企业再造的首要任务是业务流程重组（business process reengineering，BPR）（也称业务流程再造，本书统一为业务流程重组），它是企业重新获得部分优势与生存活力的有效途径；业务流程重组的实施需要两大基础——现代化信息技术和高素质的人才，以业务流程重组为起点的企业再造工程将创造出一个全新工作世界。

（三）竞争战略理论

随着竞争环境的加剧，企业为了生产和发展，都在寻找自己的发展道路，寻求一个适合自己的发展战略，制订战略成了企业发展首先考虑的问题。美国管理学家迈克尔·波特提出了战略三部曲，影响比较大的是《竞争战略》和《竞争优势》。行业结构分析是制订企业战略的基础，波特提出了分析行业结构的五力模型，由现有企业间竞争、潜在入侵者、供应商、购买者、替代品五个方面构成行业分析的框架，五种作用力并非同等重要，重要性与其所依据的结构有关；他提出了成本领先战略、差异化战略和聚焦化战略三种基本竞争战略，企业的其他战略都是在这三种基本战略的基础上制订的。波特认为一定水平的价值链是企业在特定行业内活动的组合，而且竞争者价值链之间的差异是竞争优势的一个关键来源。价值链由基本活动和辅助活动构成，基本活动涉及产品的物质创造及销售，转移给买方和售后服务的各种活动；辅助活动是辅助基本活动并通过提供外购投入技术、人力资源及各种公司范围的职能来相互支持[②]。

---

① 罗宾斯 S P，库尔特 M. 管理学[M]. 11 版. 李原，孙健敏，黄小勇译. 北京：中国人民大学出版社，2012：33-34.

② 郭咸纲. 西方管理思想史[M]. 3 版. 北京：经济管理出版社，2004：330.

（四）组织文化理论

第二次世界大战后，日本仅用 20 多年时间就由一个战败国一跃成为世界第二经济强国，成为美国的主要竞争对手，这促使人们对这一现象进行深刻的反思。深入研究发现，在企业竞争发展过程中，文化发挥着重要而独特的作用，日本的文化对日本经济发展起着主要作用。因此，在 20 世纪 80 年代，西方企业界掀起了一股企业文化潮。代表人物和著作有：威廉·大内的《Z 理论》、埃德加·沙因的《组织文化和领导力》、约翰·科特和詹姆斯·赫斯克特的《企业文化与经营业绩》等。组织文化是组织精神文化、制度文化和物质文化的综合体现，其中精神文化居于核心位置，其次是制度文化，最外面是物质文化。

（五）学习型组织理论

1990 年，彼得·圣吉出版了《第五项修炼：学习型组织的艺术与实务》，引起了管理界的轰动。他以全新的视野来考察人类群体危机最根本的症结所在，认为我们片段和局部的思考方式及其所产生的行动，造成了目前割裂而破碎的世界，为此需要突破线性思考的方式，排除个人及群体的学习障碍，重新对管理的价值观念、管理的方式方法进行革新。学习型组织是指人们能够在其中不断扩展创造未来的能量，培养全新、前瞻而开阔的思考方法，全力实现共同的愿望，并持续学习如何共同学习的组织[①]。五项修炼是：自我超越、改善心智模式、建立共同愿景、团队学习和系统思考。创建学习型组织意味着在领导、结构、授权、沟通和信息共享、文化等方面都要进行变革。

（六）平衡计分卡

随着知识经济和信息技术的兴起，无形资产的重要性日益凸显，人们对以财务指标为主的传统绩效衡量提出了质疑。美国哈佛大学教授罗伯特·卡普兰和 RSI（Retail Solutions，Incorporated，瑞易信息技术有限公司）总裁戴维·诺顿针对企业的组织绩效评价创建了平衡计分卡（balanced score card，BSC）。平衡计分卡经过完善发展，逐步发展成为系统完备的战略管理理论体系，被广泛应用于企业、政府、非营利组织等各类组织的管理实践。平衡计分卡的著作有《平衡计分卡——化战略为行动》《战略中心型组织》《战略地图——化无形资产为有形成果》《平衡计分卡战略实践》等。

平衡计分卡的构成要素是：使命和核心价值观，愿景和战略，平衡计分卡的四个层面（财务、客户、内部业务流程和学习与成长），目标，指标，目标值以及行动方案。平衡计分卡的主要特点有：始终以战略为核心，重视协调一致，强调有效平衡；它可以作为战略管理、绩效管理和管理沟通的工具[②]。

---

① 邢以群. 管理学[M]. 3 版. 北京：高等教育出版社，2017：93-94.
② 方振邦，罗海元. 战略性绩效管理[M]. 3 版. 北京：中国人民大学出版社，2010：59-79.

第二节　图书馆管理思想的历史沿革与发展

图书馆是人类发展到一定阶段的产物，人类社会信息交流的需要是图书馆产生的前提，文献的出现是图书馆产生的直接原因，科学技术的发展是图书馆发展的根本动力[①]。图书馆作为保障信息有效查询与获取的平台，已有几千年的历史[②]。图书馆管理思想产生于图书馆实践活动，随着图书馆的发展而演化，然而图书馆管理成为图书馆学的一个分支学科，则是 20 世纪 30 年代之后的事情。早期的图书馆活动更多的是管理藏书，图书馆管理思想主要涉及图书的收集和整理；到了近代，随着管理思想的发展和应用，图书馆管理思想趋于成熟和系统化，研究范畴得到拓展，研究主题广泛，管理理论在图书馆管理中不断深化。

人类最早的图书馆可以追溯到公元前 3000 多年，图书馆经历了很多次转型，从图书馆档案馆合一的古老文件存储中心，到面向少数人的治学中心，到面向不同人群的信息获取中心，再到各类网上虚拟信息中心。在这一过程中，改变的是图书馆的形态，一脉相承的是其保障信息查询与获取的本质[③]。

一、古代图书馆管理实践

图书馆是随着文字的产生而产生的。最初的文献来自文字在甲骨、泥板、纸莎草等的记事，主要用来记录政令、法令、征供纳税、宗教仪式等，主要集中在王宫（或政教合一的寺庙）。随着文献的不断积累，就需要专门的收藏处所和专门的管理人员来管理，这就产生了最早的图书馆和图书馆员。公元前数百年，在人类文明的发源地（两河流域、古埃及和中国）出现具有独立意义上的古代图书馆，以收藏学术文献为主，充当学术研究中心，向一般社会成员开放，可以为私人所拥有[③]。

（一）西方古代图书馆管理实践

公元前 600 年左右，亚述国王亚述巴尼拔在首都尼尼微建立一座皇家图书馆——尼尼微图书馆。它的馆藏泥板文书多达 3 万多块，有各种宗教铭文、文学作品、天文学观测记录、医学原典、历史文献、条约、法律、命令等。该图书馆按照粗略的主题（如政府文件、历史、法律、天文、地理等）分门别类安排文书，把不同主题的图书放在不同的房间里，房间的墙壁上刻有文书的目录，以供查验[④]。

古埃及的亚历山大图书馆也是当时的世界学术中心。它始建于公元前 300 年，托勒密一世创办了亚历山大图书馆。托勒密历届王朝都十分重视收集图书，托勒密三世下令：凡

---

① 吴慰慈, 董焱. 图书馆学概论[M]. 4 版. 北京: 国家图书馆出版社, 2019: 66.
② 于良芝. 图书馆情报学概论[M]. 北京: 国家图书馆出版社, 2016: 233.
③ 于良芝. 图书馆学导论[M]. 北京: 科学出版社, 2003: 51-52.
④ 默里 S A P. 图书馆: 不落幕的智慧盛宴[M]. 胡炜译. 广州: 南方日报出版社, 2012: 21, 51.

是进入亚历山大港的船只，必须把船上的书籍"借给"图书馆，然后用纸草纸（又称纸莎草纸）抄写，留下原书，把抄写本还给原主[①]。亚历山大图书馆通过抄写古代典籍而拥有当时世界上最大的藏书量，高达 40 万册，几乎包括所有古希腊的著作和一部分东方典籍，成为全世界的文学、书籍和学者的活动中心。

亚历山大图书馆的历届馆长都是著名的学者，如芝诺德图斯、卡利马科斯、阿里斯托芬等。卡利马科斯是文学家和目录学家，他编制了图书馆的藏书目录《皮纳克斯》。它是一部名著解题书目，书目分为戏剧家、诗人、法律家、哲学家、雄辩家、医学家等几大类，每一类再按目或年代排列。

随着学术研究和教育的发展，社会上受教育的特权阶层也开始建立私人图书馆。在古希腊，柏拉图和亚里士多德都建立了私人图书馆。在古罗马的贵族和富人当中，藏书之风也逐渐兴起，私人图书馆成为私邸的装饰品，它们的藏书可以供亲友或学者使用，但他们本人多半是不看书的。

从公元前 1 世纪到公元 5 世纪，独立意义的古代图书馆在西方得到了较大发展。在罗马帝国，出现了很多私人图书馆及向普通学者开放的公共图书馆。公共图书馆的书籍一般只能在馆内阅读。古罗马的公共图书馆馆长初期大都是著名的学者，正如古希腊的图书馆馆长一样。罗马城里的全部公共图书馆都是由行政长官管理，但馆内的专门业务还是由学者担任。一般馆员大部分是国家的奴隶或被解放的奴隶，早期古罗马的图书馆员的社会地位是相当低贱的。但随着图书馆的增多，馆员的地位也逐步提高，分工也趋于专业化，有馆长、馆员、副馆员、助理馆员等等级。他们除了从事图书的采购、修补、摘录、排列等工作外，有的从事抄写或翻译。馆员里也有不少女性[①]。

随着罗马帝国的灭亡（476 年）西方进入了中世纪。欧洲的中世纪从 5 世纪开始一直延续到 15 世纪，是文明衰落的时期。在封建专制的中世纪，基督教支配了政治、思想、文化、教育等各个领域，国家利用基督教巩固自己的统治。思想的专制和政治的动荡几乎摧毁了古罗马遗留的图书馆。从 5 世纪起直到 13 世纪，修道院图书馆几乎成为西方唯一的图书馆形式。修道院图书馆的书目十分有限，规模很小，一般图书馆的藏书量在二三百册左右。中世纪的图书一般是羊皮纸，纸草纸已废而不用，纸的制造法从中国传到欧洲是在中世纪末期。由于图书数量少，制作不易，图书的出借是非常严格的，有的规定一年办一次集体借书；有的规定借的书只能白天在书橱附近阅读。图书馆里常用的书一般都用铁链拴在读经台或者书桌上，以达到防盗的目的。修道院图书馆的目录也是很落后的，一般只有财产登记簿模样的东西。随着藏书的增加，有的图书馆粗分为宗教书和非宗教书；有的按文字分为拉丁文书和其他文种；有的按图书的开本大小分。

在西罗马帝国走向衰落之时，位于中东的东罗马帝国和阿拉伯国家却日益强大。东罗马帝国比较重视教育和文化，因而图书馆事业比较发达，如在君士坦丁堡建立皇家图书馆、君士坦丁堡大学图书馆等。在同时期的阿拉伯国家，皇家图书馆、面向学者的公共图书馆及后来的巴格达大学图书馆都是当时非常著名的图书馆。这些中东图书馆保存

① 杨威理. 西方图书馆史[M]. 北京：商务印书馆，1988：19，34-35.

了大量的古希腊、古罗马的文化①。在伊斯兰教大型图书馆里，馆员人数通常有数百名，包括抄写员、装订工、书籍装帧工和警卫员。馆长不是学者，就是著作家或诗人；图书馆员成为显贵家族的子弟所羡慕的职业之一。图书馆的藏书目录是按类编制的，同一类书常常不是按著者，而是按照书籍的到馆顺序排列。这种目录类似于按类编排的财产登记簿。

中世纪末期（12—13世纪），大学在西方兴起。大学的兴起引起了对教学用书的需求。最初，学生都是自己向书商购买图书或向他人借书。随着大学的发展，不少私人藏书家和毕业生把自己的图书捐给大学，在这些藏书的基础上，形成了最早的大学图书馆，如巴黎大学图书馆、牛津大学图书馆等。大学图书馆大都按照学科（如神学、民法、医学等）划分藏书，将图书放置在书架上，图书馆对学生和老师开放，允许阅览和外借。但是，早期的大学图书馆没有专职馆员，工作人员一般由教师和学生兼任，开放时间很短，借阅限制也很多，有些图书馆为了防止图书遗失，甚至将图书锁在书架上①。

文艺复兴运动（14—16世纪）带来了西方思想与文化的空前活跃，推动了图书馆事业的发展。许多富人拥有私人图书馆，如统治佛罗伦萨的美第奇家族，连续数代热衷于收藏图书，建有闻名欧洲的图书馆。文艺复兴时期的藏书家（特别是人文主义者）对书籍和书中的知识怀着真正的探索与求知的兴趣②。这个时期也开始出现了若干早期的公共图书馆。15世纪中叶，活字印刷术对文化的普及起了很大的作用，人们可以购买大量的廉价书籍。图书馆的馆藏也大大丰富起来，开始出现几万册藏书的图书馆。印刷事业的发展也把图书管理和图书出版截然分开了，使图书的出版更加专业化。这一时期，许多人文主义者主张开放图书馆，私人图书馆逐渐向公众开放，使用者局限于知识分子。馆藏的膨胀给图书管理带来了种种问题，粗糙的几大类分类表不再适用，图书的著录要求科学化和标准化，不同类型目录的编制也提上日程。1545年，瑞士目录学家康拉德·格斯纳编写了《世界书目》，解释了1800位作家的一万多本图书；1548年，又出版了《世界书目》的增订本。这本书有3万多个款目，并用恰当的主题词将书籍进行分类，还使用了互相参照法②。1564—1749年，《法兰克福图书市场目录》每隔半年出版一次。

（二）中国古代图书馆管理实践

根据史书记载，中国周朝设守藏室。守藏室收藏的主要是各国的史书，老子曾担任过周守藏室之史，其图书资料可以对外提供参考。到了秦代，藏书机构更加完整、藏书更加丰富，书籍包括史书、诗歌、文学书籍及诸子百家书籍等。虽然周朝和秦朝的藏书机构保存着大量的档案，但是它们的主要功能已经演变为收藏各类学术书籍，并在一定范围内给人提供利用。

与西方曲折跌宕的图书馆发展过程不同，中国的图书馆事业自周、秦以来，虽历经战

① 于良芝. 图书馆学导论[M]. 北京：科学出版社，2003：53.
② 默里 S A P. 图书馆：不落幕的智慧盛宴[M]. 胡炜译. 广州：南方日报出版社，2012：69，100.

乱，但基本上呈持续稳定的发展态势。汉代几朝皇帝都注意从民间广泛征集图书，使国家藏书大增。西汉时期国家藏书达 13 000 多篇卷，建成了麒麟阁、天禄阁等多处国家藏书，还开创了按分类整理图书的方法。汉成帝时，刘向和刘歆父子的校书活动，产生了中国历史上第一部综合性的图书目录《别录》和第一部综合性的图书分类目录《七略》。汉代除了国家藏书外，还有发达的私人藏书，不少大臣和学者都拥有比较丰富的藏书。到了东汉，随着佛教寺院的兴建与译经活动的开展，寺院藏书也开始出现。魏、晋、南北朝时期，虽然朝代更替频繁，政治比较动荡，但几乎所有朝代在成立后都比较注意收集图书，建设国家藏书。由于纸质图书开始逐渐取代简书、帛书，图书数量迅速增长，私人藏书也得到更大的发展。到了唐代，除了国家藏书、寺院藏书和私人藏书继续发展外，还出现了书院藏书。书院是我国唐代以后出现的民办或官办讲学肄业之所，书院藏书是私办公助的藏书机构。这样就初步形成了官府藏书、寺院藏书、私人藏书和书院藏书四大古代藏书系统。宋代以后，由于印刷技术的发展，刻书机构日益增多，四大系统的藏书都得到迅速发展。明清两代，书院藏书略有减少，但官府藏书和私人藏书都达到了鼎盛。建于明代的私人藏书——宁波天一阁一直保存到今天①。

在古代的公私目录中，大多是按照分类进行排列的。在图书分类上，比较有代表性的是，以《七略》为代表的七分法体系和以《隋书·经籍志》为代表的四分法体系。《七略》的分类体系十分严密，分为辑略、六艺略、诸子略、诗赋略、兵书略、术数略和方技略。《七略》这种体系严密的综合图书分类著作的出现，反映了我国两汉时期文化学术事业和图书事业已经达到了相当高的水平。七分法也对后世的图书馆分类、整理事业产生了重要的影响②。《隋书·经籍志》在我国图书目录分类史上具有里程碑式的意义，结合了前代各家书目分类体系之长，充分吸收了荀勖《中经新簿》四部分类的成果，明确了经、史、子、集四部类名，最终确定了四部分类法在我国书目分类史上的统治地位②。

二、近代图书馆管理思想

近代图书馆是伴随着资本主义生产方式的出现而由古代图书馆转变过来的。近代图书馆与古代图书馆相比最显著的特征是它更加重视文献利用，它比以往任何时候都更加关注文献的管理和传递服务。随着资产阶级革命的成功，社会政治、经济、科学和文化得到了快速的发展，为图书馆事业的发展开拓了广阔的前景。近代图书馆的产生和发展，先是创办了大学图书馆，接着是建立各国国家图书馆，继而大量公共图书馆兴起③。

（一）西方近代图书馆管理思想

大学图书馆日益正规化、规范化，开始占据"大学心脏"的位置。到 18 世纪时，在

---

① 于良芝. 图书馆学导论[M]. 北京：科学出版社，2003：53-54.

② 韩永进. 中国图书馆史：古代藏书卷[M]. 北京：国家图书馆出版社，2017：61-62，200.

③ 南开大学图书馆学系等. 理论图书馆学教程[M]. 天津：南开大学出版社，1986：142-143.

专业化和研究方面均领先世界的德国，大学图书馆已非常接近今天大学图书馆的模式——管理规范、开放时间长、注重服务。格丁根大学图书馆是当时最为著名的大学图书馆，馆藏丰富，有明确的采购方针，馆藏按分类排列，有较详细的编目。在这个时期，国家图书馆也在各国陆续出现，它承担着全面、系统保存一个国家出版的所有文献的使命。最早的国家图书馆出现于17世纪的英国、德国、法国、丹麦等国。1753年英国伦敦不列颠博物馆图书馆成立，1800年著名的美国国会图书馆诞生。19世纪中叶，公共图书馆几乎同时在英国和美国出现，成为图书馆走向成熟的最重要标志。在英国，国会议员埃德沃特和图书馆活动家爱德华兹对公共图书馆的出现起了至关重要的作用。由于他们的积极游说，英国国会于1850年通过了《公共图书馆法》，该法案允许在人口10 000人以上的城镇建立一所图书馆[①]。1852年，英国据此法案在曼彻斯特建立了第一个公共图书馆。美国的公共图书馆不是按国会的统一法令建立的，而是由各州自行其是。1854年，美国在波士顿根据立法建立了公共图书馆。19世纪末20世纪初，欧美各国建立较为发达的公共图书馆系统，使社会公众能够广泛地利用图书馆的藏书。

在这个时期，西方图书馆管理实践和图书馆理论的先驱者为图书馆管理思想做出了贡献。17世纪，法国图书馆活动家诺德出版了《关于图书馆建设的意见》，总结他多年图书馆工作经验。他探讨了图书馆建设的目的、规模和质量以及馆藏的管理与馆舍的结构等。例如，图书馆不要仅限于收藏古代善本，更为重要的是要大力搜集近代的文献；馆藏不应当有倾向性和排他性；必须科学地管理藏书；图书分类必须是最自然、最方便的，分类表必须具备合理的细目；图书馆必须向一切研究人员开放[②]。德国人莱布尼茨作为图书馆馆长和近代图书馆理论的创始人，强调藏书的质量，应当及时地、连续地、均衡地补充采购有学术价值的新出书刊；强调字顺目录的重要性，要编制分类目录，同时推荐主题索引；主张尽可能延长开馆时间，不要给图书出借规定太多的限制[②]。19世纪，作为不列颠博物馆馆长的帕尼齐在图书馆管理上做出了贡献，不仅要求增加藏书量，而且更注意图书的质量；严格地要求出版社按照著作权法交纳呈缴本；制定了有名的91条著录条例，著者和书名是著录的核心，并以著者为主要款目；修建了世界闻名的圆顶阅览室和铁质书库；非常关心馆员的生活待遇[②]。杜威是近代图书馆事业的巨擘，在图书馆领域取得了巨大的成就，作为组织者，是美国图书馆协会（American Library Association，ALA）的创始人之一；在哥伦比亚大学创立了世界第一所图书馆学校；编制划时代的《杜威十进分类法》；倡导图书馆用品、工具、设备等方面标准化；实现了目录卡片标准化[②]。在图书馆管理实践上，波士顿公共图书馆在管理方式上创建了由理事会来掌握办馆方针的范例。理事会由市议会上院、下院议员各一名和市民代表五名组成，理事由两院全体议员选举。市议会仅保留任命馆长和决定其薪酬的权力，其余权限全部归属理事会，如监督图书馆的预算、制定借书规则、任命其他馆员等[②]。英国的公共图书馆在管理上有三个特点：一是采用杜威十进制分类法的居多；二是字典式目录比较普及；三是一般都采用开架制。

---

① 于良芝. 图书馆学导论[M]. 北京：科学出版社，2003：55.

② 杨威理. 西方图书馆史[M]. 北京：商务印书馆，1988：128-129，140-141，158-166，200，232-233.

（二）中国近代图书馆管理思想

在我国，近代新型图书馆出现较晚。率先跨越旧式藏书楼窠臼的新型图书馆是西方传教士所创办的基督教图书馆。在中国近代图书馆发展史上，有过一定作用的基督教图书馆有徐家汇藏书楼、工部局公众图书馆、皇家亚洲文会北中国支会图书馆、圣约翰大学罗氏图书馆、格致书院藏书楼、文华公书林等。基督教图书馆带来了西方图书馆的新式管理方法和先进技术。以收藏中文图书为主的格致书院藏书楼，对旧籍用四部分类，而新书则划分为科学、算学等 36 类，这是用新式科学分类法来类分中文图书的首次尝试。皇家亚洲文会北中国支会图书馆采用了杜威分类法及卡特著者号码表，这为应用西方分类法开创了先例；圣约翰大学罗氏图书馆则是用杜威分类法类分中文图书的最早的图书馆。基督教图书馆首先使用卡片式目录，如皇家亚洲文会北中国支会图书馆编制了一套字典式的卡片目录，并附有杜威分类法的分类索引；圣约翰大学罗氏图书馆的卡片目录最为完备，除书名、著者目录外，还编有一套标题片，同时编制子目片和分析片[①]。

清朝末年，随着西方公共图书馆思想和实践的介入，一些知识分子和官宦士绅率先在全国不同地区建立了面向普通民众的民办图书馆。其中，最负盛名的是浙江乡绅徐树兰创办的，1902 年对外开放的古越藏书楼。此后不久，我国就开始出现由公共经费支持、面向普通民众开放的公共图书馆，如湖北图书馆（1904 年）、湖南图书馆（1904 年）、黑龙江图书馆（1906 年）、江南图书馆（今南京图书馆，1907 年）、山东图书馆（1909 年）等。1910 年，清学部拟定并颁布《京师及各省图书馆通行章程》；1912 年，中国国家图书馆的前身京师图书馆对外开放，成为我国具有现代意义的国家图书馆。这些图书馆的开放标志着具有现代意义的图书馆在我国出现[②]。

近代图书馆的主要特点是向公众开放，重视读者服务工作，为此建立相应的管理制度与管理方法，从封闭管理转向开放式管理。馆际的联系与合作也大大加强，管理职业化和管理工作制度化是近代图书馆管理的主要特征[③]。徐树兰参照国外图书馆章程，制定了《古越藏书楼章程》，其中的"管理规程"涉及藏书楼的人员配置、岗位职责、文书账册、开馆时间、请假辞退等内容[④]。1917 年，朱元善出版的《图书馆管理法》是国内较早论述有关图书馆管理的著作，讲述了图书馆从创办到日常运作的基础知识。1926 年，洪有丰出版了《图书馆组织与管理》，这本书的知识是当时我国图书馆管理研究的最高水平，对图书馆的创立和日常运作都有详细的介绍，对实际工作有很强的指导性[⑤]。李小缘的《公共图书馆之组织》（1926 年）提出人是图书馆管理的关键，并对图书馆工作人员的资格、权力、名衔等提出了具体的要求。马宗荣是国内较早对图书馆实际运作进行全面研究的学者，《现代图书馆序说》《现代图书馆经营论》《现代图书馆事务论》等著作系统阐述了他

① 吴晞. 中国图书馆的历史与发展[M]. 北京：朝华出版社，2020：18-19.
② 于良芝. 图书馆情报学概论[M]. 北京：国家图书馆出版社，2016：238.
③ 谭祥金. 图书馆管理综论[M]. 北京：北京图书出版社，1997：19.
④ 韩永进. 中国图书馆史：近代图书馆卷[M]. 北京：国家图书馆出版社，2017：53-54.
⑤ 范并思. 20 世纪西方与中国的图书馆学——基于德尔斐法测评的理论史纲[M]. 北京：北京图书馆出版社，2004：214.

的图书馆管理思想。随着新式图书馆运动的发展，图书馆管理内容越来越丰富，对图书馆管理的研究也开始在全面阐述的基础上逐渐向专深发展，如杜定友的《国立中山大学图书馆添建书库计划书》《图书馆表格与用品》等。到了 20 世纪 30 年代中期，我国的图书馆管理理论体系基本形成，代表作为陈友松和刘伍夫合著的《图书馆》①。该书引进了不少现代管理的理论观点，一些章节和论述很有新意，如在"图书馆之创设行政及经费"中指出了组织和计划在图书馆管理中的作用："容纳图书实施技术的整体的图书馆，须得有一种严密的组织，构成一种灵活的机体，就像健壮人的躯壳一样。创立的方式，行政的系统，经费的筹划与支配等，都须精密地计划，使得图书馆能在一种完善的形式之中……这是图书馆行政必须注意的意义。"强调了读者管理在图书馆管理中的重要地位，要依据读者来制定选购图书的标准和开展读者服务。

三、现代图书馆管理思想

20 世纪以来，尤其是第二次世界大战以后，随着科学技术的发展，图书馆进入到一个崭新的发展阶段。科学技术的发展和社会需求的变化，使图书馆事业发生了深刻的变革。随着科学技术和文化教育的突飞猛进，出版物的数量激增，出版物的形式多样化；计算机技术和现代通信技术在图书馆得到广泛的应用，改变了信息的存储形式和获取方式；随着图书馆自动化的发展和图书载体的多样化，图书馆工作和服务也逐步深化与多样化。现代图书馆呈现出馆藏多样化、技术自动化、组织网络化、服务优质化、管理科学化的特点②，这就要求图书馆管理思想适应新的形势。

（一）西方现代图书馆管理思想

在科学管理理论产生后，源于工业和商业的管理理论与方法在西方图书馆中得到广泛的应用。20 世纪 30 年代，科学管理理论与方法开始应用于图书馆，第二次世界大战后更为普及，因为"科学管理方法为图书馆业务管理者提供了指导行动的工具""图书馆工作有相当高的百分比是由重复的、机械性的日常事务构成的，这些工作要借助于系统分析才能更好地完成"③。1930 年，美国的 D. 科尼在《科学管理与大学图书馆》一文中就认为，科学管理为图书馆管理人员在进行活动时提供了有用的工具；图书馆机构作为效率和经济实体必须采用与适应大生产的原则及方法。自此以后，图书馆界进行了许多探索，1966 年 R. M. 多尔蒂和 E. J. 海因里兹出版了《图书馆工作的科学管理》②。1934 年 J. P. 丹顿（J. P. Danton）发表了《我们的图书馆——走向民主制度的趋势》一文，将行为科学理论引入图书馆界。图书馆管理者开始注意员工的需求，注重对图书馆员潜在技能的开发和管理，"在图书馆组织民主化中，人员管理是首要的任务""图书馆更加注意对人员的管理，更多地考虑建立以活动简单化和协调化为基础的基本组织，为人员提供更大的发展

① 范并思. 20 世纪西方与中国的图书馆学——基于德尔斐法测评的理论史纲[M]. 北京：北京图书馆出版社，2004：233.
② 谭祥金. 图书馆管理综论[M]. 北京：北京图书馆出版社，1997：22.
③ 孟广均，徐引篪. 国外图书馆学情报学研究进展[M]. 北京：北京图书馆出版社，1999：392-393.

空间和更好的工作条件"①。此后，人们运用人际关系学派和行为科学学派的理论，探索调动图书馆人员积极性的有效手段与方式，对图书馆工作人员的需求、动机、个性、群体关系、民主管理、激励手段等方面进行了深入的研究。长期以来，人员管理始终是热门话题，出版了一批专著，马丁、费伊斯、麦考尔、怀特等分别出版了《图书馆人员管理》，默里斯撰写了《高校图书馆人员管理问题》等②。20 世纪 60 年代末期，系统理论在图书馆中的应用也促进了图书馆管理的发展，如 1960 年玻奥尔特的《大学图书馆系统分析：案例研究》、1970 年切曼的《图书馆系统》等③。20 世纪 70 年代以来，运筹学与数学方法应用于图书馆管理，在馆藏组织、馆藏流通、用户行为、经费使用等方面建立了相应的数学模型，使图书馆管理更加精确。图书馆协会和图书馆学者也积极投入到建立绩效指标的研究中，希望通过测度，用事实、数据来反映图书馆绩效，评价图书馆各项工作和所提供的服务质量①。代表性的著作有 F. M. 兰开斯特（F. M. Lancaster）编著的《图书馆服务的衡量与评价》、陈刘钦智（Ching-chih Chen）的《运筹学模型在图书馆的应用：案例研究》等②。

　　在图书馆管理思想的形成与发展过程中，一方面总结图书馆本身的管理经验，另一方面吸收工业、商业的管理理论和方法。冯德兰（Von Dran）和卡吉尔（Cargill）在《变化的催化剂：在 90 年代管理图书馆》一书的前言中指出："90 年代将是图书馆应用商业管理方法，经历重构，最终导致图书馆服务极大改变的十年。①"在科学管理、激励理论、目标管理等相对较早被引进到图书馆管理工作中的基础上，人们又探讨了如何把全面质量管理、战略管理、知识管理、人本管理、项目管理等理论应用于图书馆管理。从 20 世纪 80 年代开始，图书馆界的理论研究者和实际工作者探索全面质量管理在图书馆的应用，图书馆全面质量管理研究欣欣向荣，实践成效显著。全面质量管理的实质与图书馆的宗旨是一致的，图书馆一直努力地改进服务和更好地满足用户需求，而这两个目标都是与全面质量管理直接相连的。战略管理研究与实践在美国掀起热潮，从企业逐渐扩展到教育机构、政府机构、图书馆等非营利组织。为了适应外部环境的不断变化，一些图书馆开始学习和仿效企业发展的成功经验，制订指导图书馆未来发展的战略规划。英国的大英图书馆在这一方面尤为突出，从 1985 年起开始制订战略规划④。有关图书馆可持续发展战略、资源建设战略、服务战略、营销战略、品牌战略、数字图书馆发展战略等问题成为其探讨的主题。起源于企业管理实践的知识管理延伸到图书情报界，它从多个方面触发了图书馆管理的创新。知识管理有助于图书馆变成一个更有效率的知识共享型组织，也有助于图书馆员管理各种类型信息和隐性知识，从而促进图书馆管理走向更深层次的应用领域。图书馆人本管理是人本管理在图书馆中的应用，一方面是对图书馆员的人本管理，另一方面是对图书馆用户的人本管理。图书馆人本管理既注重"以用户为本"的服务宗旨，又强调"以馆员为本"主观能动意识。在图书馆管理实践中，涌现了一些新理念，如"用户第一"与"馆员第一"并重、"以用户为中心的价值取向"、图书馆员的"生涯管理"和"满意管理"

① 孟广均，徐引篪. 国外图书馆学情报学研究进展[M]. 北京：北京图书馆出版社，1999：393-394.
② 谭祥金. 图书馆管理综论[M]. 北京：北京图书馆出版社，1997：23.
③ 初景利. 西方图书馆管理研究述略[J]. 图书馆学研究，1987，（3）：134-137.
④ 吴建中. 现代图书馆管理的热门话题（上）[J]. 图书馆杂志，2004，（8）：3-8.

等。项目管理作为一种效益高、灵活快速、高弹性的组织管理模式，可以广泛应用于图书馆的各项活动中，特别是数据库建设、信息咨询服务、图书馆社区服务等。图书馆应用项目管理理论与方法可以提高工作效率，锻炼队伍，调动员工积极性，推动图书馆管理体制的改革①。

（二）中国现代图书馆管理思想

新中国成立初期，我国对欧美图书馆管理理论进行了批判，其后引进列宁图书馆管理思想和苏联的管理理论，对图书馆管理实践中的一些问题进行了研究，制定了一些法规。1958 年北京大学、武汉大学图书馆学系开设了"图书馆工作组织"和"图书馆行政"课程。但在这一时期由于受"大跃进"运动高指标、瞎指挥、浮夸风的影响，图书馆管理出现混乱。1962 年到 1965 年期间，根据中央"调查、巩固、充实、提高"的方针，在加强图书馆基础建设，健全规章制度，提高领导干部素质等方面进行了探讨，如"高教六十条"对高校图书馆工作做出的规定、四川省制定的"全省各大图书馆馆际互借办法"、《甘肃省图书馆工作手册》等。1966 年至 1976 年期间，图书馆事业遭到巨大破坏，图书馆管理处于极度混乱状态，图书馆管理的研究也被迫停顿。1977 年以后，由于图书馆事业发展的需要，图书馆管理理论的研究逐步引起重视。1981 年，中国图书馆学会在四川召开了"图书馆科学管理专题学术讨论会"，在《图书馆学基础》中专门开设了"图书馆科学管理"一章②。在图书馆管理领域，1978—1998 年的 20 年间发表研究论文 3000 多篇；编译、出版各类专著和教材 40 种，如于鸣镝的《图书馆管理学纲要》（1986 年）、王淑惠的《现代图书馆管理》（1989 年）、黄宗忠的《图书馆管理学》（1992 年）、谭祥金的《图书馆管理综论》（1997 年）等③。

在此期间，图书馆管理研究论文的主题大体上可分为图书馆管理理论、图书馆管理体制、图书馆业务管理、图书馆行政管理、图书馆人力资源管理、图书馆经营管理和各类型图书馆管理七个方面：图书馆管理理论包括一般性理论、方法、目标管理、质量管理、竞争战略及其他综合性论述；图书馆管理体制包括图书馆领导体制、管理模式、图书馆法、图书馆政策及图书馆规章制度等方面；图书馆业务管理包括图书馆业务流程管理、图书馆评估、图书馆统计以及计算机技术应用管理等方面；图书馆行政管理包括图书馆领导与决策、思想政治工作、岗位责任制、经费等方面；图书馆人力资源管理包括图书馆职业、职称、队伍建设、激励、考核、在职教育等方面；图书馆经营管理包括图书馆有偿服务、创收经营、产业化理论、公共关系和形象设计及其他与市场有关的经营论述；各类型图书馆管理包括所有与某一类型图书馆管理有关的研究。从中我们可以看到，图书馆管理研究实现了从经验主导的研究到理性与经验研究相结合的转变，从封闭式的研究到主动寻求与国际接轨的转变，从少数学者和图书馆决策层主宰的研究到广大图书馆工作者参与研究

① 孟广均，等. 国外图书馆学情报学最新理论与实践研究[M]. 北京：科学出版社，2009：339-342.
② 谭祥金. 图书馆管理综论[M]. 北京：北京图书馆出版社，1997：24.
③ 李万健，霍国庆. 图书馆管理学研究 20 年[J]. 图书馆工作与研究，1999，（4）：15-22.

的转变；研究的进程也是热点不断变换的过程，是从具体而琐碎的经验式总结和纯粹抽象的理论探讨到理论与实践相结合的研究的变换过程[①]。

随着我国市场经济的发展和不断成熟，文化体制改革的推进，我国图书馆大胆开拓创新，引进市场化机制、企业管理模式和社会化手段，重视对服务的绩效评估，采用如全面质量管理、标杆管理、目标管理等新的管理手段，提高图书馆服务的效率和质量，促进我国图书馆管理模式与管理方法、技术、手段的创新，提升图书馆的管理水平。近年来，越来越多的图书馆开始重视战略管理，定期制订图书馆战略规划。图书馆战略管理既能促进图书馆管理者密切关注外部环境变化，及时抓住图书馆发展的机遇，规避可能对图书馆构成的威胁；也有利于图书馆优化内部资源配置，引导各部门高效、协同运作；还可以对图书馆员产生激励作用[②]。在战略管理研究上，柯平教授团队开展了系统深入的研究，取得了丰硕的成果；在实践领域，国家图书馆、广州图书馆、东莞图书馆、上海图书馆、北京大学图书馆等制订了相应的战略规划。

随着图书馆在整个社会知识服务体系中地位的日益突出，人们越来越重视图书馆业务效率的改进和服务质量的提高。20 世纪 60 年代后期至 70 年代初，美国图书馆界首次把它引入图书馆，我国图书馆绩效评估的实践和理论研究始于 20 世纪 80 年代中期。国家教育委员会于 1991 年下发了《关于开展普通高等学校图书馆评估工作的意见》《普通高等学校图书馆评估指标体系大纲》《关于指标体系大纲的说明》，比较完整地对评估的内容、级别和评估的组织领导和方法等进行了详细的说明。1994 年，文化部下发了《关于在县以上公共图书馆进行评估定级工作的通知》，并于 1994 年、1998 年、2002 年、2009 年、2013 年和 2017 年先后六次对全国县级以上公共图书馆进行了评估。此外，科学院系统、中小学系统以及各地方文化管理部门也都不同程度地开展了图书馆评估的工作，对图书馆事业可持续发展起到了积极的促进作用[③]。

全面质量管理已广泛应用于企业、政府、军队、教育以及包括图书馆在内的非营利组织，它逐渐由一般的质量管理发展成为综合全面的经营管理方式和理念[④]。作为一种新的有效管理模式，全面质量管理已经得到国内外图书馆学者的广泛认同。经过多年的探索，我国图书馆工作者结合国内实践、吸收国外图书馆利用全面质量管理的经验，总结出适合我国图书馆的全面质量管理模型并付诸实践。2005 年 7 月，海南大学图书馆获得 ISO 9001 质量管理和质量标准认证[⑤]。2006 年 7 月，通过认证机构的年度审核，成为我国第一家以图书馆为独立单位获得 ISO 9001 质量管理体系资格认证机构。它对全国图书馆有着很强的示范效应，也标志着我国图书馆全面质量管理进入一个新阶段[②]。

改革开放以来，文化领域的社会力量参与经历了从"以文养文"到"政府购买"的演进发展过程。目前，社会力量参与公共图书馆事业的方式有政府购买、公私合作、慈善捐赠、志愿服务、公民参与等。兴起于 20 世纪末的公共图书馆业务外包，随着时代的发展，

---

① 李万健，霍国庆. 图书馆管理学研究 20 年[J]. 图书馆工作与研究，1999，（4）：15-22.

② 罗军. 当代图书馆管理中的市场化工具[J]. 中国图书馆学报，2009，35（3）：85-95.

③ 吴建中. 现代图书馆管理的热门话题（上）[J]. 图书馆杂志，2004，（8）：3-8.

④ 吴建中. 现代图书馆管理的热门话题（下）[J]. 图书馆杂志，2004，（9）：18-23.

⑤ ISO 表示 International Organization for Standardization，国际标准化组织。

外包的广度和深度逐渐扩展，从部分业务外包，逐步发展到岗位外包、整体外包等。采用政府购买的方式实现图书馆服务外包开始时间较晚，范围较小。上海、无锡、广州、北京等地是最早探索政府购买图书馆服务的地区，2013 年后全国各地政府购买图书馆服务实践逐渐增多[①]。社会力量参与图书馆事业的逐步深入，给图书馆管理带来了机遇与挑战，一方面，调动一切社会积极因素，充分利用各种资源，降低成本，提高效率，改进质量，增加工作灵活性，实现科学化、专业化管理的目标；另一方面，要求图书馆加强管理标准化，完善监督与评价体系，恪守图书馆的公益性质不动摇，防范图书馆服务质量降低、教育功能和保存文化遗产职能丧失的风险[②]。

作为向公众开放的公共服务部门，图书馆面临着各种各样影响安全的危机因素，如火灾、水灾等造成资源严重损毁的自然灾害，战争、网络病毒等人为因素造成的破坏性灾难，设备、系统等运作不当或过失等产生的偶发性灾难，公共治安或公共卫生等不良因素对员工或读者的人身危害，自身决策程序中存在的不协调以及图书馆内外环境失衡时产生的管理危机等。2003 年 3 月突然暴发的 SARS[③]疫情和 2020 年初暴发的新冠疫情，使图书馆员更是切身感受到危机管理的重要性。错综复杂的社会环境和网络时代的危机特点，给图书馆管理带来了新的挑战，建立科学合理的危机管理机制已经摆上了图书馆管理的议事日程。图书馆应根据实际情况，建立适合自身的危机管理制度，组建危机处理组织，制定安全防范预案[④]。

此外，我国图书馆管理在业务流程重组、人力资源管理、组织文化、营销管理等研究与实践上也取得长足的发展，后面的章节内容会具体涉及，在此不再赘述。

---

① 褚树青. 社会力量参与公共图书馆事业建设研究[M]. 北京：国家图书馆出版社，2019：46-47.
② 罗军. 当代图书馆管理中的市场化工具[J]. 中国图书馆学报，2009，35（3）：85-95.
③ SARS 是指 severe acute respiratory syndrome，严重急性呼吸综合征。
④ 吴建中. 现代图书馆管理的热门话题（下）[J]. 图书馆杂志，2004，（9）：18-23.

第三章 图书馆管理的基本原理与方法

第一节 图书馆管理的基本原理

一、管理原理的特征

原理是指某一领域、科学或部门中具有普遍意义的可以作为其他规律基础的基本规律，反映了客观事物的实质及其运动的基本规律[①]。管理原理是对管理工作的实质进行科学分析总结而形成的基本真理，是对管理现象的抽象，是对各项管理制度和管理方法的高度综合和概括，具有客观性、普适性、稳定性和系统性的特征。

（一）客观性

原理的"原"即"源"，意为本源、根本，"理"即道理、规则、规律，管理原理即对管理的实质和客观规律的描述，这种实质与规律是不按人的意志转移的，因此，管理原理具有客观性，违背了原理必然要遭到客观规律的惩罚，因此要在管理工作中以客观真理为依据，确立其指导地位。

（二）普适性

普适性即普遍适用性，管理原理是对所有复杂关系和复杂规律的管理活动的客观规律的描述，简而言之，就是在总结大量的管理经验的基础上，舍弃了各组织之间的差别后而总结出来的具有概括性、普遍性和规律性的结论，对管理活动具有普遍的指导意义。但是管理人员要结合管理工作的特殊性灵活变通，如图书馆包括很多部门，每个部门又有很多小部门，但是每个部门技术水平、人员构成、基础设施设备等都不一样，因此要结合每个部门自身的特点选择适宜的管理方法。

（三）稳定性

管理原理并不是一成不变的，它会随着社会经济和科学技术的发展而不断发展，但是这种变化不是摇摆不定而是有规律可循的，应该保持相对稳定。管理原理和一切科学原理一样，都是确定的、稳定的，具有"公理的性质"。无论这个社会发展有多快，环境变化有多大，管理原理的指导意义是保持稳定不变的。

[①] 周三多，陈传明，刘子馨，等. 管理学——原理与方法[M]. 7版. 上海：复旦大学出版社，2018：79.

（四）系统性

所有的管理对象都不是孤立存在的个体，都可以看成具有严密系统层次的有机整体，在本书中提到的系统原理、人本原理、责任原理和适度原理中，系统原理起统率作用，人本原理起指导作用，重视人、尊重人和促进人的全面发展；整个管理过程通过明确每个人的职责和义务来贯彻责任原理，必要时要采取一定的激励措施调动员工的积极性；在处理矛盾冲突时需要寻求最适度的组合，度的把握是管理科学在实践中被艺术地运用的体现。因此，这四大原理本身就是具有高度系统性的相互关联、相互制约的有机整体，管理者应该灵活熟练地掌握这四大管理原理，建立起有效的科学管理体系。

二、系统理论概述

（一）系统概念

系统是指由若干相互联系、相互作用的部分组成，在一定环境中具有特定功能的有机整体，即一个系统至少由两个子系统（要素）构成。在自然界和人类社会中，所有事物都是以系统的形式存在，由自然物组成的系统为自然系统，如生态系统、气象系统、太阳系统等；在人类社会中为达到某种目的而建立的系统为人造系统，图书馆便是人们为了满足对信息的需求而建立的人造系统，它是由文献信息资源、用户、工作人员、技术方法、建筑与设备等基本要素构成的系统，对图书馆的管理其实就是对系统的管理。

（二）系统的构成条件

由系统的定义可知，系统的存在是需要条件的，构成系统的基本条件包括要素、结构和功能、环境及联系。

1. 要素

要素是构成系统的基本成分，每一个系统都由两个及以上的要素构成，要素是系统的最基本单位。系统的功能与要素的性质、数量和结构方式有密切联系，主要表现在：①要素的性质和数量不同，构成的系统不同；②同质不同量或同量不同质的要素构成的系统不同；③同质同量但是结构方式不同，构成的系统不同。

2. 结构和功能

结构是指不同要素之间相互联系、相互作用而体现出的在空间和时间上的排列和组合形式，也称为系统的内在联系；功能是指系统与外部环境相互联系和相互作用过程中的秩序与能力，体现了一个系统与外部环境的物质、能量及信息之间的输入与输出的能量变换关系[1]。系统的结构不同，功能也必然不一样，如高校图书馆、公共图书馆、儿

---

[1] 付立宏，袁琳. 图书馆管理学[M]. 武汉：武汉大学出版社，2010：47.

童图书馆、专业图书馆等不同类型的图书馆系统内部的部门构成、基础设备等要素不太相同，功能也具有差异。

3. 环境

环境是系统所存在的外部条件，也就是对系统造成影响的各种外在因素的总和。一般把受环境影响较小的系统叫作封闭系统，把受环境影响较大的系统称为开放系统，系统的开放和封闭都是相对而言的，没有绝对的开放系统也没有绝对的封闭系统。例如，高校图书馆和公共图书馆，公共图书馆是面向社会这个大环境，服务人群广泛，高校图书馆所处高校这样一个小的社会环境，只面向在校师生开放，与公共图书馆相比，所面临的不确定因素少，受环境影响较小，较公共图书馆而言是一个封闭的系统。

4. 联系

联系是指系统要素与要素、要素与系统、系统与环境之间的相互作用关系。要素是系统存在的基础条件，联系是系统存在的关键。系统内部要素并不是孤立存在的，系统中任何一个要素的变化都会影响其他要素的变化，进而影响系统的发展；同时，要素的发展也会受到系统的制约，系统的发展是要素存在和发展的前提。此外，作为一个整体的系统会与它周围的环境进行物质、能量和信息的交换。

（三）系统的特征

1. 集合性

集合性是系统最基本的特征。所有的系统都是两个及以上子系统（要素）构成，也就是说系统是由各个要素集合而成的，这就是系统的集合性。对图书馆而言，图书馆的各个部门如借阅部、采编部、特藏部、数字资源部、技术部等便是图书馆系统的子系统。

2. 层次性

系统的结构具有层次性，即构成一个系统的子系统和其子子系统等占据着不同的等级与地位。图书馆是一个系统，采编部、典藏阅览部、数字资源部等部门是其子系统，对采编部而言，图书采访组、图书书目数据组、图书加工与维护组等又是其子系统，即图书馆的子子系统，这就是系统的层次性，系统和子系统都是相对而言的。

3. 相关性

系统内部各要素之间相互依存、相互制约的关系即系统的相关性。它一方面表现为系统与要素之间的关系，要素是构成系统最基本的单位，组成系统的各个部分，因而子系统是系统存在的基础和实际载体；而系统的存在和发展是子系统存在和发展的前提，因而子系统本身的发展又要受到系统的制约。另一方面表现为系统内部各要素之间的关系，某个要素发生变化会影响其他要素的变化，各个要素之间的关系或状态对整个系统的发展都可能产生重要的影响。

4. 整体性

整体性是系统最本质的特征，集合性强调系统的要素组成方面，而整体性更加强调系统中各要素间的关联。系统整体性体现在：①系统整体和各要素联系的统一性，系统是由众多要素有机结合而成的整体，各要素之间并非彼此独立而是有机联系并统一和协调于系统的整体之中；②功能的非加性，即整体功能并不等于各部分要素功能之和，往往是大于各个部分功能的总和；③系统整体具有不同于各组成部分的新功能，在各子系统组成为一个系统之后，这个系统发生质变而产生系统功能，系统的功能不仅大大超出各个部分功能的总和，而且具有不同于各个组成部分的新功能，系统各要素的功能必须服从于系统的功能，才能实现系统各要素的功能。

三、系统原理的内容

（一）系统整体性原理

系统整体性原理是指系统要素之间的相互关系及要素与系统之间的关系是以整体为主进行协调，遵循局部服从整体的规则，使得整体的效果保持最佳。

系统原理对图书馆的工作具有很好的指导意义：①将图书馆看成一个有机的整体，将图书馆内部各要素协调统一起来，使内部达到最优组合以更好地发挥功能。②不断提高各要素的功能从而改善系统的功能。图书馆系统作为一个整体，一般由采访、分编、典藏、流通等部门组成。任何一个部门人员的素养、专业知识、工作能力等条件不足，都会在一定程度上影响图书馆的整体效应。因此，必须按照图书馆整体目标的要求，不断提高各个部门特别是关键部门或薄弱部门人员的专业素养和基本能力，并强调局部服从、保证整体，以保证图书馆系统最佳的整体功能。③保持图书馆系统要素的合理组合[①]。结构的合理性会影响到整体的功能，因此，图书馆要改善和提高图书馆系统的整体功能，不仅要注重发挥每个要素的功能，更重要的是调整要素的组织形式，建立合理的结构，从而使图书馆系统整体功能优化。

（二）动态相关性原理

任何系统都处在不断地发展变化之中，这是系统的动态性。系统的相关性是指系统的要素之间、要素与系统整体之间、系统与环境之间相互制约、相互影响、相互作用，存在着不可分割的有机联系。相关就是联系，系统的相关性是系统发展变化的根据和条件。动态相关性原理揭示要素、系统和环境三者之间的关系及其对系统状态的影响，它是系统整体性原理的延续和具体化，对图书馆的管理工作具有重要指导意义：①图书馆系统中所有要素之间都是息息相关的，一个要素的变化必然引起其他要素的变化，如图书馆藏书规模

---

① 付立宏，袁琳. 图书馆管理学[M]. 武汉：武汉大学出版社，2010：49.

的扩大，必然要求增加工作人员和书库空间；图书馆新馆舍的建成，必然要对工作人员、藏书、设备等要素重新进行布局。因此，在图书馆管理实践中，想要改变某些不合要求的要素时，一定要考虑对其他要素及对图书馆整体的影响。②图书馆系统内部诸要素之间存在动态相关性，要素之间的关系是不断变化的，因此系统整体也是不断发展变化的，要在动态中认识和把握其整体性，协调部分与部分、部分与整体的关系。图书馆管理的过程实质就是把握藏书、馆员、读者、经费、设备等要素的运动变化特点，然后有针对性地进行调节和控制，最终实现图书馆管理的最佳目标。③图书馆系统的整体功能存在于图书馆与环境的相关性之中。环境可以影响甚至改变系统的整体功能，对系统的整体功能具有可塑性，因此，一定要在图书馆系统和环境的相互联系与相互作用中认识和改善图书馆系统。

（三）层次等级性原理

层次性是系统的特征，一个系统是由不同等级的要素组成的，低一级的系统为高一级系统的子系统，处于不同层次等级的系统具有不同的结构，也具有不同的功能，不同层次的系统之间又相互联系、相互制约。首先，图书馆可以依据管理对象的复杂性与管理者个人能力设置合理的管理层次，尤其是对规模较大的图书馆而言，合理划分管理层次，建立等级结构，可以削弱系统规模和对象复杂性之间的联系，缓解管理对象复杂性和管理者能力之间的矛盾。其次，图书馆目标也可以以此为依据进行分解，将大的目标按照不同部门的任务和职能划分为小的目标，形成前后衔接、上下贯通的目标体系，以提高工作效率。最后，图书馆可以按照系统的层次实施层级管理，一般来说，横向层面，同一层级的各个子系统进行自主管理，当出现不协调或者发生矛盾时才提交上一层级系统处理，从而形成有序协调的层级管理模式。

（四）系统有序性原理

系统有序性原理是指构成系统的诸要素在时间和空间上按照一定的顺序与组合排列，由此而形成一定的系统结构以决定系统的功能。系统的有序性原理认为任何系统都有特定的结构，系统结构由低级向高级转换的过程就是在趋向有序的过程，系统有序程度越高，结构越合理，功能就越好。

系统有序性原理对图书馆管理的指导意义可以用耗散结构理论来解释。任何图书馆实质上都是一个耗散结构系统，其发展必须要满足两个条件，一是对外开放，二是内部保持活力。图书馆系统对外保持开放性，从外部环境中吸收负熵流以抵消内部的熵增，从而营造图书馆系统有序发展的外部条件，同时保持图书馆系统内部充满活力的非平衡状态，以促进图书馆对内对外动态有序地发展①。

四、人本原理

人本原理就是以人为主体的思想，世界上一切科学技术的进步、物质财富的创造、社

---

① 付立宏，袁琳. 图书馆管理学[M]. 武汉：武汉大学出版社，2010：51.

会生产力的发展及经济系统的运行都离不开人的努力、创造和管理，随着管理学中"社会人""经济人""复杂人"等观点的提出，也表现出人始终是管理的对象，人本管理是贯彻管理理论百年发展的主要特点。

（一）人本原理含义

人本就是以人为根本，在管理活动中，人处于主体地位，人的积极性与创造性的发挥是管理活动成功的保证。图书馆的人本原理是指在图书馆管理活动中将人作为管理工作的出发点和落脚点，以调动人的积极性、做好人的工作为根本手段，以达到提高管理效率和促进人的不断发展的目的。

人本原理具体包含以下几层含义。

（1）人是管理活动的主体。所有管理活动依靠人来完成，只有人才能担任管理活动的领导者角色，图书馆的管理活动并不只是单纯的馆藏管理和信息管理，主要是人（如馆长、部门主任等）对人（普通馆员和读者等）的管理，图书馆的管理是为包括领导者、馆员、读者在内的人的发展服务的。因此，在进行任何管理活动，制定任何管理制度、管理措施都必须坚持人的主体地位，对人的本性有一个科学而合理的认识。

（2）人是管理活动中最重要的要素。藏书、读者、馆员、经费和设备等是构成图书馆的基本要素，其中人（包括读者和员工）是最活跃、最积极和起决定作用的要素，因此在图书馆管理过程中要发挥人的主观能动性，充分调动人的积极性。此外还要秉承"人和"的观念，即管理者要积极融入整个团体，与员工同心同德，共同维护好内部人际关系与外部社会关系。

（3）人的发展是管理工作的核心环节。在管理过程中，要将人作为管理的主要对象和最重要资源，将人的需要作为管理的出发点和归宿，将调动人的积极性、主动性和创新性放在工作首位，人的需要是行为产生的内在动力，人为了满足各种需要而从事各种实践活动进而产生更多新需要，在这种循环往复中推动人类社会的发展。图书馆作为社会组织中的一员，在管理过程既有无私的奉献主义，又有利己主义，既有集体主义又有小团体主义，为了使人得到最完美的发展，图书馆的管理者要以身作则，身体力行影响下级，为员工人性的发展树立榜样模范力量。

（二）图书馆的人本管理思想

以人为本的管理思想就是通过调动人的积极性和创造性来做好人的工作，从而实现管理目标。人本原理的思想已经渗透到图书馆管理的过程中，主要体现在两个方面：其一是以馆员为主体，阮冈纳赞曾说过，"一个图书馆成败的关键主要在于图书馆的工作者"，由此可见，馆员的工作能力和职业素养对图书馆的发展有着深远的影响。图书馆员是图书馆建设的中坚力量，图书馆功能和价值的实现离不开馆员的工作与共同努力，因此图书馆的人本管理就是以馆员为主体的管理。这就意味着图书馆在管理过程中要充分调动馆员的积极性和主动性，鼓励他们对图书馆进行空间再造和功能重组，创新图书馆服务内容和形式，以提升图书馆服务的质量和水平。其二是以读者为中心，即以读者的需求为中心。虽然图书馆的服务并不能产生直接的经济效益，但是读者对图书馆服务的满意度、信赖度和认可度提升了图书馆的社会效益，读者的需求是图书馆的生存之本，是图书馆可持续发展的根本动力。在人本管理模式中，要确立读者在管理过程中的中心位置，将读者的需求作为图书馆组织一切工作的源头。

（三）人本原理在图书馆管理中的贯彻要求

1. 科学正确地认识人的特性

了解人、认识人是进行人本原理在管理工作中贯彻的基础。图书馆的管理主要是人对人的管理，主客体都以人为中心，做好这项工作的关键是抓住人的思想，了解人的特性，在建立任何管理制度和管理措施之前都要充分考虑管理的人是什么人，该如何管理这些人。一般而言，要从三个角度出发：第一，人的个体差异性，即人从出生开始就迥然各异，加上后期不同的生活经历的影响，使得人与人之间的差异性越来越明显，这意味着对待图书馆员绝不可千篇一律，要在保证公平合理的基础上差异对待；第二，每个人都是一个完整的人，在图书馆中，不同的岗位和职务都需要具备不同知识、能力与特长的人去担任，人有所长有所短，在管理过程中不能片面地看待一个人，要结合生活、工作、心理等方面将他们作为一个完整的人看待；第三，尊重每一个人，不同的工作不论轻重都代表着从事这项工作的人具备胜任这份工作的独特才能，图书馆工作也是一样，尊重图书馆每一份工作及工作者。

2. 在图书馆管理中正确运用激励机制

激励是一个能使个体将外部刺激变成实现目标的自觉行为的过程，即调动个人的积极性。图书馆领导者带领全体馆员实现图书馆的各项目标，在制定严格的管理制度，赋予职责和权力的同时，还要体现出"有情"的领导方式和方法，这种"有情"便体现在运用各种激励手段调动馆员的积极性。调动人的积极性最好的方法就是设法满足其在各个层次的需要，管理者要做的就是把目标细分，然后将个人的需要与具体目标挂钩，针对不同的人、不同的情况采用不同的激励手段。在图书馆管理中，一方面可以通过福利、奖金等物质激励满足馆员在生理和安全层面的需要；另一方面可以通过创造良好的工作环境、人员晋升、培训进修等情感激励和精神激励满足馆员在关爱、自尊与自我实现等方面的需要，从而唤醒他们的使命感、荣誉感和责任感，让馆员真正感受到图书馆就是自己的事业，积极地参与到图书馆的管理中来，积极主动地完成自己的目标和任务。

3. 以读者为中心，充分考虑读者需求

以读者为中心实质上就是把读者放在第一位，即读者利益至上，要最大限度地满足读者的需求，图书馆的一切工作都要围绕着读者的需求展开，读者的满意度是衡量图书馆工作的重要标准，在读者管理与服务中要贯彻人本原理。

第一，满足读者的环境需求。图书馆的环境要使读者最大限度地获取精神享受，主要从空间布局、馆内布置和设施配置三方面满足读者需求。首先，图书馆的设计、空间布局都应该富含寓意，给读者以吸引力，不仅要有自习间、研讨间等，还应该设计休闲空间，让读者有所得有所乐。传统的空间布局组织中藏、借、阅功能占据图书馆大部分空间，但是现代的图书馆在满足读者多元化需求的前提下，已不再把书刊借阅服务作为唯一和第一位的核心服务，越来越多的图书馆提供多元化空间服务。其次，馆舍内布置要营造出休闲舒适而又肃静的氛围，不仅要在采光、绿化、通风等方面改善物理环境，还要在书架、桌椅等选择和摆放方面为读者营造舒适的心理环境。最后，设施的配置要满足读者基本需求，图书馆不仅要有开水供应设备、空调设备、计算机网络设备等，还应针对不同的群体（儿童、老年人、残疾人等）有针对性地引进设备，如香港中央图书馆采用借、阅、视听一体化的管理模式，有适应读者不同需求的专题图书室，供读者放置图书的小书箱，方便读者复印扫描而设置的复印机和扫描仪等，还为残疾人士提供多项设施与服务，如残疾人专用通道和升降机，为弱势群体提供特大字体读本，为失明人士提供阅读机等。

第二，要满足读者的信息需求。这要求图书馆在进行信息资源建设的时候，要充分考虑读者的特点，将读者的需求放在第一位，图书馆应经常进行读者文献需求的调查，聘请具有代表性的读者作为图书馆采购顾问，或者让读者直接参与到采购荐购的环节中，以保证图书馆的馆藏资源具有针对性、实用性和时效性。此外，可以提供多样化的数字资源及视、听、说等多媒体资源，引进主流数据库，兴建特色数据库等。最后，加强馆员的培训，馆员是读者和知识信息的中介，是传播知识信息的主要渠道。须加强馆员的专业培训，提升馆员的专业素养，以最大限度地为读者提供知识信息服务。

第三，要满足读者的沟通需求，这种需求体现在读者与馆员之间的沟通及读者与读者之间的沟通。沟通是把握读者心声，了解读者需求的前提，图书馆应该逐步健全与读者的沟通机制，建立畅通的信息交流渠道，以便馆员及时了解读者对图书馆设施的使用习惯，掌握读者对图书馆的各种需求。例如，很多高校的图书馆工作委员会可以加强图书馆与教师之间的交流，参考咨询服务为馆员与读者之间的交流搭建了桥梁。此外，应为读者与读者之间的交流创造条件，如可以通过举办读书会、阅读推广活动、演讲等方式加强读者之间的沟通，创办读者协会、图书馆协会等组织吸引有共同兴趣爱好的读者加入。

4. 正确处理以馆员为主体和以读者为中心的关系

以馆员为主体和以读者为中心是图书馆管理贯彻人本原理的两个重要方面[①]。馆员是图书馆管理的中坚力量，他们的发展促进图书馆服务水平的提高，从而满足读者的需求，提升读者的满意度；读者需求的满足是图书馆发展和完善的方向，馆员以此为目标为自己创造更多有价值的发展空间，两者相辅相成，相互促进，馆员的工作能够满足读者的需要，提升读者的满意度，读者需求的满足也是馆员自身价值的体现。在实际的管理之中，要协调统一两者的利益关系，避免牺牲一方的利益来成全另一方的利益，从而保证图书馆的可持续发展。

---

① 吴立志. 人本管理在图书馆管理中的应用[J]. 现代情报，2004，（2）：88-89，92.

五、责任原理

管理是追求效率和效益的过程。在这个过程中，要挖掘人的潜能，就必须在合理分工的基础上，明确规定这些部门与个人必须完成的工作任务和必须承担的相应责任。图书馆工作的完成需要不同岗位的员工承担相应的职责，通过分工合作、职责明确保障图书馆工作的正常运转，而贯穿其中的纽带便是责任感。责任感是促使员工完成工作任务的基本动力，也是管理的一项基本原则。

（一）明确每个人的职责

挖掘人的潜能最好的方法就是明确每个人的职责[①]。

在具体的管理中常存在这样一个误区，就是分工明确，职责就会明确，两者的对应关系并不是这样的。分工一般是对工作范围的形式进行划分，在合理分工的基础上明确各个职位应该承担的责任，这是职责。职责是整体赋予个体的责任，在数量、质量、时间、效益等方面有严格明确的行为规范，这些单凭分工本身是无法体现出来的。因此，在分工的基础上要对每个人的职责做出明确的规定。

首先，职责界限要清楚。在实际的工作中，工作职位离实体成果越近，职责越容易明确；反之，职责越容易模糊。应该按照与实体的成果联系的密切程度划分出直接责任与间接责任，实时责任与事后责任。在图书馆的实际管理中，越靠近基层的部门，工作越具体，职责划分越明确，如图书馆图书采购出现数量、质量、资金等方面的问题，则采编部负直接责任和实时责任，其他相关部门负间接责任和事后责任。

其次，职责中包括横向联系的内容。在明确一个部门或者岗位的职责的同时，必须明确与该岗位协调配合的其他部门或岗位的要求。在图书馆中，明确了采编部对文献的采访、分类和编目等一系列工作要求后，还要同时明确与该部门密切配合的典藏部、技术部等相关岗位的职责要求。

最后，职责一定要落实到个人。这样才能做到事事有人负责，前提是要有合理的分工，没有合理的分工只会导致职责不清、无人负责、工作紊乱和效率低下。

（二）合理设计职位和委授权限

列宁曾说过："管理的基本原则是，一定的人对所管的一定的工作完全负责。"要想做到完全负责取决于三个因素。

1. 权限

明确了职责后就要授予相应的权力，管理总是离不开人、财、物的使用，如果没有人权、财权和物权，任何人都不能对工作实现真正意义上的管理，当上级明确了下级的职责，

① 周三多，陈传明，刘子馨，等. 管理学——原理与方法[M]. 7版. 上海：复旦大学出版社，2018：90.

将某个任务分配给下级的时候，必须将相应的权力一并授予，确保权责一体，由他独立决策，上级只需要在必要时给予适当的支持和帮助。因此，所有的组织，包括图书馆在内都要因事设岗，针对图书馆的工作设置相应的岗位和部门，并赋予完成工作的权限。

2. 利益

权限的合理委授只是完全负责所需的必要条件之一。完全负责就意味着责任者要承担一定的风险。任何管理者在考虑到风险时都会潜意识地将其与利益放在一起进行权衡，然后再决定是否值得去承担这份风险。这种利益不仅仅是物质利益的满足还有精神上的满足感，如自尊感、成就感和荣誉感等。因此，领导者在培养负责人敢于承担、乐于奉献和不计得失的精神的同时，要保障其基本权益。

3. 能力

能力是完全负责的关键因素。图书馆的管理者既要有图书馆学、管理学、心理学等各方面的科学知识，又需要有处理人际关系的组织才能，还要有一定的实践经验。科学知识、组织才能和实践经验构成管理能力。每个人的时间和精力是有限的，管理能力也是有限的，并且每个人的能力也各不相同。因此，在图书馆管理中每个人所能承担的职责也是不一样的。只有能力与责任相匹配，才能做到完全负责。

职责和权限、利益、能力之间的关系遵循等边三角形定理（图3-1），职责、权限、利益是等边三角形的三个边，它们是相等的，能力是等边三角形的高，根据具体情况，它可以略小于职责，此时负责人会感到工作具有挑战性。这一方面能够避免责任者骄傲自满，安于现状；另一方面可以促使其专注于新知识的学习，慎重使用职权。但是，能力也不能过于小，避免承担不起职责[①]。

图3-1 权限、利益、能力与职责的关系

（三）奖罚公平、公正、及时

图书馆管理者要在明确职责和权限的基础上，建立公正、公平、合理的考核机制和奖惩机制，以调动员工的积极性，挖掘每一个人的潜力，从而不断地提高管理效益。

要对每个人进行公平、公正的奖惩，就必须以准确的绩效为依据，对有成绩有贡献的人员要及时给予肯定和奖励，使他们的积极性继续保持下去，奖励要有精神奖励和物质奖励。同时，及时、公正的惩罚也是不可缺少的，惩罚的目的在于及时制止不良的行为，通过惩罚达到教育员工的目的，从而强化管理的权威。

① 周三多，陈传明，刘子馨，等. 管理学——原理与方法[M]. 7版. 上海：复旦大学出版社，2018：90-91.

六、适度原理

（一）适度原理的内涵

孔子的哲学思想中有一个基本的内容为"中庸之道"，"中"就是不偏不倚、无过不及、折中调和，"庸"即普通、平常，"中庸"表达的是任何事物都存在矛盾和对立两方面，要对事物做两端性的思考，从中寻求一种折中的方式，以求协调，这一适度的思想，为管理领域处理矛盾提供了新选择[①]。

在管理活动中存在很多矛盾的选择。比如，在业务活动范围的选择上，专业化经营与多元化经营的矛盾，专业化经营可以拥有稳定的业务方向和顾客群体，多元化经营则可以获得广阔的市场。在组织结构的安排上，有管理幅度宽与窄的矛盾，较宽的管理幅度可以减少管理层次，从而可以加快信息的传递速度，提高组织高层决策的及时性，还可避免上级对下级工作的过多干预，从而有利于发挥下级在工作中的主动性；较窄的管理幅度则可以减少每个层次的管理者需要处理的信息量，从而有利于有价值的信息被及时识别和利用，还可以使管理者有较多的时间去指导下属，从而有利于下属工作能力的提高。在管理权力的分配上，有集权与分权的矛盾，集权可以保证组织总体政策的统一及决策执行的速度；分权则可增强组织的适应能力，提高较低层次管理者的积极性[②]。

在这些相互矛盾的选择中，前者的优点恰好是后者的局限，而后者的贡献恰好是前者的劣势。因此，在处理任何事情的时候，都要考虑到事物极端的两面性，在两个极端之间找到最恰当的点，进行适度管理，实现适度组合。

（二）适度原理在图书馆管理中的应用

在现实生活中，不管是对待什么问题都要注意适度，严防"过"与"不及"的问题，图书馆的管理也不例外，在图书馆管理中贯彻适度原理需要注意以下几点。

1. 图书馆决策需适度

做决策时需要经过发现问题、提出问题、调查研究、确定目标、拟订方案，分析出最佳方案一系列系统的过程，其中涉及个人利益与集体利益、眼前利益与长远利益、方案的收益与风险等一系列对立问题，这些都需要在其中找寻最合适的度。图书馆事业的发展是一个循序渐进的过程，若是采取传统的管理方式，发展速度过慢，处在信息时代，若是无法正确运用信息技术，急功近利，很可能欲速则不达。因此在决策过程中需要处理好各种可能的对立问题，处理好持续发展和急功近利的关系，找到最适合的管理方法，保障图书馆的可持续发展。

① 李超平. 图书馆学研究中的中庸适度原则[J]. 图书馆杂志, 2001, （6）: 39-41.
② 周三多, 陈传明, 刘子馨, 等. 管理学——原理与方法[M]. 7 版. 上海: 复旦大学出版社, 2018: 94.

2. 指挥协调要适度

图书馆管理者进行指挥的时候也要注意适度，不可万事全揽，也不可放任不管，要给馆员留有适当的自主权和选择权，这样才能调动他们的积极性和主动性。此外，在解决矛盾问题时，要结合实际情况分析，处理好一般与特殊、全局与局部的关系，找到最适合的解决方案。

3. 岗位职责设置要适度

健全的岗位职责是图书馆健康运行的保障。但是，并不是岗位越多越好，也不是职责越多越好，要注意适度。图书馆需要建立什么样的岗位，赋予多少职责合适，都要结合图书馆的事业发展和图书馆员工的实际情况来考虑，平衡岗位设置，保障组织任务和目标的实现。

4. 工作考核需适度

无论是对下属的工作执行情况进行考核，还是对其工作结果进行考核，都需要适度。首先，考核时间要适当，找准有利于纠正错误，避免损失的时间。其次，考核评价需全面准确，及时有效地发现问题。最后，整个考核过程都要以客观事实为依据，不可随意地提高或降低考核标准。只有评价适度，奖惩合适，才能让所有人都满意，从而达到最大限度地激励员工、调动员工积极性的目的。

第二节　图书馆管理的基本方法

管理方法是在管理活动中为实现管理目标、保证管理活动顺利进行所采用的具体方案和措施。管理方法是管理理论、原理的自然延伸和具体化，是管理原理指导管理活动的必要中介和桥梁，是实现管理目标的途径和手段[①]。

一、管理的行政方法

（一）行政管理法的含义及特征

行政方法也称行政管理方法，是指依靠行政组织的权威，运用命令、规定、指示、条例等行政手段，按照行政系统和层次，以权威和服从为前提，直接指挥下属工作的管理方法。行政方法的实质是通过组织中的职务和职位来进行管理。它特别强调职责、职位，而并非个人的能力或特权。在图书馆系统内部，只要行政上具有上下级隶属关系的部门或个人，都可以采用行政管理的方法。

行政管理方法虽然是一种较原始、古老的管理方法，但是现在依旧在广泛应用。它具

---

① 周三多，陈传明，刘子馨，等. 管理学——原理与方法[M]. 7 版. 上海：复旦大学出版社，2018：119-120.

有如下特点：①权威性，行政方法产生效应的基础就是因为它的权威性，图书馆的机构负责人、部门主管等管理人员发布的命令和指示、下达的任务和计划、制定的规章条例等，下级是否心甘情愿地服从和遵守，都体现出管理人员是否具有权威。管理者的权威越高，他发出的指令接受率越高。因此，管理者要通过提高自己优良的品质、丰富的知识储备、卓越的管理才能来提高自己的权威，而不是依靠职位带来的权力来强化权威，这是图书馆行政管理的前提。②强制性，各级图书馆管理机构及其负责人发布的命令、指示、下达的任务等对下属机构或个人具有强制执行的性质，不管下级机构是否愿意，其行动必须和上级的意志统一。上级通过制定一系列的措施如奖惩措施、职位晋升、工作调动等来保证任务的完成，但凡下级不服从执行，上级有追究行政责任的权力。③垂直性，行政管理属于纵向垂直管理，上级所发布的指令通过行政系统自上而下的纵向直线下达，图书馆管理机构按照系统的层次自上而下地下达行政指令，下级只服从一个上级部门的领导和指挥，对横向传来的指令基本上不予理睬。④具体性，行政方法的具体性体现在行政指令、任务要求、规章制度的内容非常具体，执行的对象、要求、过程、方法、时间等内容都有详细的说明，针对性强，有助于执行者明确自己的行动目标和行动方向。⑤时效性，行政方法只在特定的时间段内对特定的对象起作用，过了时间就失去了作用。

（二）图书馆行政管理方法的作用与局限

行政管理方法是实现图书馆管理功能的一个重要手段。根据具体的对象、目标、时间、地点等发布不同的命令和指示，不仅具有权威性、强制性、具体性等特点，还具备灵活性高、针对性强的优点，能够及时有针对性地处理新情况或者新问题。

但是，行政方法也有它的局限性，第一，行政方法有一定的适用范围，并不是所有的行政方法都适用于图书馆管理，若是一味地照搬其他行政机关的管理方法，而不结合图书馆自身情况，往往容易脱离实际；第二，时代的发展要求不同地区、不同类型的图书馆之间及图书馆内部各个部门之间要加强合作，紧密配合，然而行政管理的方法通过划分行政区域和行政系统来进行管理，这在一定程度上影响图书馆之间的协调配合；第三，行政管理方法更多的是"人治"[①]，行政指令的制定和执行都靠领导者，管理效果取决于领导者的指挥艺术、心理素质以及知识能力，而且在传达和执行中下级人员的知识能力也会影响管理效果；第四，行政方法具有垂直性，这不仅会导致横向沟通、协调的困难，还会使下级遇到问题无法及时有效地向上级反馈，影响图书馆管理的效果。

二、管理的经济方法

（一）图书馆经济管理方法的含义与特点

经济方法是以客观经济规律为依据，采用各种经济手段，调节经济主体之间的关系，

---

① 周三多，陈传明，刘子馨，等. 管理学——原理与方法[M]. 7版. 上海：复旦大学出版社，2018：127.

以获取较高的经济效益与社会效益的管理方法①。经济手段主要有价格、税收、信贷、工资、利润、奖金、罚款以及经济合同等。图书馆的经济管理方法是结合图书馆的客观规律，利用经济手段对图书馆进行管理，这里的经济手段主要是指工资、奖励、罚款、经济合同等一系列与价值相关的经济杠杆来组织、调节和影响图书馆的活动。

图书馆的经济管理方法具有客观性、利益性、灵活性、关联性、平等性等特点。①客观性是最基本的特点，采用经济管理方法的前提是遵循事物发展的客观规律，图书馆管理者要以图书馆的发展现状和发展规律为依据，采取合理的经济管理方法。②利益性是经济管理方法实施的关键，通过利益机制引导被管理者去追求某种利益，从而间接影响被管理者的行为，利益是贯穿其中的重要话题，这要求管理者要注意利益分配的合理性。此外，要使员工具备利益一致性的意识，即图书馆员的利益要和整个图书馆的利益乃至国家的利益保持一致，从而调动图书馆员的主动性和积极性，培养他们的责任感。③灵活性强调不同的组织、机构或者部门的发展规律是不一样的，要根据实际情况针对不同的管理对象，采取不同的手段；对于同一管理对象，不同情况下，可以采用不同的方式来进行管理。④关联性，经济方法使用范围很广，不但各种经济手段之间的关系错综复杂，影响面宽，而且每一种经济手段的变化都会造成多方面经济关系的连锁反应。⑤平等性，经济方法强调被管理对象在获取自己的经济利益上是平等的，按照统一的价值尺度来分配经济成果。

（二）图书馆经济方法的作用与局限

当管理方法和利益联系起来的时候，被管理者便会直接考虑自身的利益而做出快速的反应，这对调动图书馆员工的积极性、主动性和创造性具有重要的意义。首先，采用经济管理方法能够有效分配图书馆的物质利益，协调好个人、组织及国家等各方面的利益关系；其次，经济方法有明确的衡量标准，使管理过程更加公开、合理，可以防止集权与滥用私权的现象发生；最后，图书馆作为社会组织，在社会主义市场经济体制前提下，要主动积极地融入其中，充分利用经济管理的方法发展图书馆事业，为自身谋求更多的发展机会。

经济方法因为与物质利益联系密切，所以也存在很多局限，经济方法如果使用得当，会为社会创造显著的效益；若是使用不当，则会侵犯他人利益，严重时甚至会损害国家的利益。

因此，在利用经济方法进行图书馆管理的时候要注意和思想教育结合起来。一方面，人们除了物质需要外，还有更多的精神和社会方面的需要。随着生产力的快速发展，物质利益的激励作用将逐步减弱，需要加强思想教育，以提高知识水平和思想修养。另一方面，通过加强思德教育，提升员工的思想水平，避免为了追求物质利益不择手段。此外，作为管理者，不要迷信重奖重罚的作用，忽视了奖罚的目的是引导员工的行为，防止以罚代管的倾向。

---

① 周三多，陈传明，刘子馨，等. 管理学——原理与方法[M]. 7版. 上海：复旦大学出版社，2018：127-128.

三、管理的法律方法

（一）法律方法的含义与特征

法律方法是指国家根据广大人民群众的根本利益，通过各种法律、法令、条例和司法、仲裁工作，调节社会经济的整体活动和各企业、各单位在微观活动中所发生的各种关系，以保证和促进社会经济发展的管理方法[①]。管理的法律方法既包括国家正式颁布的法，也包括各级政府机构和各个管理系统所制定的具有法律效力的各种法规和规章制度。法律方法的实质是实行全体人民的意志，并维护他们的根本利益，代表他们对社会经济、政治、文化活动实行强制性的、统一的管理。图书馆管理的法律方法强调通过法规、条例、规章制度等调节图书馆事业发展和图书馆活动中的各种关系。

法律方法具有发展性、稳定性、规范性和强制性的特性。①发展性。法律自古以来就是阶级社会的产物，代表着统治阶级的意志，但是伴随着社会的发展和时代的改变，统治阶级的意识形态也在改变，法律条文和管理方法也要不断地完善与发展，向着适应阶级意识和社会环境的方向改变。②稳定性。法律法规的制定必须严格地按照法律规定的程序和规定进行。一旦制定和颁布出来，就具有相对的稳定性。法律和法规不可因人而异、滥加修改，必须保持它的稳定性和严肃性。③规范性。法律法规是所有组织和个人行动的统一的准则，对他们具有同等的约束力。它规定人们应当或不应当做什么，以引导人们的行为。④强制性。法律法规一经制定就要强制执行，各个单位和个人都必须毫无例外地遵守；否则，就要受到国家强制力量的惩处。

（二）图书馆法

1. 中国图书馆法的产生与发展

1910 年清政府颁布了我国第一部图书馆法——《京师及各省图书馆通行章程》，开启了我国图书馆立法先河。1915 年，北洋政府教育部颁布了《图书馆规程》（11 条）和《通俗图书馆规程》，1927 年，国民政府大学院公布了《图书馆条例》，1930 年，国民政府教育部公布了《图书馆规程》（14 条）和《私立图书馆立案办法》，1944 年，教育部公布了《图书馆工作实施办法》，1947 年，教育部公布了《图书馆规程》（34 条），这个时期的图书馆法既具有普遍适用性又具有针对性，为后来图书馆法的不断完善发展奠定了基础。

新中国成立以后，图书馆法的制定被推向了国家层面的战略高度，1955 年 4 月文化部颁布的《关于征集图书、杂志样本办法》确定了呈缴本制度。同年 7 月颁布的《关于加强与改进公共图书馆工作的指示》第一次全面地规定了图书馆的性质、任务及业务流程。1956 年 12 月高等教育部颁发了《中华人民共和国高等学校图书馆试行条例（草案）》。20 世纪 70 年代以后，国家层面又相继出台了《中华人民共和国高等学校图书馆工作条例》《省

[①] 周三多，陈传明，刘子馨，等. 管理学——原理与方法[M]. 7 版. 上海：复旦大学出版社，2018：122.

（自治区、市）图书馆工作条例》《普通高等学校图书馆规程》等条例、规范。

在国家颁布图书馆法之前，地方政府已经出台了几部地方性的法规，如《上海市公共图书馆管理办法》（1996 年）、《深圳经济特区公共图书馆条例（试行）》（1997 年）、《湖北省公共图书馆条例》（2001 年）、《北京市图书馆条例》（2002 年）、《广州市公共图书馆条例》（2014 年）等，这些条例、规范等为我国图书馆事业的建设发展奠定了坚实的基础。2017 年 11 月 4 日，《中华人民共和国公共图书馆法》颁布，并于 2018 年 1 月 1 日起施行。它确立了政府主导、社会参与的公共图书馆建设格局，对公共图书馆的设施建设、运行方式、服务提供、管理制度和保障机制等做出了具体规定，为促进图书馆事业发展、建设社会主义文化强国提供了强有力的法律支撑。

2. 图书馆法的基本内容

图书馆法是由国家最高权力机关根据宪法所制定的规范性文件，是图书馆的综合性法律，内容系统全面。它规定了图书馆事业发展的原则、目的，图书馆的性质、地位和社会职能，图书馆数量按人口比例的规定，图书馆的管理体制、组织机构及其职能，图书馆人员编制、人员结构、政治业务素质、业务职称及馆长条件、职责、任免办法，图书馆资源建设与布局，图书馆主要服务方式及各项服务标准，图书馆业务技术标准，图书馆馆址选择、建筑与设备，各类型图书馆的发展与布局，图书馆经费的来源、标准与主要用途，图书馆的国际与馆际协作、网络建设与资源共享，有关法律责任等。图书馆法是图书馆管理的依据，保证图书馆的合法权益和正常活动的进行，确保图书馆在社会中的法律地位。

3. 图书馆法的作用与地位

1）调节图书馆与各管理要素之间的关系，是图书馆事业建设的基石

这是图书馆法最基本的作用，首先，调节图书馆与社会之间的关系，图书馆法不仅明确了图书馆的社会职能与义务，还明确了对图书馆的社会保障。在经费方面，图书馆法为图书馆事业的发展规划所需的经费提供了依据；在人员方面，图书馆法对人员的专业素养编制要求做出了明确的要求。其次，图书馆法能够调节各图书馆间及图书馆内部的关系，对我国图书馆事业的战略规划、总体布局、分工合作、协作协调、资源共享等做出明确规定，保障我国图书馆事业的发展。最后，图书馆法能够有效调节图书馆与读者之间的关系，图书馆法规定了读者应享有的权利及读者对图书馆应尽的责任和义务，以协助图书馆员工有效地进行管理工作。

2）保证图书馆必要的管理秩序，是图书馆系统有序运行的支持和保障

图书馆法通过规定图书馆活动中的主体权利义务和财物分配，从而使得管理系统中的各个子系统明确自己的职责、权利和义务，使它们正常发挥自己的职能，从而保证图书馆活动的有效正常进行。

3）将图书馆管理活动纳入规范化和制度化的轨道，是图书馆管理的依据

图书馆的很多管理活动必须参照图书馆法来执行，将其作为依据，同时，图书馆的管理活动必须依靠图书馆法才能发挥其作用和效力，图书馆管理对象严格守法，自觉履行义务，以保证图书馆管理活动更加规范化。

（三）著作权法

1990 年 9 月 7 日，第七届全国人民代表大会常务委员会在第十五次会议上通过了《中华人民共和国著作权法》（简称《著作权法》），前后共经历了四次修订，最新修订版于 2021 年 6 月 1 日起实施。著作权也称为版权，指作者对其创作的文学、科学和艺术作品依法享有的某些特殊权利，包括人身权和财产权两方面。人身权主要指在作品上署名、发表作品、确认作者身份、保护作品的完整性、修改已经发表的作品等项权利；财产权主要是指以出版、表演、广播、展览、录制唱片、摄制影片、网络传播、翻译、改编、汇编等方式使用作品及因授权他人使用作品而获得经济利益的权利。广义的著作权还包括邻接权，即作品的传播者如出版者、表演者、录制者及广播组织等对经过其加工、传播的作品所享有的相应的权利[①]。

图书作者依法享有著作权，这也意味着著作权与图书馆管理密不可分。图书馆管理工作中经常被合理使用的著作权主要有三项：著作权人的复制权、出租权和信息网络的传播权。

《著作权法》第二十四条明确规定，"图书馆、档案馆、纪念馆、博物馆、美术馆、文化馆等为陈列或者保存版本的需要，复制本馆收藏的作品"的行为"可以不经著作权人许可，不向其支付报酬"。但是需注意：①必须是基于图书馆为陈列或者保存版本的需要；②仅限复制本馆资料；③复制作品应当指明作者姓名、作品名称并且不得侵犯著作权人依著作权法享有的其他权利。

借阅是图书馆最基本的服务模式。传统著作权法中并没有将书籍、杂志等传统作品的出借或出租作为一种著作权而加以保护。但随着电子传播技术的发展，著作权的客体不断扩大，音像制品和计算机软件等新作品类型的著作权保护越来越重要。2001 年 10 月 27 日，在《著作权法》的第二次修订案中明确将出租权规定为著作者的著作权，权利客体主要限于影视作品和计算机软件，权利的内容主要包括出租许可权和获取报酬权。

信息网络传播权是指以有线或者无线方式向公众提供作品，使公众可以在其个人选定的时间和地点获得作品的权利。信息传播权纳入《著作权法》保护范围，明确了对该权利的保护。在图书馆数字服务中尤其要注意信息网络传播权的保护。

（四）知识产权法

知识产权法是《中华人民共和国专利法》《著作权法》《中华人民共和国商标法》的总称，是用来调整社会组织之间、社会组织与公民之间及公民之间在创造和利用知识产权过程中所引起的各种社会关系的法律规范。知识产权主要有以下特征：①专有性，即权利人所专有，未经权利人同意其他人不能享有；②地域性，即知识产权只在特定的领域和范围内受保护；③时间性，法律规定的保护期限截止后，知识产权保护便自行终止；④独创性，法律认定的具有独创性的精神产物；⑤人身性和财产性。

[①] 中国法律年鉴社编辑部. 2017 中国法律年鉴[M]. 北京：中国法律年鉴社，2017.

随着信息技术与网络环境的日新月异，图书馆领域对知识产权的保护尤其是在网络资源利用、数据库建设、信息服务、数字图书馆的开发等方面的重视度不断提升，但是在立法方面专门针对图书馆领域的知识产权保护尚不成熟，只有部分法律中有相关条款有提到，如《北京市图书馆条例》第四章第二十六条"图书馆应当依法保护馆藏文献信息资源的知识产权"，《河南省公共图书馆管理办法》《浙江省公共图书馆管理办法》则只是在相关章节规定，公共图书馆为读者收集专题信息，编写参考资料，提供音像制品、电子出版物借阅服务或者进行代查、代译、复印书刊资料等服务时，可以适当收取费用。这些条款规定得较为笼统，缺乏可操作性[①]。这就要求图书馆管理人员掌握知识产权法内容，将其与图书馆管理的工作相结合，以保障图书馆的合法权益，确保其在社会中的法律地位。

除上述与图书馆管理工作密切相关的法律法规外，还有《中华人民共和国文物保护法》《中华人民共和国档案法》《中华人民共和国劳动法》等在管理活动中起重要的调节作用。

四、管理的教育方法

管理的教育方法就是通过对人进行劝导、说服等方式，改变人的态度、观念，进而改变人的行为的一种管理方法。教育的目的是让受教育者的行为符合管理的要求。通过教育，提高人的思想品德素养和专业水平素质，促进人的全面发展，这是管理工作的一个重要任务。作为知识和信息中心的图书馆，在管理工作中应该注重教育方法的应用。

（一）教育方法的特点

教育方法和行政方法、经济方法、法律方法一样具有自身的特性，教育方法的主要特性有启发性、利益性、灵活性和长期性[②]。

1. 启发性

教育是一种非强制性的方法，在对人的管理中，要通过启发教育的方式引导人们树立正确的思想观念，促使人们在工作中发挥自觉能动性，为管理目标的实现产生强大的动力作用。

2. 利益性

要结合个人的利益来进行教育，用利益去激发人的动机，将集体利益、共同利益和个人利益联系起来，调动人们的积极性。

3. 灵活性

在贯彻教育法的时候要注意人的个别差异性，因材施教，针对不同的对象和情况采取不同的合理的教育方法。

① 肖泉青. 图书馆管理与著作权的合理使用[J]. 海南大学学报（人文社会科学版），2003，（1）：108-110.
② 徐建华. 现代图书馆管理[M]. 天津：南开大学出版社，2003：45.

4. 长期性

通过教育改变人的思想观念进而影响人的行为不是一件容易的事情，教育是一项长期的工作，需要在日常管理中不断坚持，也需要管理者的言传身教。

（二）教育方法在图书馆管理中的应用原则

1. 精神鼓励和物质鼓励相结合的原则

精神鼓励是教育的主要方式，但要结合适当的物质奖励来调动员工工作的积极性，精神鼓励包括表扬表彰、授予荣誉称号、发奖状等，物质奖励即实物奖励，如发奖金、职位晋升、涨工资等。

2. 解决思想问题与解决实际问题相结合的原则

在解决员工思想问题的时候要注意与生活、工作紧密联系起来。图书馆员工在很多情况下的思想问题都是由现实生活中的矛盾引起的，如与同事相处不愉快、子女上学就业问题等。在对员工进行教育的同时，多关心员工的生活与工作，了解每位员工的生活状态和家庭状况，从根源上给予帮助。

3. 言传与身教相结合的原则

教育工作要注意言传身教，管理者要通过自身的行动来影响其他成员，领导身体力行、言行一致、言传身教等行为是无声的教育方式，能对员工产生潜移默化的作用。

4. 教育管理与行政管理相结合的原则

教育管理如果缺乏强制性和权威性，便很容易流于形式，耗时漫长，很难达到想要的效果，因此必要时一定要结合行政方法，通过行政方法来巩固和落实教育成果，切实提高员工素质。

（三）教育方法在图书馆管理中的应用方式

教育方法能够使人的道德素质、知识结构、文化程度等各方面发生根本性的变化[①]，为了达到教育方法应有的效果，需要采用合适的教育方法。

1. 专业式教育

专业性的教育方法在高校图书馆较为常见，如图书馆开设的信息素养教育课程，通过专业的老师或者权威性的专家来进行，也有很多图书馆与专业性的机构合作，引进专业的人士以讲座、线上课程的方式来进行教育。

---

① 周三多，陈传明，刘子馨，等. 管理学——原理与方法[M]. 7 版. 上海：复旦大学出版社，2018：132-133.

2. 情景式教育

有时候说服教育并不能达到预期的效果，必要的时候需要结合实际的场景或者模拟情景进行教育。

3. 启发式教育

启发式教育要用生动的故事和实际案例代替官话、客套话，讲究动之以情，晓之以理，最终让被教育者深受启发和鼓舞。这种教育方式不仅考验管理者的耐心，还考验管理者的说话艺术。

4. 互动式教育

教育并不仅仅是教育者说，受教育者听的单向过程，也可以采取一种平等、开放的方式，如座谈会、讨论会或线上互动的方式，鼓励受教育者表达自我，这有利于更全面地把握他们的思想，有利于提高决策质量和执行效率。

五、管理的技术方法

技术进步是管理手段现代化的直接推动力。管理者要想在日益复杂多变的环境下对各种资源进行有效协调来巩固和维持组织的活力，单凭传统的管理手段是远远不够的。信息时代的到来对图书馆产生了巨大的冲击，单凭人力来处理日益增长的信息和快速更新的资源是不可能的，必须要借助技术手段变革管理和服务方式，提高信息资源管理的效率，保障信息服务的时效性。不仅仅是图书馆，在当今社会，不使用技术就谈不上真正的管理，管理和技术已经密不可分。

管理中的技术方法是指管理者根据管理的需要，自觉地使用各类技术来提高管理效率和效果的管理方法。管理的对象、目标、场景等因素不同所采取的技术手段也不同，图书馆管理常用的技术手段有信息技术、决策技术、计划技术、组织技术和控制技术等。

（一）技术方法的特点

技术方法的实质是利用技术来进行管理，相比于其他的管理方法，它主要有客观性、规律性、精确性和动态性四大特点。

1. 客观性

技术的客观性体现在两个方面，一是技术的存在是客观的，它的存在是不以人的意识为转移的；二是技术产生的结果是客观的。

2. 规律性

技术方法的规律性源于其客观性，几乎所有的技术都源自世间普遍存在的客观规律，每种技术方法都是有规律可循的，步骤也都是特定的，在图书馆管理过程中，无论处于什么环境、面临什么问题，只要采取同一技术就要遵循同样的步骤。

3. 精确性

技术方法的精确性体现在技术实施过程中基础数据准确无误，只要数据没有问题，其产生的结果便准确无误，技术方法的精确性使其在图书馆管理中备受青睐。

4. 动态性

在管理的过程中面临的问题是在不断发生变化的，这就要求管理者不能局限于传统的技术方法，而是紧密追踪新技术的发展，不断地升级换代管理技术来应对不断出现的新问题、新情况。

（二）技术方法对图书馆管理的作用

1. 信息技术

信息技术对图书馆的发展有着举足轻重的作用。第一，信息技术能够提高信息资源管理效率。现在图书馆资源有纸质图书、数据库、网络信息资源等多种信息资源，不断发展的信息技术已使得信息从收集、整理、加工到储存的每个环节得到高效的管理。第二，信息技术使得资源共享成为可能。在信息技术的支持下，图书馆与外界和互联网建立联系，图书馆已从一个封闭的藏书楼变成了开放的信息共享平台，建立了资源的互联互通，实现资源共享。第三，信息技术颠覆了图书馆的服务模式。在信息技术的支持下，图书馆逐渐脱离场馆和纸本的制约，线上服务成为图书馆的重要服务方式，能够使图书馆面向更多用户，服务方式更加多元化，进而保证最大限度地满足用户需求。第四，信息技术极大地优化了图书馆管理流程。现在图书馆较为复杂烦琐的工作如图书编目、统计、读者借阅登记等都能够利用计算机完成；在信息技术的支持下，图书馆工作可以根据用户需求优化和重组管理流程，提高多主体参与图书馆管理活动的主动性[①]。

2. 决策技术的采用可以提高决策的速度与质量

决策技术是现代化管理的核心方法，管理的本质就是做决策。管理者要能够对所有的可行性方案做出系统的分析、判断并做出最终选择，管理者在做决策前要将方案的实施风险、影响因素、实施过程中可能出现的问题，以及应对措施全部纳入假设范围，并从所有方案中选出最优的方案，以保证管理目标的实现。图书馆管理中常用的决策方法有头脑风暴法、德尔菲法、专家意见法等。

3. 计划技术、组织技术和控制技术的采用可以提高职能执行的效率

这些技术是建立在决策技术的基础上的，在决策实施的过程中要不断地进行组织和控

制。计划是决策的逻辑延伸，计划的好坏直接影响决策的落实；组织建立组织结构和管理制度，保障了计划的实施；计划在执行过程中要不断地跟踪检查，纠正偏差，实现管理目标，从而促进管理过程的良性循环。

（三）技术方法在图书馆管理中的正确运用

管理者要想利用技术方法取得最好的管理效果，在运用时一定要注意以下几点。

（1）技术并不是万能的，并不能解决一切问题。在某些场合，不要过分依赖技术而削弱决策的主观能动性。例如，若只是依赖信息技术进行读者服务而不与读者直接沟通和交流，就很难了解读者的信息需求。

（2）管理者要结合实际情况选择合适的技术方法，可以把各种管理方法和技术方法综合起来运用，从而达到最好的管理效果。

（3）打铁还需自身硬，管理者应该顺应时代的发展，积极学习和创新先进管理技术。在必要的情况下多向有丰富经验的技术专家请教学习，以弥补自身的不足。

第四章　图书馆管理的基本职能

管理是人类社会活动的重要内容，有人类活动的地方必然就有管理的存在。图书馆作为人类社会活动的重要组织，同样离不开管理。管理的职能是管理过程中各项活动的基本功能，又称管理的要素，是管理原则、管理方法的具体体现。一般将管理职能分为五项：计划、组织、领导、控制和创新。结合图书馆管理的需要和特征，我们将图书馆管理的基本职能分为图书馆计划、图书馆组织、图书馆领导和图书馆控制。

第一节　图书馆计划

一、图书馆计划概念

计划是一切管理的基础。计划是指为实现组织目标而对未来行动所做的综合的统筹安排，是未来组织活动的指导性文件。计划是指确定组织的总体目标和目标体系并开发出实现目标的方法与行动的过程。计划职能是管理的首要职能，其他工作的开展都是在计划的基础上进行的，它告诉人们需要干什么及怎样干。

图书馆计划即将计划的思想运用到图书馆管理中，是为了实现图书馆目标而对未来所做出的综合的统筹安排，是未来图书馆活动的指导性文件。

二、图书馆计划的作用

图书馆计划的最终目的在于保证图书馆管理目标的实现。图书馆计划的作用主要表现在以下四个方面。

（一）图书馆计划是图书馆生存与发展的纲领

图书馆计划是图书馆管理的基础，也是图书馆其他管理职能执行的前提，渗透到其他图书馆管理职能之中。图书馆计划能够指导和检测图书馆未来行动与工作目标的一致性，增强图书馆活动的目的性。另外，好的图书馆计划有助于图书馆管理者预见未来变化，制定措施，降低风险，这些都有助于图书馆在风险和竞争中得以生存与发展。

（二）图书馆计划是图书馆组织协调的前提

组织协调即要使图书馆各个部门、人员在工作的各个环节实现时间、空间上的衔接，保证他们的工作既能围绕相同的组织目标，又能各行其是。严密的图书馆计划既能实现统筹规划，又能实现定职定责，是图书馆整个组织能够协调运行的前提。

（三）图书馆计划是指挥实施的准则

图书馆计划是图书馆各个部门开展工作的依据，也是管理者进行指导的准则。图书馆管理活动中所有人员的一切行为都应该以图书馆计划为指导。图书馆计划可以指导不同时间、不同岗位上的人，围绕着图书馆管理目标，井然有序地实现各个阶段、各自的分目标。

（四）图书馆计划是控制活动的依据

图书馆计划不仅直接影响图书馆生存发展、组织协调、领导指挥，而且也与图书馆管理控制活动紧密相连。图书馆计划不仅为图书馆控制指明方向，还为控制活动提供了依据。没有经过计划的图书馆管理活动是无法进行控制的，图书馆控制本身的意义在于纠正现实偏离计划的偏差，维持图书馆管理活动与图书馆管理目标的一致性，若没有事先做好的计划作为参考标准，也就没有了偏差和控制。

三、图书馆计划的类型

按照不同的分类标准，图书馆计划的类型可以从不同角度进行划分。

（一）按照计划的期限来划分有长期计划、中期计划、短期计划

（1）长期计划，期限一般在五年以上，主要用于确定图书馆未来发展方向的战略性计划，回答组织的长远目标和发展方向是什么，怎样达到本组织的长远目标，是中期计划和短期计划的指导纲领。长期计划最重要的作用在于提出战略目标，其基本内容通常涉及图书馆规模、藏书建设、图书馆服务、机构分工、工作人员培养、技术引进、经费等，同时包括具体的实施步骤和措施。

（2）中期计划，期限介于长期计划与短期计划之间，以时间为中心，围绕长期计划说明各年应达到的目标和应开展的工作，是对长期计划的分阶段安排。其基本内容与长期计划基本保持一致，同时也是短期计划的指导。

（3）短期计划，期限在一年以内的计划，主要说明计划期内必须达到的目标和具体的工作要求，用于直接指导各项活动，一般包括年度计划。年度计划是图书馆为了完成年度目标制订的计划方案，是图书馆采用较多的计划类型。短期计划以长期计划为指导，是实现长期计划的基础。短期计划的内容也涉及图书馆工作的各个方面，它可以是专门性的工作计划，也可以是综合性的全馆计划。

（二）按照计划的对象来划分有全馆计划、部门计划

全馆计划是图书馆在一定时期内所要达到的目标和行动的方案，它既有综合性计划，又有专项计划；既有长期计划，又有中期计划和短期计划。全馆计划为各个部门和全馆人员提供了奋斗目标和工作依据。

部门计划一般是为了落实全馆计划而制订的，也可以是部门的发展计划。它既具有综合性，又具有专业性，就全馆计划而言，它主要是专业性计划。部门计划比全馆计划目标更具体，内容更详尽。它将计划指标落实到小组和个人并规定完成任务的时间与具体措施。部门计划是完成全馆计划的基础，它能使部门工作科学化、有序化，有效地实现管理目标。

（三）按照计划的效用来划分有指令性计划和指导性计划

指令性计划具有明确实现的目标，如在未来一年，若要增加图书馆在某个学科的馆藏到一个具体的量，就需要制定目标实现途径、预算方案以及进度表等。而指导性计划通常只规定一般的方针和行动原则，给予行动者较大的自由处置权。

（四）按照计划的广度来划分有战略计划和行动计划

战略计划是指关于图书馆的整体规划，为图书馆设立总体目标和寻求图书馆在环境中地位的计划。战略计划一般由图书馆高层管理者制订，体现了图书馆在未来一段时间里的基本目标、发展构思及实施的政策，具有长期性、全局性和指导性，在较长的时间内决定图书馆资源的运动方向，影响图书馆的各个方面。

行动计划是规定总体目标如何实现的细节的计划。行动计划一般是图书馆基层管理者制订的，包括计划期间的预算、流程、人选、任务、资源及权责分配等。

四、图书馆计划制订方法

（一）滚动计划法

滚动计划法是管理学中常用的计划编制方法，一种定期修订未来计划的方法，即按照近细远粗的原则制订一定时期内的计划，然后按照计划的执行情况和环境变化，调整和修订未来的计划，并逐期向后移动，把短期计划和中期计划结合起来的一种计划方法。将其运用到图书馆计划中的具体做法：在制订某项图书馆计划时，同时制订未来若干期的计划，内容上面采取近细远粗的原则。在第一阶段结束时，根据计划执行情况及内外环境的变化对原计划进行修订，并将计划期限向后滚动一个阶段，而后根据同样的原理逐期滚动。

（二）目标管理

目标管理（management by object，MBO）是美国著名的管理学家德鲁克于 1954 年提出的一种现代科学管理方法。这一管理方法的运用在国内外早已普及到各行各业，图书馆也经常采用目标管理，它是行之有效的科学管理方法。

图书馆是一个系统，系统有整体目标，整体目标又可以逐级分解为分目标到个人的小目标。只有各个分目标、小目标都完成了，全馆的整体目标才能得以实现。无论是总目标的实现还是分目标、小目标的实现，都需要经过计划来推进，根据目标的不同进行不同的计划的制订，首先根据整体目标制订总计划，对整体目标进行分解，将整体计划逐级分解为分计划、小计划。另外，目标管理重视人的作用，强调员工参与目标的制定、实施等。通过目标管理进行图书馆计划的制订，在图书馆某计划完成时应给予参与者肯定和奖励，以此激发工作人员的积极性、主动性，同时也给图书馆计划注入生机和活力。

第二节　图书馆组织

一、图书馆组织的概念

组织是指管理的一种职能，即根据组织的既定目标、计划等，对各项工作进行分类组合，设计职务、岗位，形成完善的组织机构，明确各个岗位的职权和组织机构间的分工协作关系并对组织机构中的全体人员指定职位、明确职责、协调其工作，以最优的方式实现既定目标。

图书馆组织即根据图书馆目标和计划，对各项工作进行分类组合，设计职务岗位，明确岗位职权和机构分工协作关系，以最优的方式实现既定目标。

二、图书馆组织设计的原则

图书馆组织的结构是执行组织职能的基础工作，图书馆在进行组织设计时需要遵守一些原则。

（一）目标原则

任何组织都有其特定的目标。组织及其各组成部分都应当与特定的任务目标相联系，组织的调整都应以是否对实现目标有利为衡量标准。图书馆的建立是为一定的目标服务的，必须要根据图书馆的目标来考虑图书馆组织结构的总体框架。首先，明确图书馆的发展方向、目标要求等是图书馆组织设计的前提。其次，为了保证图书馆目标的实现，认真分析有哪些事情是必须要做的，怎么样才能做好。最后，以事务为中心，设计职务，建立机构，配备人员。

（二）分工与协作原则

人各有所长，根据员工的专长进行劳动分工能使得组织获得高的产出。根据个人能力和专长特长的不同对图书馆工作人员进行劳动分工，一方面有助于提高工作产出；另一方面有助于准确判断人员结构的合理性。为了实现组织整体目标，在专业分工的基础上，需要实现部门间、员工间的协作和配合。

（三）权责对等原则

权力和责任是同一事物的两个方面。权责对等是指图书馆在确定职权和职责时必须对等，即每一管理层次上的各个职位既要赋予其具体的职位权限，又要规定该职位职权相对应的职责范围。它要求管理者在被授予的权限范围内行事，并承担相应的责任，避免有权无责和有责无权现象的出现。

（四）有效管理跨度原则

管理跨度是指一个主管人员能够直接、有效地管理下属的人数。管理跨度是有限的，影响管理跨度的因素主要有组织规模、工作任务类型、主管人员与下属双方的能力等多个方面。管理跨度的宽窄影响并决定组织管理层次的多少和主管人员的数量。

有效管理跨度原则要求在确定管理跨度时，必须分析影响管理跨度的直接因素与间接因素，为各级主管人员确定一个适当的管理宽度，避免主管人员的能力过剩或能力不足。

（五）柔性经济原则

柔性经济原则指图书馆组织设计需要保持一定的灵活性，可以根据内外环境的变化及时对机构和人员做出调整，通过对层级与幅度、人员结构和部门工作流程的合理安排，提高图书馆管理的效率。柔性经济原则对图书馆组织设计提出了两方面要求：一是稳定性与适应性相结合，在维护图书馆组织稳定的同时保持一定的弹性；二是图书馆组织结构设计要合理，避免产生内耗，造成管理成本上升。

三、图书馆组织结构的类型

不同的组织目标决定了不同的组织结构设计。各个图书馆的情况不尽相同，没有哪一种单一的组织结构形式是完美的。各馆要根据自身的实际情况来设计自身的组织结构，也可以在已有的组织结构的基础上进行调整，常见的图书馆组织结构类型有直线职能制组织结构、扁平型组织结构和矩阵式组织结构。

（一）直线职能制组织结构

直线职能制又称直线参谋制，它在吸取了直线制和职能制的长处的同时避免了它们的短处。它把直线指挥的统一化思想和职能分工的专业化思想相结合。采用这种组织结构的图书馆通常把管理机构和人员分为两类：一类是直线领导机构和人员，主要按命令统一原则对各级组织行使指挥权；另一类是职能部门和人员，按专业化原则，从事图书馆的各项职能管理工作。这种组织结构以图书馆领导机构和人员为主体，职能部门和人员主要起参谋作用，职能部门和人员必须经相应层次的领导批准才能下达各自范围内所做的计划、方案及指示。

这种组织结构可以保证图书馆管理体系的集中统一，在各级行政负责人的领导下，发挥图书馆专业机构的作用，但由于职能部门之间协作配合较差及职能部门工作需要向上层领导请示才能处理，导致领导工作量增加，也影响办事效率。图书馆可以通过建立会议制度、委员会等增加沟通来解决这些问题。

（二）扁平型组织结构[①]

传统的图书馆是以职能部门化为原则设计的直线职能制组织结构，它是一种金字塔形结构，在相对稳定的环境中比较适用。在用户期望图书馆对其信息需求做出快速反应的环境下，这种结构模式的弊端越来越明显，扁平型组织结构应运而生。扁平型组织机构是管理层次少、管理幅度大、以信息化与网络化为技术支撑而建立起来的组织结构形式，具有能加强各部门之间的横向沟通、缩小和消除各部门之间的壁垒以及使组织灵活、快速、高效的特点。

图书馆扁平型组织结构常见的形式是服务团队。服务团队是图书馆以学科为基础构建多载体、多类型文献资源库，以藏、借、阅、咨一体化为原则构建服务平台所形成的新组织结构形式。其主要特点是：①以任务和过程而不是以专业职能来构造组织结构，形成服务团队，深入到服务第一线，直接面向用户设定目标；②高度分权，把决策权下放到团队成员手中，以此来扩大管理幅度，使组织中层减少，改变了传统组织纵向一体化的特征，组织形态趋于水平；③成员有各种技能、承担各种服务职能。

服务团队形式增强了图书馆的服务意识，提高了组织的灵活性，也拓展了馆员职业发展空间。服务团队在国外已发展比较成熟，在国内也逐渐成形，这就是学科馆员制度。自1998 年清华大学图书馆率先在国内实施学科馆员制度以来，现在已有 100 余所高校图书馆建立了学科馆员制度。如今，学科馆员制度有了比较成熟的规范，在加强图书馆与学院沟通、电子资源建设、咨询服务等方面拓展了图书馆服务广度和深度。但是随着用户对知识化服务的要求，图书馆需要嵌入到用户知识创新的过程中去，学科馆员工作职责、工作

---

① 左雪梅，马功兰，王晓燕. 基于业务流程重组的图书馆组织变革[J]. 图书馆情报工作，2011，55（1）：65-69.

方式已经不能适应用户的需求，并且国内的学科馆员制度在组织模式管理上大都采用由相关部门兼管的方式，分散在图书馆各个业务部门的岗位上，建设有专门的管理机构的较少，没有实现真正的学科服务团队。需要进一步加强点对点的针对性服务、高层次服务、嵌入服务，才能使学科服务团队有更广的发展空间。

（三）矩阵式组织结构

矩阵式组织结构通常由纵横两套管理系统组成：一是纵向的职能部门系统，二是为完成某些任务而组建的临时或长期项目小组系统。职能部门系统是将业务处理内容相同或相近的机构进行合并，协力为读者提供服务。例如，上海交通大学图书馆 2007 年大刀阔斧地改革了组织结构，将原来的 13 个部门整合为 3 个部门，分别为读者服务部、技术服务部和行政管理部，采取"前端推进，后台保障，全程宣传"的模式[①]。机构重组之后，由强调个人化服务转变为团队式服务；但是服务团队不是固定不变的，按照服务需求，在读者服务部下属学科室的统一调配下灵活组织，团队通过行政组织结构保证服务体系[①]。

图书馆用户对服务需求日益多变且个性化，使越来越多的图书馆成立跨部门或跨职能的工作小组，形成矩阵式组织结构。这种工作小组由图书馆内具有各方面专长的馆员组成，可以针对特定的需求和任务，在最短的时间内实现个性化定制，如武汉大学图书馆设立专项工作组：电子文献订购工作组、集成系统参数控制工作组、网上资源整合工作组、门户建设工作组等。截至 2005 年，在美国最大的 500 个高校图书馆中，有 78% 的高校图书馆内部有这样的自主工作小组[②]。这样的工作小组具有更加明确的目标和更为清楚的工作安排，小组成员都是经过精挑细选的具有专长的人，沟通效率高，解决问题速度快。各图书馆根据需要，在矩阵式组织结构内部，既能保持相对的独立服务，又可随时进行灵活的组合排列，迅速形成战斗力，这无疑大大提高了组织结构的灵活性。

第三节 图书馆领导

一、图书馆领导的概念

领导指的是领导活动、领导职能，指在一定的社会组织或群体内，领导者为了实现组织目标，运用其职位权力和个人影响力，采用一定的形式和方法，率领、引导、组织、指挥、协调、控制被领导者去完成预定目标的行为过程。

图书馆领导是指图书馆领导者为了实现图书馆目标，运用职位权力和个人影响力，采用一定的形式和方式，率领、引导、组织、协调图书馆员工去完成预定目标的过程。图书馆领导是图书馆计划、图书馆组织、图书馆控制等管理职能实施的保障，是实现图书馆组织目标的关键。

---

① 孙晓明，张爱臣. 知识服务与图书馆组织结构变革[J]. 图书馆工作与研究，2010，（11）：45-48.
② 左雪梅，马功兰，王晓燕. 基于业务流程重组的图书馆组织变革[J]. 图书馆情报工作，2011，55（1）：65-69.

二、图书馆管理中的领导

领导是一个组织能否实现组织既定目标的关键因素。在西方国家有很多学者从不同角度研究了关于领导的理论，其中有些理论对于图书馆管理中的领导具有很大的借鉴意义。

（一）领导特质理论

领导特质理论主要强调的是良好的个人品质对于开展领导工作与提高领导有效性的重要意义，有助于选拔和培养领导人才。众多学者和实践家研究过领导者的心理特质与其影响力及其领导效能关系的理论。比如，美国行为学家亨利（Henry）认为成功的领导者应该具备成就需要强烈、干劲大、决断力强、自信心强等 12 种品质；美国普林斯顿大学教师威廉·J. 鲍莫尔（William J. Baumol）提出企业领导者应具备合作精神、决策能力、组织能力、勇于负责、勇于创新等 10 项条件；美国管理协会也曾针对成功的管理人员进行调查，发现他们一般具备工作效率高、有主动进取精神、善于分析问题、善于调动他人积极性等 20 种品质和能力。

领导力是可以通过后天习得的，每个人都能成为领导，有效的领导需要知识、技巧和能力，而不仅仅具有特殊的"领导品格"。米歇尔·克卢南（Michele Cloonan）认为图书馆领导应该有能力"为图书馆建立一个共同的愿景，促进参与管理，勇于创新和敢于承担风险，具有职业道德和价值观念，并且能将之传播出去，善于建立与社区的联系，拥有幽默感"[①]。马林斯和莱恩汉提到的领导有构建/实施愿景与战略能力、政治能力、耐力、精力、愿意承担合理的风险、懂得沟通技巧、正确定位、员工激励、良好的判断；乔丹认为领导力包括愿景、沟通交流、诚实正直、责任感、信誉、人际交往能力、创造力、政治意识和政治敏感度、财务、宣传、幽默、工作经验、智力、情商、野心[②]。

一个卓有成效的图书馆领导除强调诚实正直、沟通交流、人际交往等传统的品质和能力外，还注重在新环境下挖掘新的领导能力，如愿景、创新和风险承担、政治与战略能力等。其中，政治与战略能力强调领导者对不断变化的外部环境的解读和应对能力，图书馆容易受外部环境的影响，特别是政治和经济方面；外部环境的变化要求领导者具备强有力的政治与战略能力，在把握外部环境变化的同时，适时地调整图书馆的发展战略。

（二）领导行为理论

1. 领导行为四分图理论

领导行为四分图理论是 1945 年美国俄亥俄州立大学的学者研究提出的。他们通过1000 多个因素归纳出两大类领导者行为的独立维度：定规维度和关怀维度。其中，定规纬

---

① 苏德毅，杨涛. 从学习中培养领导能力：记香港大学图书馆领导艺术研习班[J]. 大学图书馆学报，2007，（6）：40，91-95.
② 陈信，朱曦. 国外图书馆领导力研究述评[J]. 大学图书馆学报，2015，（1）：34-42.

度是指组织为了达到组织目标，领导者倾向于构建任务、明察群体之间的关系和沟通渠道，以此更好地界定和构造自己与下属的角色；关怀维度是指领导者在工作中倾向于尊重下属的看法和情感，体现了领导与下属之间的信任程度[1]。根据定规和关怀两个维度可以构造一个领导行为四分图，如图4-1所示，用四个象限来表示四种类型的领导行为：高定规-高关怀、低定规-低关怀、低定规-高关怀、高定规-低关怀。

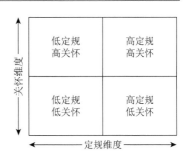

图4-1 领导行为四分图

俄亥俄州立大学的研究表明，不同领导类型对工作效率和员工情绪有直接的影响。通常来说，高定规-高关怀的领导类型更能使员工达到高绩效和高满意，但不是说这一类型普遍适用，如果加上环境因素的影响，该领导类型不一定产生积极的效果。考虑到图书馆机构的特殊性，哪一种领导类型更加适用，仍需要考虑实际情况。

2. 管理方格图理论

管理方格图理论是1964年由美国管理学者布莱克（Blake）和莫顿（Mouton）研究提出的，他们仍沿用领导风格的二维观点，用纵坐标表示"对人的关心程度"，横坐标表示"对工作的关心程度"，并将两个坐标轴划分为9等份，于是便形成了81种领导方式的"9×9"图，如图4-2所示。

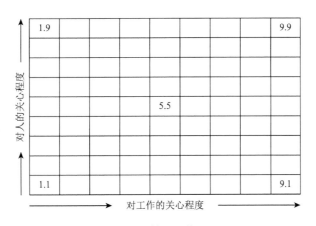

图4-2 管理方格图

关心工作是指领导者对许多不同的事项所持的态度，如计划的质量、人员的服务质量、工作的效率等；关心人是指个人对实现目标所承担的责任，保持员工的自尊，基于信任而非服从的职责，保持良好的工作环境及满意的人际关系[2]。

如果要评价某一位领导者的领导方式，只要在"9×9"图中按照他的两种行为寻找交叉点就行了。布莱克和莫顿在提出方格理论的同时，还列举了五种典型的领导风格。

---

① 武忠远，马勇. 管理学[M]. 北京：高等教育出版社，2012.

② 张兆响，司千字. 管理学[M]. 北京：清华大学出版社，2004.

贫乏型领导（1.1）：领导者既不关心工作，也不关心人，只做最低限度的努力来完成任务和维持士气。

任务型领导（9.1）：领导者非常重视工作，但不关心人，把工作安排得使人的干扰因素最小来谋求工作效率。

中庸之道型领导（5.5）：领导者兼顾工作和员工两个方面的平衡，能够维持足够的工作效率和满意的工作氛围。

乡村俱乐部型领导（1.9）：领导者对员工给予充分的支持和体谅，不关心工作任务及工作效率。

团队型领导（9.9）：领导者不但注重工作，而且也非常关心人，把组织目标实现与满足员工需要放在同等重要的地位。既有严格的管理，又有对人的高度关怀和支持。通过沟通和激励，强调工作成就来自献身精神，以及在组织目标上利益一致、相互依存，从而产生信任和尊重的关系。

在这五种类型的管理形态中，布莱克和莫顿认为团队型领导（9.9）是最有效的管理，但最有效的领导风格并非一成不变，而是依实际工作而定。管理方格图理论能使领导者较为明确地认识到自己的领导风格，找到改进领导风格的努力方向，也可以用来培训未来的领导者。

（三）领导情景理论

1. 费德勒的权变理论

美国管理学家费德勒提出的权变理论意味着领导工作是一个过程。在这个过程中，领导者施加影响的能力取决于群体的工作环境、领导者的风格和个性，以及领导方法对群体的适应程度[①]。费德勒认为领导者的领导风格是不变的，经过研究，它将领导风格分为关系取向型和任务取向型。哪一种领导方式好取决于组织环境。与此同时，它影响领导工作有效性的环境因素主要包括三个方面。

（1）职位权力是指领导人职位相关联的正式职权以及领导者从上级和整个组织各方面所取得的支持的程度。

（2）领导者和下级的关系简单来说是领导者是否受到下级的喜爱、尊重和信任，是否能够吸引下级的追随。

（3）任务结构是指工作团队要完成的任务是否明确，任务的规划和程序化程度如何。

费德勒将这三个环境变数任意组合成八种组织工作情境，并将其分为非常有利、适中、非常不利三类。通过观察研究，他发现，当情境非常有利或非常不利时，采用任务取向型领导方式是合适的；当情境有利程度适中时，关系取向型领导方式更为有效。

2. 路径-目标理论

路径-目标理论是由美国管理学家罗伯特·豪斯提出的。该理论的核心在于：强调领

---

① 张兆响，司千字. 管理学[M]. 北京：清华大学出版社，2004.

导风格与员工特性和工作情境之间的关系，认为领导者的工作是要帮助下属实现他们的目标并提供必要的支持和帮助来确保下属各自的目标与组织的总目标保持一致，即有效的领导者通过指明道路与途径可以帮助下属实现他们的工作目标并为下属清理过程中的各项障碍和危险，使下属的工作更为顺畅①。

路径-目标理论划分出四种领导类型。

（1）指示型领导者。首先，让下属明确领导对他们的期望；其次，对下属的工作提出具体的指导。

（2）支持型领导者。领导者关心下属和他人的各种需要和行为目标。

（3）参与型领导者。领导者与下属共同商榷问题，在决策之前能够寻求下属的意见，充分考虑下属的建议。

（4）成就取向型领导者。领导者激励下属，向其提出挑战性任务目标，对工作提出高质量要求。

豪斯认为领导者可以根据情境的不同改变自己的领导风格。选择领导方式主要考虑两类情境因素：下属的特征和环境的因素。当领导者弥补了下属或环境的不足，将对下属满意度和工作绩效产生积极影响。

3. 情境领导理论

1969年，美国行为学家保罗·赫塞和管理学者肯尼斯·布兰查德共同提出情境领导理论，其也被称为生命周期理论。作为权变理论的一种，情境领导理论关注的也是特定环境中领导有效性的问题，认为领导行为应根据不同的情境而有所不同。

赫塞和布兰查德认为，依据下属的成熟度选择恰当的领导风格是领导获得成功的重要保证①。该理论的研究重点在下属人员的成熟度上，他们认为领导者的领导方式必须随着下属的成熟度而加以改变。成熟度是指人们对自己的行为承担责任的能力和愿望的大小，它取决于两个因素：工作成熟度和心理成熟度。该理论使用两个领导维度，即任务型领导和关系型领导，组合成四种领导风格：指示、推销、参与和授权，并且根据成熟度的含义把下属的成熟度分为四个阶段，完成对领导风格和下属成熟度的划分之后，对领导行为与下属成熟度进行匹配。

根据下属的成熟度和组织所处的环境，赫塞和布兰查德认为随着下属从不成熟走向成熟，领导者不仅要减少对活动的控制，而且也要减少对下属的帮助。

三、图书馆管理中的激励

在组织管理理论中，激励是现代管理心理学的重要组成部分。在图书馆管理中可以合理地引入激励理论，用激发和鼓励人的手段来调动图书馆员工的积极性和创造性，从而提高图书馆整体服务水平。

---

① 武忠远，马勇. 管理学[M]. 北京：高等教育出版社，2012.

1. 物质激励和精神激励

美国心理学家马斯洛的需要层次理论有两个基本论点：一是人是有需求的动物，其需要取决于他已经得到了什么，还缺什么，只有尚未满足的需要能够影响行为，即已经得到满足的需要不再有激励作用。二是人的需要存在层次关系，某一层次的需要得到满足后，另一层的需要才会出现。图书馆管理的激励分为物质激励和精神激励。物质方面的需要是通过设立岗位津贴、责任津贴、奖励津贴等不同的物质方式调动馆员的积极性；精神方面的需要是位于物质需要之上的，在物质条件得到满足后，精神需要便成为图书馆激励的主导因素，可以通过情感激励、语言激励、榜样激励等方式实现对工作人员的精神激励。

2. 公平合理

公平理论是美国心理学家亚当斯于 20 世纪 60 年代首先提出的，也称为社会比较理论。这种激励理论主要讨论报酬的公平性对人们工作积极性的影响。人们通过比较自己与别人判断自己所获得报酬的公平性，还存在着自己的现在与过去的比较。人是社会人，一个人的工作动机不仅受其所得报酬绝对值的影响，而且受到相对报酬多少的影响。每个人都会根据对投入产出的比较结果决定今后的行为。因此，在实施图书馆激励管理时，必须以公平合理为原则，使激励标准与激励结果相一致，不搞平均主义。按照技术水平、智力能力、工作态度、工作质量等给予物质奖励和精神奖励。

3. 维护员工自身利益

激励作用能否生效的关键在于能否保障、维持员工的自身利益。弗鲁姆（Vroom）的期望理论认为，只有当人们预期到某一行为能给个人带来有吸引力的结果时，人才会采取这一特定行为。期望理论的基础是自我利益，它认为每一个员工都在寻求获得最大的自我满足。人是经济人，对于生活与事业的发展，他们有既定的信仰和基本的预测，一个人决定采取何种行为与这种行为能够带来什么结果、对他来说是否重要有关。所以，图书馆在进行激励时要与维护员工自身利益结合起来。

第四节 图书馆控制

一、图书馆控制的概念

控制是指为了使组织的活动达到预定的目标，保证各项工作按计划执行，纠正各种重要偏差的过程。图书馆控制即为了使图书馆活动达到预定的目标，保证各项工作按照图书馆计划执行，纠正各种重要偏差的过程。

二、图书馆控制的类型

对图书馆控制进行分类是认识图书馆控制活动的重要手段，图书馆管理者要依据具体情况和针对不同控制对象确定控制范围和重点，进而选择恰当的控制方式。根据控制时间点所处的位置，可以将图书馆控制分为前馈控制、现场控制和反馈控制；根据控制原因或结果，可以将图书馆控制分为直接控制和间接控制。

（一）按照控制时间点划分

（1）前馈控制是一种在图书馆计划实施之前，为了保证将来的实际效果能达到计划的要求，尽量减少过程中出现的偏差的预防性控制。由于前馈控制发生在组织活动开始之前，因而其也称为预先控制和事前控制。它工作的重点不是控制图书馆工作的结果，而是为了可能在图书馆活动中出现的某些干扰或环境的变化带来的影响，提前采取各种预防性措施。

做好前馈控制是一件很困难的事情，需要很多的准备工作。及时准确的信息、对图书馆计划进行全面透彻的分析及掌握计划行动本身所具有的客观规律性知识等都是必要的，前馈控制对于图书馆管理人员的素质要求很高。由于管理人员不可能完全把握未来会发生的所有事件和可能导致的结果，即使前馈控制具有很多优点，在管理工作中也不能完全代替其他类型的控制工作。

（2）现场控制是指在图书馆进行的某项活动或工作中，在现场及时发现存在的偏差或潜在的偏差，并且及时提供改进措施以纠正偏差的一种控制方式。由于它是图书馆活动进行过程中发生的控制，因此它又可以称为同期控制。与前馈控制和反馈控制相比，现场控制活动往往是在偏差已经或将要出现但尚未造成严重后果的情况下进行的，它可以分析研究造成偏差的根源并预测偏差发展的可能方向，然后做出控制。

现场控制的有效性需要信息方便采集和传递快捷，这也就要求图书馆应建立完善的信息网络和必要的信息管理系统并在管理制度上建立严格的信息收集、分析与报告体系，确保信息传递的迅速及纠偏、调节措施的及时。

（3）反馈控制是管理控制中最常见的控制类型，其控制作用产生于行动之后，所以也称为事后控制。在图书馆活动完成之后，管理者根据已经发生的情况分析工作的执行结果，将结果与控制标准相比较，从中发现已经出现或即将出现的偏差，在分析偏差原因的基础上采取措施纠正偏差，从而防止偏差继续发展或在以后的工作中再次发生；或者是在图书馆内外部环境发生了重大变化，导致原定标准和目标脱离现实时，采取措施调整修正计划。

（二）按照控制的手段划分

1. 直接控制

是相对于间接控制而言的，直接控制是通过提高主管人员的素质来进行控制工作的。直接控制认为，计划实施的结果取决于执行计划的人，管理者及其下属的素质越高，就越不需要间接控制。因此，它着眼于培养更好的主管人员，使他们能够熟练应用管理的概念、技术和原理，能以系统的观点来进行和改善他们的管理工作，从而防止出现因管理不善而造成的不良后果。

2. 间接控制

人们常常会犯错误或常常没有觉察到那些将要出现的问题，因而未能及时采取适当的纠正或预防措施。因此，间接控制主要着眼于发现工作中的偏差，分析产生原因并追究个人责任使之改进未来工作的一种控制方法。

（三）图书馆控制的过程

图书馆控制实质上就是一个信息传递的过程。控制的过程存在循环的信息互动，首先，将期望图书馆如何运行的信息传递出去，再把实际运行的信息反馈回来，经过对比、调整，再将信息传递出去，从而实现控制和调节的作用。在这样循环互动的过程中，可以将图书馆控制过程分为三个步骤：确立控制标准、衡量实际绩效和采取纠偏措施。

1. 确立控制标准

图书馆控制的标准一般是由图书馆计划，或是计划目标分解而成，但由于计划的详细程度和复杂程度不同，单一的标准不适合图书馆控制工作的要求，而且控制工作并不是需要图书馆计划中完整、详细的标准，只是需要把握其中的关键点。

标准是一种作为规范而建立起来的测量标尺或尺度，是图书馆所期望的结果，它构成了控制过程的基础。控制标准是控制目标的表现形式，也是测定实际工作绩效的基础。对照控制标准，图书馆管理人员就可以对工作绩效好坏做出判断。标准一般有以下几种：实物标准、成本标准、收益标准、时间标准、质量标准等。通常来说，行之有效的控制标准需要满足以下几点基本要求。

（1）简明性。标准的要求要尽量进行量化，具有可操作性；标准的表述尽量通俗易懂，便于理解和把握。

（2）实用性。图书馆控制在制定相关标准时，一方面要以图书馆的计划和目标为基础；另一方面必须考虑到工作人员的实际情况。标准的制定不能过高也不能过低，保持一种挑战性和可达性的平衡。

（3）公正性。标准应体现协调一致、公平合理的原则。制定出来的各项控制标准不能相互冲突，又要保证对每个部门、每个组织成员一视同仁，绝不能搞特殊化。

（4）一致性。图书馆活动是多种多样的，但是控制标准应该协调一致。各个职能部门都会结合自己的需要制定各自的控制标准，这些标准之间应该协调一致，形成一个有机整体。

2. 衡量实际绩效

衡量绩效是对图书馆计划执行的实际结果进行度量、统计、汇总，按照与图书馆控制标准相应的指标，准确地反映图书馆计划执行的情况。为了确定图书馆工作的绩效究竟如何，图书馆管理者要考虑四个方面，即衡量的对象、衡量的主体、衡量的方法、衡量的频度。

具体衡量什么是衡量工作中最为重要的方面，它将会在很大程度上决定图书馆员工追求什么。实际衡量应该围绕构成好绩效的重要特征项来进行，管理者应该避免仅侧重于衡量那些易衡量的项目，而忽视那些实际上相当重要的项目。衡量的主体是指衡量实际工作成效的人员。衡量主体的差异，会对衡量的结果产生不同的影响。衡量的方法有很多，比较常用的有观察、报表报告、抽样等。确定衡量的频度和时间点需要根据图书馆计划规定的进度进行设置，频度过高会增加控制的费用、引起工作人员的不满等，给图书馆带来负面的影响；频度过低会影响控制的效果，不利于计划的实现。

3. 采取纠偏措施

在衡量绩效的基础上，将实际绩效与标准进行比较，找出偏差。发现偏差的目的是纠正偏差。因此，需要图书馆管理者根据绩效衡量的结果选择改进实际绩效或者修订制定的标准。如何选择？首先需要我们分析产生偏差的原因。

1）找出偏差产生的主要原因

现实中，即使是同一偏差也可能是由不同的原因造成的。这就要求员工认真了解偏差的信息并对影响因素进行深入、透彻的分析，真正透过表面现象找出造成偏差的深层原因，"对症下药"才能"药到病除"。总的来看，产生偏差的原因可以简单地概括为执行力不足和标准本身有问题两个方面。

在计划执行的过程中，各种因素的影响导致了偏差的出现。执行力不足的主要原因有：指令不明确；渠道不畅通，导致信息传递不全或走样；人员不到位，没有合适的人做合适的事情，使活动无法开展；职责不清楚，每个部门、每个岗位职责不清楚，领导有任务就分摊，员工没有清晰的职责范围，无从完成本职工作等[①]。

标准本身有问题，一方面，由于计划目标本身不合理而产生偏差，在制定目标时，不切实际，好高骛远，盲目把目标定得太高，而实际上实力不够，根本达不到；另一方面，在制定目标时，过于保守，低估自己的力量，事先没有估计到这些变化，没有及时调整原有标准，以致产生偏差。

分析偏差的过程实际上是归纳法和演绎法的结合，这个过程可以说是最难也是最考验图书馆管理者能力的环节。

2）选择适当的纠偏措施

从管理的角度看，只有采取了必要的纠正行动之后，控制才是有效的。偏差的产生来源于实际的工作绩效与标准，因此纠正偏差的方法可以从两方面入手：一是改进实际绩效；二是修订标准。

如果偏差是由于绩效不足所产生的，图书馆管理者就应该采取纠正行动。这种纠正行动的具体方式可以是管理策略、组织结构、补救措施或培训的调整，也可以是重新分配工作人员的工作或做出人事上的调整。图书馆管理者在采取纠正行动之前，首

---

① 黄建春. 管理学[M]. 重庆：重庆大学出版社，2017.

先需要弄清工作中的偏差是如何产生的及产生的原因，然后再从产生偏差的地方开始纠正行动。

标准定得太高或太低，也会导致偏差的出现。这时，可以根据图书馆历史标准或对比其他图书馆的水平并结合组织现有的情况，对工作情况进行客观的分析，做出降低或提高原有标准的决定。但是，需要注意，如果既定标准是明显可以实现的，图书馆应该坚持，绝不随便更改图书馆控制标准，只有这样才能保证将来工作得到改进，否则，计划和目标就会失去存在的意义，更谈不上控制可言了。

3）注意事项

在整个纠偏过程中，图书馆管理者还需要注意以下几个问题。

（1）成本最小化，效果最大化。纠偏方案是在对比选择中确定的，通过对各种可行的纠偏方案进行分析比较，找出相对最优的方案，以实现追加投入最少、成本最小、解决偏差效果最好的目的。

（2）充分考虑原有计划产生的影响。图书馆管理者在制订和选择控制方案的时候，需要充分考虑图书馆由原有计划的实施造成的种种影响及人员思想观念的转变等问题。

（3）长期目标和短期目标兼顾。短期目标治标，长期目标治本。图书馆管理者采取纠正偏差的措施，可以针对所出现的问题立即采取应急行动，也可以从"问题的症状—问题的原因—问题的根源"层层深入分析着手，找到彻底解决问题的突破口。

（4）消除图书馆人员的疑惑。控制措施的实施会在不同程度上引起组织结构、人员关系和活动方式的调整，会触及某些组织成员的利益。图书馆管理者在控制工作中要充分考虑和处理图书馆各部门成员对准备采取的矫正措施的各种态度，特别是要注意消除执行者的疑虑，争取更多人的理解、赞同和支持，以避免可能出现的人为障碍。

第五章　图书馆战略管理

第一节　图书馆战略管理概述

一、战略管理的一般原理

（一）战略和战略管理的概念

战略一词具有悠久的历史，它来源于古希腊的军事用语"将军"（strategos），由"军队"和"领导"两个词组成，最初是指"将军指挥军队的艺术"[①]。我国著名军事学家孙武于约公元前 500 年所著的《孙子兵法》中提到"战略，是一个目的确定下的整体目标实现过程的设计"[②]。著名的德国军事学家克劳塞维茨认为，战略是为了达到战争的目的而对战斗的运用，战略必须要为整个军事行动规定一个适应战争目的的目标[②]。

直到 20 世纪，战略一词开始被用于商业（企业）领域，军事战略中的原理开始应用到企业管理中，形成了人们所熟悉的战略管理（strategic management）。战略管理是商业化战略的简单表述，同时是企业战略管理的简称。

战略可以说是当今在军事、政治、经济及经营领域使用最广泛的一个名词。从企业经营领域而言，人们将战略概括为主要涉及组织长远发展的方向和范围。然而，不同的学者有不同的理解。明茨伯格认为战略是由五个"P"组成的，即战略是一种计划（plan）、战略是一种策略（ploy）、战略是一种模式（pattern）、战略是一种定位（position）、战略是一种观念（perspective）。约翰逊和斯科尔斯提到，战略是一个组织长期的发展方向和范围，它通过在不断变化的环境中调整资源配置来取得竞争优势，从而实现利益相关者的期望[③]。理查德·科克给出了两个简化的理解：战略 = 长期决策 + 发展方向，优胜战略=独特战略。李玉刚认为，企业战略是有关企业发展方向和活动范围的决策，以追求可持续的竞争优势[④]。

战略学者分别从广义和狭义层面给出不同的战略管理定义。

广义的战略管理是指运用战略对整个企业进行管理[③]，美国企业家兼学者 H. I. 安索夫（H. I. Ansoff）在《从战略规划到战略管理》一书指出，企业的战略管理是指将企业的日常业务决策同长期计划决策相结合而形成的一系列经营管理业务。

狭义的战略管理是指对企业战略的制定、实施、控制和修正进行的管理[③]，G. A. 斯坦

---

① 谢佩洪. 战略管理[M]. 上海：复旦大学出版社，2014.
② 魏农建. 战略管理[M]. 北京：化学工业出版社，2011.
③ 黄旭. 战略管理：思维与要径[M]. 北京：机械工业出版社，2009：8.
④ 柯平. 图书馆战略管理[M]. 北京：海洋出版社，2015：22.

纳（G. A. Steiner）在《企业政策与战略》一书指出，企业战略管理是确定企业使命，根据企业外部环境和内部经营要素确定企业目标，保证目标的正确落实并使企业使命最终得以实现的一个动态过程。

（二）战略的层次

根据组织内部战略活动的层次性，战略学者最初把战略活动分为三个层次：公司层战略（corporate-level strategy）、业务单位层战略（business unit strategy）、组织运营战略（operational strategy）[①]。参考借鉴现有的战略层次研究，在本书中，将战略活动分为四个层次包括公司层战略、业务单位层战略、职能层战略（functional strategy）、组织运营战略。

1. 公司层战略

公司层面战略处于最广泛的层面，又称为总体战略，是一个企业的整体战略总纲，是企业高层管理者指导和控制企业一切行动的最高行动纲要，考虑的是整个公司发展方向的确立及经营业务的选择。公司层战略是其他战略决策的基础，公司层战略强调两个问题：我们应该做什么业务；我们如何去发展这些业务。公司层战略的侧重点表现在以下三个方面：企业使命的制定，业务单位的划分及各业务单位的发展规划，关键的业务单位的战略目标[②]。公司层战略对其他层的战略起着指导方向的作用，公司层战略的实现也离不开其他层次战略的支持。

2. 业务单位层战略

业务单位是指企业进行分权管理的组织结构中的一个管理层次。业务单位层战略有时也称为竞争战略，考虑的是各项业务如何在选择的市场中开展竞争，包括对行业状况、竞争条件、买方需求和偏好、法律法规等变化做出反应，设计保持可持续的竞争优势的竞争性举措，培养有竞争价值的能力，对各职能部门的战略性行动进行整合，解决经营单位面临的战略性问题[②]。业务单位层战略的重点是要提高一个战略业务单位在它所从事的行业中或某一特定的细分市场中所提供的产品和服务的竞争地位。业务单位层战略既要接受公司层战略的指导，支持公司战略的实现，还要为本业务单位的职能战略提供指导，依托各职能层战略来保证业务单位层战略的顺利实施。

3. 职能层战略

职能层战略是指如何有效地利用企业的资源、流程和人员为实现公司层战略和业务单位层战略而为各个职能管理领域制订的战略[③]。职能层面战略在更细节的层面上运行，它

---

① 约翰逊 G, 斯科尔斯 K. 战略管理[M]. 6 版. 王军, 等译. 北京: 人民邮电出版社, 2004.

② 高红岩. 战略管理学[M]. 北京: 清华大学出版社, 2007.

③ 谢佩洪. 战略管理[M]. 上海: 复旦大学出版社, 2014.

侧重于企业内部特定职能部门的运营效率。职能层战略主要是确定各职能领域中近期经营目标和经营策略，一般包括生产策略、营销策略、研究和开发策略、财务策略与人力资源策略等。职能层战略以公司层和业务单位层的战略为依据，在各自的职能领域内形成特定的竞争优势，以支持并实施公司的战略规划。职能层战略在促进公司战略成功方面具有关键性作用。这种作用表现在两个方面：一是职能管理要开发或者调整企业的资源和能力，以适应不断变化的公司层战略和业务单位层战略，这是战略成功的基础；二是各项职能在其各自的领域中开发独特的资源或核心能力，为企业制订战略提供条件。

4. 组织运营战略

组织运营战略为管理基层活动和战略相关的业务单位提供决策，为职能层战略的实施提供保证[①]。例如，人力资源部下属的培训部如何进行员工的培训，以支持人力资源部目标的实现。

（三）战略管理的过程

战略管理是为实现战略目标而制订战略并实施战略的一个过程。一般情况下，将战略管理过程分为三个核心领域：战略分析、战略制订、战略实施，其中，战略分析的目的是确定战略方向；战略制订包括战略环境分析、战略方案制订等任务；战略实施包括战略的实施、评价和控制等。

战略管理的第一项任务是战略分析，确立战略方向，包括制定企业使命、愿景与目标。使命和愿景制定是对企业未来的业务组合及发展方向进行战略性的思考；目标制定是把企业使命和愿景转化为特定的业绩目标，通过目标的实现保证使命和愿景的最终实现。通过使命、愿景和目标的制定，能够为企业的长期发展提供方向指导，有利于企业各项资源与能力的积累和提高，避免企业陷入盲目发展的境地。

战略管理的第二项任务是进行战略制订（战略环境分析、战略方案制订）。战略环境分析，包括外部环境分析和内部环境分析，通过识别外部环境中的机遇和威胁及内部环境中的优势和劣势，为战略选择与制订提供依据。战略方案的制订包括确立公司总体发展战略、各经营单位的竞争战略、职能战略等不同层次的战略。

战略管理的第三项任务是战略实施，是指企业内部各项经营活动与企业战略相匹配的过程，是一个内部经营驱动的活动过程，通过组织、预算、激励、文化建设、监督及领导等活动，对既定战略进行贯彻落实。战略制订和实施是战略管理的两个关键步骤，战略制订的核心在于确立战略目标，目标是否正确决定了企业战略的最终效果；而战略实施的核心在于进行资源配置，配置是否合理决定了战略实施效率的高低，即能否以最小的成本完成战略目标。

---

① 高红岩. 战略管理学[M]. 北京：清华大学出版社，2007.

二、图书馆战略管理的概念

（一）图书馆战略管理的定义

英国学者 Joseph R. Matthews（约瑟夫·R. 马修斯）在《面向管理者的图书馆战略规划与管理》一书中提出，图书馆战略首先是一个指导未来行动或者是解决具体问题走向的计划，它既是一种长时间的行为模式、组织定位，也是一种超越竞争对手的策略[①]。同时强调图书馆战略最重要的内容是战略方向的确定而不是具体战略行动。我国学者柯平教授认为图书馆战略是图书馆对内外环境深刻分析后，通过提供参考要点为决策过程和随后的行动起指导作用[②]。

现代图书馆战略管理是指图书馆从整体利益和根本宗旨出发，为获得长期、稳定的发展，在充分研究现代图书馆外部环境和内部条件的基础上，选择和确定图书馆的战略目标并针对目标的落实与实现进行规划，进而培养现代图书馆的相关能力，并将这种规划和决策付诸实施，以及在实施过程中进行控制的一个动态过程[③]。在本书中，借鉴柯平教授的观点：图书馆战略管理是用来判别和管理组织对外部环境的优势和劣势、所处的地位变化所引起的一系列行动，是战略分析、制订、实施、评价的循环管理过程[④]。

（二）图书馆战略的层次

与企业战略管理相比，图书馆组织结构层次相对简单。早期有学者将图书馆战略分为图书馆组织战略和图书馆事业战略两个层次[⑤]。其中，图书馆组织战略是指图书馆个体的发展战略，要从图书馆实际出发，面向未来考虑图书馆的发展，可称为"小战略"；图书馆事业战略是指整个图书馆事业的发展战略，包括各类型、各地区图书馆发展战略，一个国家图书馆事业的发展战略乃至全球图书馆的发展战略，可称为"大战略"。图书馆战略按组织结构可分为图书馆组织总体战略、图书馆部门战略和图书馆专项业务战略；按区域可划分为国家图书馆事业战略、地区图书馆事业战略、城市图书馆事业战略、农村图书馆事业战略和国际组织（包括学会、协会等）图书馆事业战略；按类型可划分为图书馆联盟战略、公共图书馆事业战略、社区图书馆事业战略、高校图书馆事业战略、中小学图书馆事业战略、专门图书馆事业战略等[②]。本书中将图书馆战略分为两个层次，分别是图书馆组织战略、图书馆职能战略[⑥]。

---

① Nelson S S. The New Planning for Results a Streamlined Approach[M]. Chicago：American Library Association，2001.
② 柯平. 基于战略管理的图书馆战略研究[J]. 山东图书馆学刊，2010，（3）：6-13.
③ 徐建华. 现代图书馆管理[M]. 天津：南开大学出版社，2003：86.
④ 柯平. 图书馆战略规划研究的时代背景与理论视角[J]. 图书馆工作与研究，2010，（2）：4-10.
⑤ 柯平. 图书馆知识管理研究[M]. 北京：北京图书馆出版社，2006：316.
⑥ 柯平，陈昊琳. 图书馆战略、战略规划与战略管理研究[J]. 图书馆论坛，2010，30（6）：52-57，138.

1. 图书馆组织战略

组织战略是图书馆总体的、最高层次的战略，也可称为竞争战略，对应企业战略管理的公司战略与竞争战略，一方面侧重解决图书馆的核心业务是什么，图书馆管理层应在什么样基础上进行竞争，以取得更多的社会资源，获得更高的绩效；另一方面在核心业务指导下，提出相应的发展方向并进行资源分配，实现整体战略意图[①]。组织层面的战略管理倾向于价值取向，是一种长期管理，风险性高，成本高，要求具有宏观性与较大的灵活性。

2. 图书馆职能战略

职能战略是产生于图书馆各业务职能部门，如采编、阅览、古籍与地方文献、数字资源、参考咨询、人事等，由部门管理人员制定的短期目标与计划，其目的是实现业务部门的战略计划[①]。职能层次战略管理具有作业性取向与可操作性取向，资源利用少，风险相对较低，要求可操作性强。

（三）图书馆战略管理的过程

从流程关系来看，将图书馆战略管理的过程分为三个核心领域：图书馆战略规划、图书馆战略实施、图书馆战略评价。

1. 图书馆战略规划

图书馆战略规划是图书馆战略管理的第一步，包括图书馆战略规划的准备、图书馆战略环境分析、图书馆战略规划的制订等工作。其中，图书馆战略规划的准备包括战略规划的启动、战略规划组织的建立、相关准备与保障三个重要的子阶段，涉及明确战略规划的动因、明确战略规划制订的方法、成立图书馆战略规划组织、制订规划时间表、确定战略规划保障等工作；图书馆战略环境分析包括外部环境分析和内部环境分析；图书馆战略规划的制订包括制订图书馆战略的愿景、使命、价值观及目标。

2. 图书馆战略实施

图书馆战略实施是图书馆战略管理的第二步，也是至关重要的一步。在这个过程中图书馆首先要明确战略实施的重要意义，其次制订战略实施的主要任务，最后确定战略实施的具体步骤。

3. 图书馆战略评价

图书馆战略评价是图书馆战略管理的第三步，一方面是为了检验战略实施的效果，另一方面帮助发现并改进战略规划或实施过程中存在的不足。首先，通过确定图书馆战略评价的关键要素为评价图书馆战略提供评价指标；其次，明确图书馆战略评价的标准，明晰评判的依据。

---

① 柯平，陈昊琳. 图书馆战略、战略规划与战略管理研究[J]. 图书馆论坛，2010，30（6）：52-57，138.

三、图书馆战略管理的作用

柯平在《图书馆战略管理》一书中详细论述了图书馆战略管理的十大作用，简单总结为以下内容。

（一）战略管理是图书馆在竞争中寻求发展的途径

在欧美，很多企业经理认为战略规划是设计与实施提高企业竞争力战略的唯一最佳途径。企业竞争与体育比赛十分类似，始终立于不败之地的企业在战略准备、战略计划以及战略实施方面都要更胜一筹，可以将战略形象地比喻为企业的"参赛计划"，图书馆战略也可以看作图书馆的"参赛计划"。

（二）战略管理是满足社会需求更好地为读者服务的保障

研究用户群体的变化，把握社会需要的新特征，更好地服务于读者，战略管理将为用户研究和服务优化提供重要保障。另外，战略规划过程对于图书馆来说是一个检验它所提供的服务质量及识别图书馆优势和劣势的机会。

（三）战略管理是图书馆应对技术发展的手段

技术是一种具有历史性和革命性的驱动力，直接决定着图书馆业务的内容和管理模式，从根本上主宰着图书馆的前途和命运。每一次技术同图书馆的结合都会对图书馆管理实践产生巨大影响，如数字技术在图书馆中的应用产生了数字图书馆，受 RFID 技术的影响产生了自助图书馆等。在技术发展变化加速的形势下，技术应用要求图书馆管理者必须更新其知识结构，掌握技术知识，做出技术管理的正确决策。图书馆要主动采取战略管理手段，积极引进新技术以满足新的技术需求，根据技术的发展趋势，调节技术应用的路径，实施技术战略，使技术助力图书馆的长期发展。

（四）战略管理是图书馆获得经费支持的重要依据

无论是目标管理、长期计划还是战略规划都与图书馆馆长获取经费支持的能力存在着显著相关关系，同时战略规划对事业成功具有导向作用。战略管理中确定的图书馆使命、目标、任务、行动方案可以成为图书馆向政府部门争取经费、向潜在的捐赠者争取捐赠、向公众宣传图书馆价值的依据。

（五）战略管理是帮助图书馆趋利避害的方法和途径

战略规划不是为图书馆摆脱风险建立的一个机制，而是一种帮助图书馆趋利避害的方法和途径。针对图书馆面临的困难与问题，最重要的解决途径就是建立新的战略。

（六）战略管理是图书馆一切工作的首要依据

图书馆一切工作都要有科学的依据，战略管理成为一切工作的首要依据。从制度设计来看，图书馆不仅要有各项具体的业务制度，包括服务制度和管理制度，还要围绕重大问题制定相应的政策。

（七）战略管理是图书馆管理体系的核心与制高点

没有战略，图书馆就丧失了开展业务的规范；没有一个经过精心策划制订的战略，就会使图书馆的行动缺乏一致性；没有明确的战略，管理者就没有将整个组织内的活动和决策整合成一个连贯的整体的理论基础，就没有将不同部门的活动联系起来形成团队性努力的根据。

（八）战略管理是图书馆馆长的法宝

一个没有战略思维的馆长和一个没有战略规划的图书馆，不符合图书馆的发展规律，图书馆的科学发展和可持续发展也难以实现。图书馆馆长要懂管理，特别要懂战略管理，战略管理能力是衡量一个图书馆馆长管理水平的关键要素。馆长通过强烈的战略意识和战略思维思考图书馆的一切问题，从战略高度把握每一个业务环节和具体工作，着眼长远解决一切问题，使图书馆工作上升到战略和长远利益，而不是眼前。战略管理是馆长治馆方略之首，馆长通过战略制订与战略实施，解决图书馆发展中的关键问题，特别是经费、文献资源建设、队伍建设、制度建设等重大问题。

（九）战略管理是图书馆员工的指南针

战略管理是图书馆员工的指南针，有了战略管理，员工就有了方向，业务工作就有了依据。每个员工一旦具有战略意识，就会用战略的眼光看问题，就会从长远的角度解决问题，从而避免一切工作的盲目性。员工一旦有了战略素养，就会积极主动地参与战略制订，就会更好地配合战略实施，在战略管理中发挥重要作用。

（十）战略管理是图书馆通向未来的桥梁

战略规划的目的之一是确定未来活动区域和未来行动方向，这些会决定图书馆目标的实现程度，战略规划的过程也可以为图书馆方方面面的规划和决策提供战略框架。战略是图书馆发展的基石，战略管理是图书馆走向未来的必由之路。

第二节　图书馆战略规划的过程

一、图书馆战略规划的准备

图书馆战略规划的准备是图书馆战略规划的第一个阶段,包括战略规划的启动、建立战略规划组织、相关准备与保障三个重要的子阶段。

(一)明确战略规划的动因

明确图书馆战略规划的动因是一个复杂的工作过程。通常情况下,图书馆制订战略规划有以下几种原因[①]:①获得更多的资源支持自身发展;②设计蓝图以帮助图书馆未来3—5年内为读者提供更优质的服务;③满足读者新需求;④对重要的预算增减做出回应;⑤图书馆行业发展出现新趋势、新机遇、新威胁;⑥图书馆的上级主管要求。图书馆在战略制订过程中也可以通过回答问题来明确规划的动因,如启动这个规划的明确理由是什么、是否还有别的原因让我们制订这个规划等问题。

另外,目前数据化正在成为图书馆的新常态[②],数据驱动已经成为部分图书馆战略规划的一部分,一系列报告或战略文本日益强调将数据思维融入图书馆战略的重要性[③]。因此,在明确图书馆战略规划动因时,可以借助相关数据来支持决策过程。

(二)明确战略规划制订的方法

有学者根据图书馆员工介入战略分析和战略选择工作的程度,将战略规划形成方法分为自上而下、自下而上、上下相结合、战略小组四类[④]。

1. 自上而下的方法

这是先由图书馆的高层管理人员制定总体战略目标,然后再由图书馆各部门根据自身的实际情况将图书馆的总体战略具体化。

2. 自下而上的方法

这是一种先民主后集中的方法。在战略制订过程中,图书馆高层管理者在各部门提交的部门目标的基础上,加以协调和平衡,对各部门的战略目标进行整合、修改形成图书馆的总体战略目标。

① 柯平. 图书馆战略管理[M]. 北京:海洋出版社,2015:11.

② 佚名. 2019年度中国图情档学界十大学术热点[J]. 情报资料工作,2020,41(1):5-12.

③ 何亚丽,赵庆香,肖鹏. 数据驱动时代的图书馆战略规划及其实施策略[J]. 图书馆论坛,2020,40(11):98-104.

④ 柯平. 图书馆战略管理[M]. 北京:海洋出版社,2015:51-52.

3. 上下相结合的方法

这种方法是指在目标制定中，图书馆的高层管理者和中层干部以及普通员工共同参与。集体研讨和小组讨论是较常见的方式，上下级人员共同沟通和磋商，编制出适宜的目标。

4. 战略小组的方法

由专门的图书馆战略规划制订小组负责编制战略初稿，然后通过由图书馆高层管理者和馆员代表参与的商谈会，征求修改意见，逐步完善形成最终稿。

（三）成立图书馆战略规划委员会

图书馆战略规划委员会主要涉及确定委员会组成成员来源、规划委员会规模、确定战略规划制订负责人、明确各方职责、对规划制订人员进行培训等内容①。

1. 确定委员会组成成员来源

成立的图书馆战略规划委员会主要对规划的总体方向、使命、愿景、战略目标等问题的确定起引导作用。委员会成员除了本馆馆长、中层干部、官员代表及图书馆馆务委员会代表外，还应考虑从图书馆主管部门、读者等利益相关群体中选取代表，广征意见，以扩大图书馆规划的视野。在战略规划委员会下需要设立一个战略规划工作小组，负责战略规划制订的各项具体工作。

2. 规划委员会规模

规划委员会规模需要考虑两个主要因素：一方面，委员会成员要有代表性，能够囊括持有各种观点的人和图书馆社区服务的各阶层代表；另一方面，委员会要保证高效精干，根据图书馆规模等考虑适当的人员数量以保证委员会成员有足够的发言时间，以实现有效的工作。人员数量应以 9—20 人为宜。

3. 确定战略规划制订负责人

图书馆战略规划的负责人主要可以从外部聘请专门的战略规划顾问、图书馆界专家或从图书馆馆长或图书馆管理者中选取。

4. 明确各方职责

图书馆战略规划中涉及的人员主要有图书馆工作委员会、馆长、其他馆领导、图书馆规划委员会、部门主任、员工代表、普通员工、咨询顾问、上级主管领导、读者代表及其他人员。可通过制定战略规划负责人确认表来明确各方在图书馆战略各个阶段的职责。

5. 对规划制订人员进行培训

了解图书馆战略规划参与人员是否具有战略概念与观念，能否主动从战略高度考察各

---

① 柯平. 图书馆战略管理[M]. 北京：海洋出版社，2015：53-57.

种问题，能否坚持战略规划的实施使其达到预期效果。以馆长为代表的图书馆核心领导的战略意识培养，图书馆工作人员战略意识培养，图书馆传递其战略意图和战略制订理念给文化主管部门、读者、具有业务合作的其他部门等是人员培训的重要内容。

（四）制定规划时间表

关于我国图书馆战略规划期限，可分为短期、中期和长期。图书馆战略规划期限可根据国民经济发展的五年规划考虑选择 5 年为规划周期的中长期发展规划。图书馆可结合本馆实际具体考虑设置年度或 1—2 年中短期的行动计划和监督评测，逐步推进本馆的中长期规划的实施。图书馆还要在 5 年中长期规划的基础上明确前瞻性战略目标，考虑制订未来 10—20 年的长期战略发展规划。

我国图书馆战略规划制订过程中可考虑选择 4—6 月为规划制订周期，各类型图书馆可结合本馆的实际情况进行适当的压缩或扩展。

（五）确定战略规划保障

图书馆战略规划的顺利制订除了需要基本的人力、时间支持外，还需要充足财力、良好的文化基础及有效的沟通计划。通过制定预算表，确定战略规划制订的成本预算，减少不必要的支出；制订沟通计划需要考虑"谁需要知道这些信息""为什么需要知道""他们现在知道哪些信息"等问题。

二、图书馆战略环境的分析

（一）外部环境分析

外部环境是指存在图书馆周围、影响图书馆战略选择及其他活动的各种客观因素的总体。在战略管理中，外部环境一般包括宏观环境和中观环境，宏观环境是由政治法律、经济、社会文化、技术等因素构成的总体环境，中观环境包括产业环境和市场竞争环境[①]。考虑到图书馆作为公共文化机构的社会属性，我们从以下几个方面对图书馆战略外部环境进行分析。

1. 宏观环境分析

宏观环境主要由政治法律（political & legal）、经济（economic）、社会文化（social & cultural）和技术（technological）等因素相互影响而形成，因此宏观环境分析又称为 PEST 分析。通过这些因素的分析可以全面、系统地揭示图书馆外部环境的重要机会与威胁，为图书馆战略规划的制订奠定基础。

---

① 高红岩. 战略管理学[M]. 北京：清华大学出版社，2007.

1）图书馆相关政策法规

图书馆的战略规划必须以国家政策为导向，在法律允许的前提下具体展开。图书馆作为公共文化机构，对其有直接影响的国家政策和法规主要涉及国家的文化政策、教育政策、信息技术发展政策及财政拨款政策等[①]。

国家文化政策体现政治文明特色，"代表先进文化的发展方向""构建和谐社会""打造学习型城市"等国家相关文化政策，对图书馆提出新的发展要求，在图书馆的立馆服务、服务项目、资源建设等多个方面均需要做出合理的战略设计。国家文化发展规划纲要作为一段时间内国家的总体文化走向，直接影响了图书馆近期的发展目标与重点。公共文化服务体系的构建给图书馆事业发展带来了新的机遇，各类型图书馆需要在公共文化服务体系中，明确职能定位，强化合作，并以此成为图书馆战略发展的重点。国家文化发展纲要在宏观上为图书馆提供战略发展方向，而各项具体文化政策的出台则直接引起图书馆业务改革与创新。此外，国家的教育政策也直接影响着图书馆事业发展战略的选择，尤其是对高校图书馆战略规划的制订起到制约的作用。

图书馆在制订战略规划时一定要以特定的法律、法规为依据，准确制订图书馆战略规划发展目标。不仅要关注图书馆行业既有的法律和标准，还要关注与图书馆发展相关的其他行业的法律与标准。在制订战略规划时，图书馆可以通过咨询法律专家，对图书馆法律环境做出客观、准确的评价，为战略规划奠定良好的法律基础。

2）经济环境

对经济环境进行分析，主要考虑经济发展周期和地区经济发展差异两个方面[①]。

要考虑当前国家经济处于何种阶段：萧条、停滞、复苏还是增长，以及宏观经济变化发展的周期规律。随着经济的快速发展，我国各级政府部门对图书馆的投资普遍增加，在此阶段图书馆要加强硬件环境的发展战略，各级图书馆在数量、馆舍、藏书、人员等各方面都取得显著成就，而在经济危机或萧条时期，图书馆经费明显缩减，如何将有限的资金分配到关键发展领域，图书馆需要对资金分配更加关注。这都需要图书馆制订科学有效的战略，提高图书馆服务效益，使有限的资源发挥更大作用。同时，图书馆制订战略规划还应关注对经济弱势群体的服务，以承担图书馆在构建和谐社会中的责任。

地域经济发展的不平衡也会导致图书馆事业整体发展存在明显的地区差异。由于图书馆的发展水平取决于主管部门的财政情况，受经济发展差异的影响，各地图书馆在办馆条件、服务项目等方面表现出明显的地区不平衡性。比如，我国东部沿海等经济发达地区，如北京、上海、深圳等地政府的财政投入相对较高，图书馆发展较好；而中西部地区，受到经济条件的制约，尤其是中小城市与县级图书馆发展较差，大多数图书馆都面临着严峻的生存问题。

3）社会文化环境

对社会文化环境进行分析，主要考虑民众的文化权利意识、服务人口两个方面[①]。

民族文化是指在一个社会中所崇尚的一系列价值观和被接受或认可的行为方式。不同

① 柯平. 图书馆战略规划：理论、模型与实证[M]. 北京：国家图书馆出版社，2013：77-79.

的社会发展阶段所强调的价值观和行为方式存在很大差异。我国从古代的藏书楼到现代的图书馆，所强调的某种价值观和行为方式存在很大差异，古代藏书楼强调读书是贵族特权，后来受西方公共图书馆运动的影响，图书馆开始强调读书为公共普遍的权利。在崇尚知识自由、文化自由的今天，怎样获得普遍均等的公共文化服务，实现自身的文化权利，成为公众关心的热点。社会希望公共图书馆可以成为主流文化的传播者、大众文化的提供者、缩小"文化鸿沟"并实现文化公平的服务者。在文化分享成为社会共识的今天，以人为本、普及知识、信息保障、社会共享成为社会对公共图书馆基本功能的新要求。

首先，人口特征包括人口统计特征、社会职业等。人口特征及其变化对图书馆总体战略目标和具体战略定位都产生重要影响。人口因素对图书馆的影响首先表现在人口数量、人口密度及年龄结构，直接制约着图书馆建筑规模、图书馆数量及图书馆藏书战略的变化。其次，人口具体到图书馆中可以涉及图书馆读者结构、读者的年龄结构、性别比例、知识结构、职业结构，在一定程度上直接影响图书馆服务结构的选择和调整。在对图书馆读者信息需求充分调查的基础上，鼓励广大用户参与图书馆战略规划的制订并提供多元意见，进一步明确图书馆战略规划目标，促进图书馆的发展。最后，要关注图书馆用户数量和结构的城乡差异，由于人口布局、人口密度及用户受教育程度的不同，在制订图书馆战略规划时，城乡图书馆有很大不同，要根据当地用户的结构特征及用户信息需求特征制订相应的战略。

4）技术环境

在图书馆的发展历程中，技术因素发挥了重要作用，一定的技术是图书馆为社会服务做出贡献的手段。互联网和数字化相关技术已经给图书馆带来了巨大变化。图书馆战略如何适应新的技术环境和如何应用新的技术工具可以提高图书馆服务质量与效率，是图书馆在新的技术环境下发展的重点。图书馆在制订战略规划时，要考虑到技术因素对图书馆发展和用户的影响，分析新技术环境下用户信息需求的变化，满足用户多变的信息需求。充分利用信息技术为图书馆发展带来的优势，有效避免信息技术带来的威胁，使图书馆的战略规划能够不断适应技术环境的变化。

2. 竞争环境分析

按照迈克尔·E. 波特（Michael E. Porter）教授的观点，一个行业中的竞争存在着五种基本竞争力量：行业竞争现状、供应商议价能力、买方议价能力、替代品及新进入者的威胁，主要强调组织的竞争优势[①]。图书馆作为公益性服务组织，它的资金主要来源于政府财政拨款或个人与组织的捐赠，图书馆很少参与市场竞争，主管部门或利益相关者分析是图书馆竞争环境分析的重要组成部分[②]。图书馆的目标是满足读者文献信息需求，更多关注的是如何加强合作实现资源共享，使有限的资源发挥最大效益。

1）上级主管部门

我国图书馆在行政上一般隶属某一上级部门，如高校图书馆归学校管理，公共图书

---

① 谢佩洪. 战略管理[M]. 上海：复旦大学出版社，2014.

② 柯平. 图书馆战略规划：理论、模型与实证[M]. 北京：国家图书馆出版社，2013：82-88.

馆一般归属于政府文化部门。图书馆资金投入、项目审批、政策的制定、发展规划往往都要受控于上级主管部门。与主管部门之间的关系影响着图书馆能否获得关键资源，进而获得更为广阔的战略机会。图书馆战略规划制订过程中，战略规划委员会的成立到战略规划实施必须有上级主管部门的参与。

2）竞争-合作环境

图书馆相比于企业而言，具有低竞争的行业特征，其行业竞争压力主要源于：用户的争夺和政府行政资源的竞争。图书馆的竞争主要表现为不同类型、不同级别图书馆功能定位不明确，造成图书馆服务用户不明确，进而形成对用户的争夺；图书馆与公共文化服务体系中其他公共产品与服务供应机构之间的竞争，如档案馆、博物馆、美术馆、文化馆等；图书馆与公共服务机构及商业服务企业的竞争关系；图书馆与其他营利性信息服务机构之间的竞争；图书馆与私营文化服务组织等的新进入者之间的竞争。

合作共享是图书馆界的核心理念，对图书馆合作环境的分析是图书馆行业环境分析中最主要的部分。当前图书馆的合作者主要包括：图书馆与图书馆之间的合作；图书馆与其他公共服务机构的合作；图书馆与其他商业信息服务提供商的合作。

3）供应商

图书馆的供应商主要有书商和数据库提供商。图书馆与这些信息资源提供商之间的关系，在很大程度上决定了图书馆的采购能力、采购资源的类型比重、数量比重等，这就直接影响了图书馆资源建设策略的选择。图书出版发行商也向读者提供各类型信息资源，在价格和读者争夺上与图书馆产生竞争，尤其是数字资源的供应商，很多大型数据库在向图书馆提供信息资源的同时，也在逐步拓展机构用户以外的个人用户，直接向其提供即时付费下载的各类信息资源服务，这也造成图书馆用户的部分流失，在某种程度上对图书馆造成竞争。由于多种信息资源提供商的出现，文献资源提供商的替代机构越来越多，在一定程度上降低了图书馆供应商的议价能力。同时，开放获取运动的兴起与发展，在某种程度上对供应商形成了竞争，给图书馆发展带来机遇。

在网络化信息环境中，一个信息对象一旦被创建就可以实现即时共享、发现和汇聚，加上各种开放获取、学术交流网站、影印本等多种模式的学术出版形式直接成为读者的信息提供商，图书馆在传统交流模式中的作用被取代。所以，图书馆在未来战略规划制订过程中需要深入思考，找准图书馆的定位，加强图书馆与多种出版模式资源的整合与利用，为读者提供创新服务。通过多种渠道发展图书馆资源建设也是图书馆战略的重点。

4）用户行为与需求的变化

用户是图书馆的服务对象，图书馆的竞争力实现主要体现在读者需求的满足上。用户服务是很多图书馆战略规划共同关注的焦点[①]。随着用户学习环境、教育环境、科研环境与模式的变化，现在图书馆的用户对图书馆服务提出越来越高的要求，他们并不满足于图书馆提供的传统借阅服务，而是要求图书馆提供更加多元化、个性化、专业化的产品和服务，这为图书馆用户服务战略的制订提出新的挑战。

---

① 陈昊琳，柯平，胡念，等. 美国公共图书馆战略规划制定对我国的启示：一种基于文本分析的研究[J]. 图书情报工作，2010，54（15）：11-15.

用户的信息行为在不断变化，图书馆在战略规划中有必要对用户信息行为进行分析。要分析确定当前图书馆用户信息行为的主要特征，帮助进一步确定战略目标。目前来看，用户的信息行为正在从纸质文献、到馆服务转向数字资源和远程获取，简洁、易用、交流互动越来越成为所有用户的期望和行为特征。用户信息行为的网络化为图书馆带来了巨大挑战和机会，为图书馆服务、资源建设、空间布局等战略创新提供契机。

（二）内部环境分析

对内部环境分析主要从图书馆的文献资源建设、图书馆服务、行政管理、基础设施、人力资源、技术嵌入、经费等方面进行分析。

1. 文献资源建设

图书馆的文献信息资源是用户能够直接使用的服务之一，是最为根本的资源建设。当前文献资源建设投入基本上处于持续增长中，尤其是各类型图书馆对多种形式数字资源的重视。另外，随着大数据挖掘与分析能力的提升，数字出版已进入到大规模生产、分析和应用大数据的时代，图书馆的资源建设处于模式创新和技术升级的转型阶段。运用互联网思维，开发数据管理平台，存储、管理图书馆用户大数据，通过大数据分析，借助移动互联和 SDS（software defined storage，软件定义存储）策略管理工具等新技术，建立以用户为中心、以用户需求为驱动、以用户使用量为决策依据的文献资源建设新模式[①]。这都将对战略规划环境的考量和分析产生影响，能让战略规划制订者从中确定适合图书馆的发展任务、战略方向以及行动策略。

2. 图书馆服务

现在的图书馆服务不再仅限于资源的借阅、下载等，而是不断地创新服务模式、革新服务理念，从过去的坐等上门变为主动上门服务，从被动咨询变为网络主动推送服务，要求更加主动、便捷、人性化。

3. 行政管理

图书馆作为一个组织，它的行政结构直接或间接地影响了图书馆的战略规划，其行政管理涉及组织文化、组织价值、组织理念等内容。战略规划要分析各种制约图书馆长远发展问题的工作，就必须具备良好的行政管理能力，尤其是领导层的认识。图书馆战略规划的制订与领导层的重视程度密切相关，领导层越重视，图书馆战略规划越容易获得充足的资源支持，我国图书馆应该努力提高领导层对图书馆战略规划重要性的认识[②]。

4. 基础设施

图书馆的基础设施是其战略规划的物质基础，当然图书馆现代化建设已经取得显著

① 袁芳. 大数据环境下图书馆文献资源建设模式的变革[J]. 北京: 图书情报工作, 2015, 59（18）: 91-94.
② 柯平. 图书馆战略规划: 理论、模型与实证[M]. 北京: 国家图书馆出版社, 2013: 91-92.

成绩，各类型的图书馆基本都配有所需的信息设备，图书馆的自动化、数字图书馆建设、图书馆合作网络建设等也实现了相当的发展，智慧图书馆建设开始了探索，这为图书馆的战略规划奠定了基础，也成为图书馆战略规划中的普遍内容。

5. 人力资源

图书馆人力资源的主要对象是馆员，同时也包括图书馆的领导。在战略规划过程中图书馆要重视对馆员队伍结构、馆员素质的分析，只有这样才能充分把握馆内人员的优势与劣势，制订适合本馆实际的科学的战略规划。从现有的调研情况来看，我国图书馆人力资源建设存在人员数量缺口大、人员专业性情况不理想、继续教育组织情况未能满足专业性提升需求等问题[①]。

6. 技术嵌入

技术的影响力在图书馆中的反映常常是显著的，特别是在信息技术迅猛发展的今天，技术让图书馆发生了巨大的变革。图书馆的战略规划环境分析中必然要考虑技术所带来的机会和威胁。比如，近些年，大数据技术的应用，一方面推进了图书馆的信息化进程，为传统图书馆管理提供了新平台、新思路，有利于构建图书"大"资源、实现图书"快"管理、推行图书"精"服务；另一方面，大数据技术也带来隐私保护与数据安全等问题。

7. 经费

经费作为图书馆的经济基础，是图书馆进行战略规划的前提条件之一。图书馆经费直接制约着图书馆战略目标、行动计划、具体实施战略等的制订，还约束着图书馆战略实施过程中物质条件的支持程度[②]。经费充足的图书馆在保证基本业务正常开展的基础上，可以制订更高层次的发展战略。

在图书馆战略环境分析中，图书馆可以采用 SWOT 分析法（strengths-weaknesses-opportunities-threats analysis method，优劣势分析法），帮助识别图书馆的威胁和机会以促进图书馆形成战略。我国图书馆在战略规划过程中，结合我国图书馆的特点，进行 SWOT 分析，常规的分析项目如表 5-1 所示[③]。

表 5-1 战略规划 SWOT 分析

SWOT	项目
优势	1. 是否具有独特的能力
	2. 是否具有稳定的资金来源？经费是否能够满足业务增长需要
	3. 在社会公众中是否具有良好的声誉
	4. 是否具有较为充足的空间、基础设施为读者提供服务

---

① 张靖，徐晓莹，谭丽琼，等. 现代公共图书馆服务体系人力资源保障研究（一）：现状调查[J]. 图书馆论坛，2019，39（1）：70-79.

② 柯平. 图书馆战略规划：理论、模型与实证[M]. 北京：国家图书馆出版社，2013.

③ 柯平. 图书馆战略管理[M]. 北京：海洋出版社，2015：83-85.

SWOT	项目
优势	5. 是否具有服务的成本优势
	6. 是否具有服务的馆藏优势
	7. 是否具有资源共建共享或合作优势
	8. 是否具有分馆、行业分馆等网络优势
	9. 是否具有网络在线服务、手机图书馆等新媒介优势
	10. 是否具有 RFID、自动分拣、自动还书等技术优势
	11. 是否具有训练有素的管理人员（含专业技术能力、学术创新能力、工作经验等）
	12. 是否具备服务创新能力与业务创新能力
	13. 是否具有良好的组织文化氛围
	14. 是否具备其他优势
劣势	1. 战略方向是否明确
	2. 是否处于日趋衰弱的竞争地位
	3. 是否馆舍与馆藏、设施过于落后或陈旧
	4. 是否读者利用率不高
	5. 是否缺乏核心的服务技能
	6. 是否缺乏必要的技术利用
	7. 是否遭遇内部管理问题的困扰
	8. 是否缺乏竞争意识、竞争压力的承受能力
	9. 是否缺乏必要的形象宣传与对外沟通
	10. 是否缺乏经费支持
	11. 是否人员利用出现问题（缺乏足够的竞争与合作意识，专业人才的严重流失）
	12. 是否有其他不利因素
机会	1. 是否存在良好的政策环境？是否出现新的有利政策
	2. 是否具备法律或地方性法规的保护
	3. 是否具有主管部门的支持？母体机构是否对图书馆发展做出规划或展望
	4. 是否具有大规模的行业合作，如图书馆联盟等
	5. 是否具备外部资金的大量投入
	6. 读者需求的进一步加强或显著变化
	7. 是否具有图书馆协会、图书馆行业的整体发展规划或指导
	8. 是否有新的技术出现
	9. 是否存在其他外部机会
威胁	1. 是否有新的部门进入公共文化服务领域
	2. 图书馆替代性服务是否增加
	3. 读者阅读习惯是否向电子化转变
	4. 读者对图书馆的需求与发展预期不断提高
	5. 外部合作是否发生变化
	6. 是否受到经济发展、文化发展的不利影响
	7. 是否遭遇不利的政府政策或地方政策
	8. 是否遇到经费缩减等问题
	9. 文献采购费用是否大幅上涨等
	10. 是否具备其他威胁

三、图书馆战略规划的制订

（一）愿景、使命与价值观

图书馆的愿景是图书馆实现目标的未来方向性表达，即图书馆的未来发展蓝图，是需要花五年甚至十几年来实现的远大的目标或追求，回答了"我们将要去何方的问题"[①]。图书馆的愿景陈述要结合本馆类型以及本馆的特征制定。不同的图书馆类型，愿景呈现不同的特征。图书馆的愿景必须远大且切实可行；愿景应当简洁、清晰、便于沟通；愿景应当稳定性与灵活性兼顾。

图书馆的使命是指对图书馆存在理由、最终目标和其所承担的职责与任务的精简而准确的陈述[①]。图书馆的使命既反映外界社会对图书馆的要求，又体现着图书馆成员的追求和抱负。图书馆的使命陈述应该反映出图书馆的存在理由、承担的职能、职能实现的方式及服务的运营哲学和组织形象等，具体要素可考虑核心服务对象（服务内容和范围、服务目标等）、服务预期效果与价值、图书馆的基本信仰和价值观、图书馆的社会责任和形象、对图书馆员工的关注等。

图书馆的价值观是图书馆组织的价值取向，是图书馆全体员工在图书馆组织活动中形成并共同遵守的准则，它直接影响的是图书馆的组织行为、图书馆决策，乃至图书馆人的思维方式与图书馆的工作方法[①]。它体现了我们"相信什么、想要什么、坚持追求和实现什么"。

（二）图书馆战略目标的制定

战略目标是组织愿景与使命的展开和具体化，它是图书馆业务活动预期取得的主要成果的期望值。战略目标是指图书馆想要达成什么样的结果，是对图书馆未来发展情景的预期，其描述一般是定性的、非具体的。图书馆战略目标可以采用 2—3 级目标体系，使用从宏观到具体的逐步递进的方式进行分解细化，考虑以战略目标—任务—行动计划的方式展开，使战略目标更加具体化。图书馆目标的制定过程可以分为四个部分：确定目标、确定任务、确定行动计划、确定实施策略[②]。

1. 确定目标

图书馆战略目标的制定并不是随意的，应该秉承系统、平衡、权变的原则，确保清楚明确、合理可行。在制定图书馆战略目标时遵循"SAMRT"原则：明确的（specific）、可接受的（acceptable）、可测量的（measurable）、可行的（realistic）、有时效的（time-frame）。

---

① 柯平. 图书馆战略管理[M]. 北京：海洋出版社，2015：96-97，103，111-123.

② Evans E G，Ward L P. Management Basics for Information Professionals[M]. New York：Neal-Schuman Publishers，2007：154.

图书馆战略目标必须体现协调性、可行性、清晰性、发展性、灵活性等特征，以确保目标能够有效实施。

战略目标的制定可以借鉴愿景、使命的确立方法，规划人员根据图书馆的愿景、使命及确定的战略主题或重点，先个别人构思若干目标，再集中研讨形成初稿，然后组织相关专家和本馆员工、读者代表等利益相关人员对提出的目标方案进行评论和论证，征求修改意见，最终取得共识。

2. 确定任务

图书馆任务是目标的进一步细化和具体化，是为实现每一个战略目标而制定的具体的、短期所要达到的结果。任务一般是指可量化、具体的目标，能够使战略规划具有可衡量性、执行性。

在为每个战略目标制定任务的过程中，可由图书馆各部门管理者与从各部门选择出的资深图书馆员工负责该项工作。之后，图书馆战略规划委员会成员对列举的各项任务进行讨论、选择。在任务制定中需要注意任务与目标的协调性、任务的可行性、任务的优先级别等事项。

3. 确定行动计划

行动计划是为实现既定目标和任务根据本馆馆情而制定的具体履行措施或执行活动，具有切实可行性。图书馆战略目标强调宏观管理层面的规划，而行动计划则强调从操作层面进行规划。

确定行动计划，第一，要明确行动计划的特点，行动计划要具有科学性、客观性、可行性。

第二，编制行动计划，首先由图书馆各部门管理者和图书馆员工讨论确定战略任务，拟定行动方案；其次由战略规划委员会就行动方案具体包含的内容进行讨论，并选择出最佳方案，形成年度工作计划，为其具体实施确定具体负责人或部门；最后通过差距分析确定行动计划所需的人员、馆藏、技术、经费等资源，然后对形成的行动计划进行重新检查、确定与调整[①]。

第三，确定行动计划的内容，一般是为实现某具体目标而设置的具体的工作任务，是可测量的、可达到的、可行的和及时的，且实现目标过程中的"里程碑"、时间节点、衡量指标、所需资源是明确的，各项任务的负责人是落实的，一般按年度或分长短期制定目标。

4. 确定实施策略

图书馆实施策略主要是为实施战略目标和计划而制定的措施、方案[①]。实施策略是对愿景的支持，它可以减少战略规划的不确定性。同时实施策略是受使命驱动的，在紧急情况下为意想不到的问题确定应对机制。总体而言，这些实施策略是非常重要的，因此不能

---

① 柯平. 图书馆战略管理[M]. 北京：海洋出版社，2015：122-123.

够直接移植其他图书馆的实施策略，也就是说，各个图书馆要根据自身的状况制定专属的实施策略。

第三节　图书馆战略实施与评价

一、图书馆战略实施

（一）战略实施的重要性

战略不仅仅是大脑中的一个好主意或纸面上的一份陈述，战略的意义只有通过战略实施才能得以体现。与战略制订相比，战略实施是一个更加复杂和难以控制的过程。战略实施是以操作活动为中心，组织内部全员参与，以效率和执行力为标志的活动。仅仅有战略规划是不够的，图书馆通过战略制订仅仅解决了哪些事情该做，哪些事情不该做，这些事情应该怎样做的问题。而只有实施，才真正解决该做的事情是否做了、是否按照原来的战略规划去做了的问题，另外，战略规划实施不只是馆长的事情，规划的实施业务范围涉及图书馆各部门甚至各个岗位，因此，必然依靠各级的参与，调动各部门和全体馆员的主动性和积极性。馆长在战略规划实施中起着十分重要的领导作用。

（二）战略实施的主要任务

战略实施是通过战略来协调各种活动之间的关系。战略实施强调整体性，通过相互协作、配合来追求整体效果。

一般来说，组织中的战略实施包括以下八大任务：①建立一个有竞争力、能力和资源力量的组织以成功地实施战略；②制定预算以将足够的资源投入到对战略成功至关重要的价值链活动中；③制定支持战略的政策和程序；④对价值链活动进行最佳运用并不断提高其运作水平；⑤建立信息、沟通、电子商务和运营系统，使组织的人员日常能够成功地承担其战略角色；⑥将报酬、激励与达到业绩目标和很好地实施战略相联系；⑦创立一种支持战略的工作环境和组织文化；⑧发挥带动战略实施所需的内部领导作用，不断提高实施战略的水平[①]。

（三）战略实施的步骤

1. 成立专门的战略实施组织或小组

该小组负责监督图书馆各项战略目标的执行进展。图书馆战略规划制订小组成员在规划制订中发挥着重要作用，他们是最理解规划内涵的人。图书馆的战略实施小组可吸收大

---

① 柯平. 图书馆战略管理[M]. 北京：海洋出版社，2015：148.

部分的战略规划制订小组的成员或直接由战略规划制订小组成员继续承担战略实施小组的职责。

2. 重视战略规划目标的分解、排序和实施计划的制定

通过战略规划目标的分解、排序和实施计划的制定，对具体目标配置资源，确保战略规划的实施落实。可以对不同标准战略目标进行分解，常见的图书馆战略目标分解维度有时间、职能和测量等[①]。根据时间维度，可以将图书馆的中长期战略规划目标分解到图书馆的近期目标和年度工作计划中去，使图书馆的长期行动有效转化为短期安排，从而逐步推进图书馆战略目标的实现；根据职能维度，可以将图书馆战略规划中的总体目标分解为职能部门的目标，具体融入各职能部门的日常工作中；根据测量维度，可以将图书馆战略总体目标、分目标转化为定量、具有标志性的发展指标，形成"目标-指标"体系，为图书馆战略规划实施提供可操作、可考核的工具。

图书馆根据本馆拥有的资源、能力制定战略规划实施的目标之后，应对各项行动计划进行排序，研究每一年度启动的重点项目和建设内容，然后为各项行动计划制定实施时间表，提供相应的资源配置方案。

3. 落实责任，为各项战略任务确定负责人

战略实施负责人一般由各部门主任承担，及时了解战略发展领域的实现情况。负责人须及时对一定周期内战略规划的实施情况进行总结调整，并向图书馆决策层和战略实施负责机构做年中与年终进展情况报告，随时向战略实施小组汇报战略实施进程中遇到的困难并寻求解决的策略。

4. 制定监督机制

实施监督的关键是获取有关规划执行情况的信息。实施监督主要需要注意的事项有以下几个方面[①]。

第一，考察战略实施是否严格按照战略规划内容执行。

第二，需要确立战略规划执行年度汇报、中期检查制度，及时对一定周期内战略规划的实施情况进行总结，根据图书馆战略环境的变化对规划进行调整。需要制定每月和年度监测，每月监测主要是为了了解项目取得的成就，战略实施中存在的问题、意外事件或有待完善的信息，战略实施需要的支持，优先事项的变化，下一步的行动，图书馆各方利益相关者对战略实施的建议和意见；年度监测主要是为了审核具体目标和每项行动计划的执行状况，审议规划执行部门的年终报告，对下一年度的工作重点或某些活动的扩大、继续、停止或改进进行讨论并做出决策。

第三，战略规划监控需要有一个支撑系统。监控负责人员应当需要足够的监控信息并对信息进行质询，核实其可靠性和一致性。

第四，营造图书馆战略实施的和谐氛围。将战略规划实施内容嵌入图书馆业务流程

---

① 柯平. 图书馆战略管理[M]. 北京: 海洋出版社, 2015: 148-150.

系统或内部知识管理系统中，将战略规划实施变成日常工作，同时信息公开，加强内部监督。

第五，可考虑引入外部监督评价。以读者座谈、专家座谈、主管部门汇报等多种形式将图书馆战略实施情况或年度监测报告的结果定期公布，以实现对战略规划的动态监督，及时收集新情况、新建议，对规划进行必要的动态调整和修改完善。

二、图书馆战略评价

(一)图书馆战略评价的关键要素

图书馆战略评价的关键要素主要涉及两个方面，分别是战略本身的制订情况及战略规划的实施应用情况。规划的制订过程是否科学、是否严谨直接决定着规划的可信度和是否可以方便地使用。规划的格式是否符合逻辑，行文方式是否简洁易懂，规划内容是否全面、协调、具有可行性直接影响着人们在工作中对它的使用，人们不会使用复杂的、过时的文件[①]。规划实施中图书馆的管理者对规划的使用和态度（是否具体科学地分解战略目标、是否设置有效的监控与评价机制等）都会影响到战略规划的实施效果。确定图书馆战略评价的关键要素可以参考表 5-2 中的问题[①]。

表 5-2　图书馆战略评价的关键问题一览

项目	关键问题
战略制订过程	战略制订动因是否明确 图书馆主要领导在整个规划过程中是如何发挥领导作用的 战略规划制订主体是否体现民主性，利益相关者、工作人员是否有所参与，责任分工是否明确 战略准备阶段是否规定时间进度、各项保障，是否提供战略规划方面的培训 图书馆外部环境、读者需求等信息是如何收集、分析的 是否定期举行会议来就战略规划各种事项进行讨论以达成一致
规划结构和内容	规划文本的语言和格式是否简单易懂，是否涉及核心、特色和备选要素，是否方便使用者 文本标题、排版、发布形态、方式是否具有多样性，是否能够吸引人 战略目标与图书馆内外部环境、读者需求等是否相协调 图书馆愿景、使命描述是如何反映图书馆的办馆特色的 战略目标是否清晰、明确，是否体现本馆特色，是否与愿景、使命紧密结合 图书馆具体目标是否具体、明确、可衡量、可实现 图书馆是将战略规划转化为具体的行动过程？如果是，需要具有操作性的行动计划吗 是否考虑了资源需求 是否已建立实现任务与目标的可行的时间表和标志 为实现某些关键目标是否设定专项规划，专项规划之间是否协调，是否为专项规划设置可实施、可行的行动计划、资源配置等 设置的战略规划在目标体系、资源配置、权责等方面是否具有弹性
规划应用	图书馆如何在管理层中落实规划项目的责任分工 规划实施中从时间、职能、衡量哪个维度对战略目标进行分解 是否制定了关键战略目标的绩效指标 图书馆是否积极地把计划用作一种管理工具，用它来指导图书馆的决策、日常工作及新的项目活动 图书馆是否将规划纳入组织每天的活动中？如是否在图书馆工作会议中经常回顾图书馆使命和愿景，提及下一步的工作重点和目标 是否建立战略实施的监督机制，如评估会议，每月、年中、年终的进展报告 战略实施责任人是否定期提供具有操作性的行动计划的监控报告给图书馆工作委员会和馆领导

---

① 柯平. 图书馆战略管理[M]. 北京：海洋出版社，2015：157-158.

（二）图书馆战略评价的标准

图书馆战略规划的评价最重要的是评估标准的确立，图书馆应遵循系统优化、通用可比、实用性以及与图书馆评估匹配等原则构建图书馆战略规划评估标准。

谢弗认为如果违背以下十条原则中的一条及以上，则此规划系统就不能得到满意的结果：①规划系统必须能帮助制定者更高效地管理其工作；②规划系统在系统的制定者和领导者的协商一致的基础上建成；③要提供充足的信息以给设定目标足够的支持；④要有战略重点，也就是说，它要能在动态交互的环境中成为实现持久目标的总方案中的一部分；⑤要培养选择意识和结果意识；⑥要促进重点问题、选择和优先问题的发展，这些也是管理所关注的；⑦要与系统所能分配和调拨的资金紧密联系；⑧要使文档易于管理并具有可操作性；⑨要与众多的管理风格和规划风格相适应；⑩必须结合到组织架构中，成为保证工作顺利完成的一部分[①]。

斯坦纳归纳为三个问题，以便在评价图书馆战略规划系统时作为一般的指导原则。它们是：①其系统的目标是否实现；②其系统是否做出要求；③一个战略规划系统的综合评估调查都包含哪些因素。斯坦纳还研发了一种适用于营利机构的调查表。该调查表已经被许多图书馆管理者所采用，具体内容见表 5-3[①]。

表 5-3 您的图书馆战略规划系统是否有效

项目	具体要求
A. 全面管理感知价值是什么	1. 图书馆领导相信规划系统能帮他们更好地履行职责 2. 其他主管经理和部门主管认为该系统对他们十分有用 3. 总之，大多数管理者认为战略规划所带来的效益远远大于成本 4. 我们的战略系统需要较大变革
B. 我们的战略规划系统会产生"正确"的实质性解答和结果吗	5. 发展基本的图书馆使命 6. 预见未来的主要机遇 7. 预见未来的主要挑战 8. 恰当评判图书馆的优势 9. 恰当评判图书馆的劣势 10. 发展现有实际的信息 11. 明确优先事项 12. 发展有用的长远目标 13. 发展有用的短期目标 14. 发展实际的战略 15. 提供服务的改进 16. 阻止恶性的意外发生 17. 提高人员绩效
C. 我们的规划系统是否带来显著效益	18. 该系统提高了图书馆管理质量 19. 该系统在图书馆运行中起着统一的协调作用 20. 该系统促进了整个图书馆内的交流与合作
D. 规划系统的设计如何	21. 图书馆的高层管理者已接受制订战略规划为他们的主要职责 22. 我们的系统与我们图书馆管理风格相匹配 23. 该系统与战略决策制定过程的实际相适应 24. 战略规划委员会结构正好适合我们

---

① 柯平. 图书馆战略管理[M]. 北京：海洋出版社，2015：158-160.

续表

项目	具体要求
E. 规划过程是否有效	25. 高层管理者在战略规划上花费适当精力 26. 拖延规划过程，缺乏热情，主管经理和部门主管需要做实事来代替空头支票 27. 部门主管花费适当精力与其他部门主管及员工制订战略规划 28. 该系统在一套可接受的程序上运行 29. 规划程序得到全馆较好的理解 30. 完成规划的工作需求是规划团队可接受的 31. 引导深入思考的过程是有效的 32. 过多关注事务对号入座，导致过程过于程序化、常规化和僵化 33. 鼓励新观点 34. 规划团队在修订规划时的确需要面对图书馆的劣势 35. 考虑了主管经理和部门主管制订战略规划的能力

第六章　图书馆业务流程重组管理

第一节　业务流程重组概述

一、业务流程重组背景

进入 20 世纪 80 年代，市场竞争日益加剧，信息技术迅速发展，全球化的浪潮日益增强，以 3C（customers、competition and change，顾客、竞争和变革）为特征的三股力量使企业所处的环境发生了巨大的变化，原有的科层制管理造成的流程分工过细、追求局部效率、流程环节冗长、部门壁垒森严、忽视顾客利益等使其越来越难适应企业的发展。因此，企业环境的变化和企业管理的实践成了企业管理理论发展的催化剂。20 世纪 80 年代末以来，再造工程研究已成为西方学术界和企业界的热点问题。再造工程也就是业务流程重组，其原文为 "business process reengineering"，简称 BPR。1990 年，迈克尔·哈默（Michael Hammer）在《哈佛商业评论》上发表了题为《再造：不是自动化，而是重新开始》的文章，文中提出的再造思想开创了一场新的管理革命。1993 年，美国哈默和詹姆斯·A.钱皮（James A. Champy）在总结了一些企业分散片段的经验基础上，在《企业再造：企业革命的宣言书》一书中，系统阐述了业务流程重组。其后，钱皮与哈默又分别出版了《管理再造》《再造革命》《超越再造》《企业行动纲领》《企业 X 再造》等几部书，对重组理论的发展和完善做出了重要贡献。除哈默和钱皮之外，国外还有众多的学者对业务流程重组进行研究，如托马斯·H. 达文波特（Thomas H. Davenport）的《新工业工程：再造与信息技术》、乔·佩帕德（Joe Peppard）和菲利普·罗兰（Philip Rowland）合著的《业务流程再造》等。

二、业务流程重组的概念

（一）流程基本概念及其要素

马文·M. 沃泽尔（Marvin M. Wurtzel）在《什么是业务流程管理》中指出[①]，流程是重复的增值活动的集合，它由组织的人和技术资源实施，其目的是实现共同的业务目标，生产出客户愿意也能够付费购买的产品或服务。

哈默和钱皮认为，流程是有精确定义的一个技术术语，它是成组的、相互联系的活动，这些活动一起为客户创造价值结果。

---

① 沃泽尔 M M. 什么是业务流程管理[M]. 姜胜译. 北京：电子工业出版社，2017：31.

《牛津词典》里，流程是指一个或一系列连续有规律的行动，这些行动以确定的方式发生或执行，促使特定结果的实现；ISO 在 ISO 9000：2015 质量管理体系标准中给出的定义是：流程（process）是利用输入产生预期结果的相互关联或相互作用的一组活动。

流程有六个要素：资源、过程、过程中的相互作用（即结构）、结果、对象和价值。把一些基本要素串联起来就是：流程的输入资源、流程中的若干活动、流程中的相互作用（如串行还是并行，哪个活动先做，哪个活动后做，即流程的结构）、输出结果、顾客、最终流程创造的价值。

流程更多的是从执行的角度把个人或组织确定的目标执行到位，而不考虑或者改变组织的决策，在决策确立之后，流程要解决的就是怎么更好地实现决策的目标，而不是改变决策的目标。

通过分析流程的六要素，可以发现流程具有以下特点：①目标性，有明确的输出（目标或任务）。这个目的可以是一次满意的客户服务，也可以是一次及时的产品送达等。②内在性，包含于任何事物或行为。所有事物与行为都可以用这样的句式来描述，输入的是什么资源，输出了什么结果，中间的一系列活动是怎样的，流程为谁创造了怎样的价值。③整体性，至少由两个活动组成。流程有一个"流转"的隐含意思，至少有两个活动，才能建立结构或者关系，才能进行流转。④动态性，从一个活动到另一个活动。流程不是一个静态的概念，它按照一定的时序关系徐徐展开。⑤层次性，组成流程的活动本身可以是一个流程。流程是一个嵌套的概念，流程中的若干活动也可以看作"子流程"，可以继续分解若干活动。⑥结构性，流程的结构可以有多种表现形式，如串联、并联、反馈等。这些表现形式的不同，往往给流程的输出效果带来很大的影响。

（二）流程的类别

不同的企业由于其业务、价值链等方面存在不同，其内部流程也不相同，大致可以分为：业务流程（business process，BP）、管理流程（management process，MP）、辅助流程（service process，SP）三类[①]。

业务流程又称订单实现流程，主要是指直接参与企业经营运作的相关流程，涉及企业"产—供—销"环节。通过业务流程，企业可以直接为客户创造价值，也保证了企业自身经营目标的实现。常见的业务流程主要有：客户开发流程、客户需求分析流程、产品规划流程、新产品研发流程、销售订单管理流程、原材料采购流程、原材料储运管理流程、生产制造管理流程等。

管理流程主要是指企业实施开展各种管理活动的相关流程，它并不直接对企业经营目标负责，而是通过管理活动对企业业务开展进行监督、控制、协调、服务，间接为企业创造价值。常见的管理流程主要有：战略管理流程、年度经营计划管理流程、财务分析管理流程、财务核算流程、供应商评价流程、采购货款管理流程、合格供应商管理流程、原材

---

① 水藏玺. 业务流程再造[M]. 5 版. 北京：中国经济出版社，2019.

料品质管理流程、成品品质管控流程、项目管理流程、客户满意度管理流程、客户投诉受理流程、组织管理流程等。

辅助流程主要是指为企业的管理活动和业务活动提供各种后勤保障服务的流程。这些流程与管理流程一样，并不直接为企业创造价值，而是通过为企业创造良好的服务平台和保障服务，间接实现价值增值。常见的辅助流程主要有：员工招聘流程、员工培训流程、车辆服务流程、办公用品管理流程、设备保修流程、物业服务流程、档案管理流程等。

（三）业务流程重组的基本概念

按照传统的分工理论，组织按职能设置部门。随着企业的发展，部门设置得越来越完善，管理层次变得越来越多，而组织真正所从事的业务流程被人为地分解在各个部门的活动之中，变得支离破碎。管理及分工方式造成的追求局部效率、流程分工过细、忽视顾客利益、部门壁垒森严、流程环节冗长等使其越来越跟不上企业的发展。同时，每个部门都从自己的利益出发，把组织的整体利益弃之不顾，部门之间协调困难，管理队伍庞大，成本上升。因此，再造工程就将业务流程重组作为其最核心的内容。

1993 年哈默和钱皮在其著作《企业再造：企业革命的宣言书》中，首次提出了业务流程重组概念并将其定义为：针对企业业务流程的基本问题进行反思并对它进行彻底的重新设计，以便在成本、质量、服务和速度等这些当前衡量企业业绩的重要尺度上取得显著的进展[1]。该定义包含了四个关键词，即基本、彻底、显著、流程。

基本就是要突破原有的思维方式，打破固有的管理规范，以回归零点的新观念和思考方式对现有流程与系统进行综合分析和统筹考虑，避免将思维局限于现有的作业流程、系统结构与知识框架中，以取得目标流程设计的最优。彻底就是要在"根本的"思考的前提下，摆脱现有系统的束缚，对流程进行设计，从而获得管理思想的重大突破和管理方式的革命性变化。显著是指通过对流程的根本思考，找到限制企业整体绩效提高的各环节和因素，通过彻底性的重新设计来降低成本，节约时间，增强企业竞争力，从而使得企业的管理方式与手段、企业的整体运作效果达到一个质的飞跃，体现高效益和高回报。流程是指我们把业务流程定义为一系列业务活动，其中包括将某种或多种东西投入并创造出对顾客有价值的产品。

达文波特认为业务流程重组是组织中及组织间的工作流程及程序的分析与设计。佩帕德和罗兰针对流程再造的高失败率，提出了自己关于业务流程重组的看法和见解，他们认为，流程再造是一种管理哲理。业务流程重组强调改进（improvement），而不是强调彻底变革。流程再造的目标是重新设计组织经营的流程，使这些流程的增值内容最大化，其他方面的内容最小化，从而获得绩效的逐步改善（step-improvement）。这种做法既可以用于单独的流程，也可以用于整个组织。

---

[1] 郭忠金. 业务流程再造概念与内涵综述[J]. 江苏商论，2010，（3）：101-103.

（四）业务流程重组的核心思想

1. 重视业务流程

业务流程重组要求把原来以职能分工的运作体系改变为以作业流程为基础的组织形式，每一位员工负责某一流程的所有步骤，而不像过去那样只负责单一步骤或任务。多数组织都是重视业务流程的各个片段，而对片段之间的关系漠不关心，因此，业务流程需要进行整体化的重新设计，从而大幅度提高工作效率。

2. 根本变革

业务流程重组不是对现有的东西稍作改良，而是要从思路上做根本改变。本质上，业务流程重组意味着重新创造业务流程，抛弃那些潜在的、限制业务进行的既有观念。只有重新确定组织设计的原则，才谈得上对业务流程进行根本的改变，否则，业务流程的重新设计，只会使人觉得以前的做法是正确的，而提不出创造性的改革措施，又重新回到老路上去。

3. 以顾客为中心

重新设计业务流程必须从顾客的利益出发，业务流程作为一组为顾客创造价值的活动，重组就是要以顾客需求为出发点，以顾客满意为准绳。在业务流程重组中，充分挖掘内外部顾客需求，并最大化满足顾客价值主张。

4. 组织结构扁平化

业务流程重组强调重新组合流程，减少管理层次，裁减冗余人员，使组织结构扁平化，使其变得灵活、敏捷，提高组织的效率和效能。

三、业务流程重组原则

关于业务流程重组的原则，尚未有统一的说法，以下是几种具有代表性的观点[①]。

（一）迈克尔·哈默业务流程重组八大原则

（1）围绕结果进行组织，而不是围绕任务进行组织。企业应当围绕某个目标或结果，而不是单个的任务来设计流程中的工作。

（2）让利用流程结果的人执行流程。基于计算机的数据和专门技能越来越普及，部门和个人可以自行完成更多的工作，那些用来协调流程执行者和流程使用者的机制可以取消。

---

① 水藏玺. 业务流程再造[M]. 5 版. 北京：中国经济出版社，2019.

（3）要将信息处理工作归入产生该信息的实际工作流程中。

（4）将分散各处的资源视为集中的资源。企业可以利用数据库、电信网络和标准化处理系统，在获得规模和合作的益处的同时，保持灵活性和优良的服务。

（5）将平行的活动连接起来，而不是合并它们的结果。将平行职能连接起来，并在活动进行中，而不是在完成之后，对其进行协调。

（6）将开展工作的地方设定为决策点，并在流程中形成控制。让开展工作的人员决策，把控制系统嵌入流程之中。

（7）从源头上一次获取信息。当信息传递难以实现时，人们只得重复收集信息。如今，当我们收集到一份信息时，可以把它储存到在线数据库里，供所有需要它的人查阅。

（8）领导层要支持。流程再造要获得成功必须具备一个条件：领导层真正富有远见。除非领导层支持该工作并能经受住企业内的冷嘲热讽，否则人们不会认真对待流程重组。为了赢得安于现状的人的支持，领导层必须表现出投入和坚持——可能再带一点狂热。

（二）阿什利·布拉干扎业务流程重组十大原则

（1）全面业务流程重组需要在大家对组织的变革动因充分认同的基础上进行，而这种变革动因既可以是危机，也可以是机遇。

（2）只有当跨职能变革而不是其他的什么方式成为实现变革动因的需要时，成功实施全面流程重组才会成为可能。

（3）当人们认识到组织要素，即战略、结构、人员责任和评估标准、协作行为及信息系统，将要有所改变，并且这些要素与职能流程导向看齐时，才更有可能实现全面的流程重组。

（4）当人们明确并接受组织所需的所有变革时，全面流程重组就更可能实现。

（5）当包括董事会成员、高层管理者、中层管理者和员工在内的所有人都愿意让变革影响他们时，更容易建立全面的流程意识。

（6）当人们发现需要处理的某些问题并把那些问题和所需的真正变革联系起来时，全面的流程重组才更有可能实现。

（7）在进行全面流程再造时，如果能够根据各个问题的实际情况同时运用革命性和改良性的实施方法，那么变革更有可能获得成功。

（8）公司只有通过全面行动方案激发人们实施变革的主人翁意识和意愿，全面的流程重组才更可能取得成功。

（9）如果变革的实施者和接受者都能认同这两种角色并且意识到它们是相互关联的，而且愿意扮演这两种角色，那么就更可能实现全面流程重组。

（10）衡量全面流程重组所取得的成果，要看变革动因是否被根除以及行为方式改变的程度。

（三）乔·佩帕德和菲利普·罗兰业务流程优化 15 原则

乔·佩帕德和菲利普·罗兰认为，流程再造要走上成功之路，必须遵循 15 条原则。

（1）高层管理者的口头和行动支持至关重要。高层管理者的支持、精力和推动必须长期坚持，才能保证组织是在做实事。

（2）必须沟通、沟通、再沟通。人们必须了解为什么要改进、未来的远景及他们在其中的地位与作用，甚至包括失去工作的可能性。

（3）善待人，尊重人。因为每人都希望别人能够用期待我们对待他们的方式来对待我们。

（4）选对主持者。一位优秀的主持者虽然并不能保证项目的成功，但是一位不称职的主持者肯定很快就能用自己的手把项目杀灭。

（5）明确重新设计的目标。组织的愿景一定要明确，要对顾客需求、需求模式、约束条件和效率目标进行深入的分析和理解。流程重组项目的目标要设定在这些方面的绩效改进上。

（6）项目的规模和范围要与目的相适应。项目的预期一定要与项目的规模和范围相适应。

（7）设定进取的重组绩效目标。设定目标和度量绩效是理解、管理和改进流程的关键，尤其应该注意的是构建绩效度量体系。

（8）理解被重新设计流程的环境。重组项目的目标和方法必须同企业的具体状况相适应，一家公司的有效方法在另一家公司就不一定能取得同等的效果。

（9）整体对待业务流程重组的理念。成功的业务流程重组需要各个战线的全面行动，孤立地改变一个要素不大可能得到预想的收效，甚至会对其他要素产生负面影响。

（10）短线出击。尽量早地展示出成功的迹象和初步成就，有助于克服阻力、打造动能并营造能够做到的心态，使人们增强对自己能力的信心。

（11）要保证流程与所服务的市场需求相匹配。市场需求和向市场提供服务的流程之间匹配的重要性胜过一切。

（12）要认识到顾客和供应商参与流程重新设计的必要性。顾客及供应商往往能够对流程的重新设计提出非常有价值的看法和建议。这种做法还有助于密切客户关系。

（13）要舍得投入资源。如果流程重组对组织是重要的，那么就值得投入最好的人才，全力以赴地去做。

（14）要认清 IT（information technology，信息技术）对新设计提供的机会。技术可能成为新流程设计的强大推动力，组织必须不断地对如何应用新老技术进行评价。

（15）认清流程重组可能只是一个开头。必须以持续改进作为目标，使得随着时间发展交替跃进和渐进改进成为正常模式。

四、业务流程重组步骤

（一）业务流程规划

业务流程规划的起点是企业价值链及价值环分析，是业务流程重组的第一步[①]。

---

① 水藏玺. 业务流程再造[M]. 5 版. 北京：中国经济出版社，2019：77.

迈克尔·波特的价值链理论认为，企业参与的价值活动中，并不是每个环节都创造价值，实际上只有某些特定的价值活动才真正地创造价值，这些真正创造价值的经营活动，就是价值链的战略环节。企业要保持的竞争优势，实际上就是在价值链的某些特定战略环节上获得优势。

通常来讲，企业的核心价值主要围绕产品创新（市场研究、客户需求挖掘、产品定义、产品开发、产品验证、上市管理、生命周期管理等）、采购（供应商开发、价格、交期与服务、采购、物流、仓储等）、生产制造（生产计划、制程、成品仓储、物流与交付等）、销售管理（销售定价、销售策略、订单处理、市场推广、促销、客户服务、客户关系、咨询服务、批发经营、终端零售等）进行。但因为企业的核心目的在于追求经济效益最大化，所以企业在核心价值链选择时需要根据自己的核心能力抓住最有价值的关键点。

水藏玺曾提出价值环[①]（图6-1），在互联网时代，企业的所有业务都必须围绕用户核心诉求展开，互联网时代的价值环更加关注客户。因此，企业在进行内部经营环境分析的时候，必须对用户核心诉求及满足用户诉求的核心价值活动进行梳理和评估，至关重要的是发现导致用户价值诉求不能最大化满足的因素。

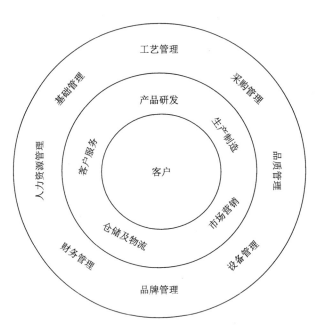

图6-1　价值环模型

价值链规划完成后，企业还需要结合价值链包含的基本活动系统规划业务蓝图。业务蓝图一方面可以帮助企业全视野地看清现有业务布局现状；另一方面可以帮助企业进行有效的业务逻辑分析，找出现有业务中存在的问题，以便识别哪些业务活动对客户价值满足是有利的、哪些业务活动是没有价值的。

---

① 水藏玺. 互联网时代业务流程再造[M]. 北京：中国经济出版社，2015：57.

业务蓝图通常由四部分构成：企业发展战略及经营计划、企业经营衡量、企业核心业务、企业支持业务。企业发展战略及经营计划是为企业指明发展方向，优化商业模式，明确经营目标并建立完善的目标实现计划体系；企业经营衡量一般从经营健康度指标、经营过程指标及经营结果指标三个维度进行；企业核心业务与价值链中的基本活动类似，业务蓝图中的这部分内容要详细列出企业从挖掘客户需求到产品研发、获取订单、取消订单、订单支付、客户服务等价值创造全过程的业务活动；企业支持业务需要规划和识别在企业价值创造中不可或缺的辅助与支持的活动，常见的支持业务包括品质管控、设备管理、工厂管理、财务管理、组织及人力资源、行政后勤、流程与信息化等。

（二）业务流程现状分析

中医讲究"望、闻、问、切"，业务流程现状分析也不例外，包括业务流程运作现状分析、业务成熟度分析、业务流程满意度分析、业务流程绩效分析及挖掘流程真正存在的问题。企业可以利用不同的手段和方法对业务流程存在的问题进行全面诊断，进而提出业务流程重组的方向和重点。

业务流程问题分析的方法有很多，如流程绩效分析、流程作业现场调查、文档查阅、问卷调查、研讨会、测时、流程节点时间分析、标杆对比分析等。

业务流程绩效分析首先需要识别与流程相关的绩效指标，然后通过绩效数据的分析，发现流程存在的问题。在对流程开展调研的同时，应该收集与流程运作有关的制度、表单、文件、方案等文档，这些材料是支撑流程运行的基础。通过分析上述材料所记录的数据、规定、事件，可以推断流程实际运作的有效性。同时，文档本身制定得是否合理、是否充分满足了流程环节监控与管理需求所需数据、是否记录全面等问题，也会对流程有影响。召集与业务流程相关的部门和人员，大家共同对实际运作中存在的问题进行描述、分析，有助于避免由个人偏见造成的片面认识和理解，信息收集将更加真实和全面，也有助于提高各部门对流程系统运作的认识，增强相互协作和配合的能力。

在流程现状分析时需要注意以下几点。

1. 如何识别并分析流程问题区域

一个流程在运行的过程中经常会出现这样那样的问题，这些问题可能会非常严重，直接影响流程的效率和增值，也有可能问题的存在对流程本身没有很大的影响，所以企业在进行流程现状分析的时候，第一个需要考虑的问题就是先把流程存在的问题找出来，然后根据问题的严重程度进行区分。

2. 如何识别并评估流程中的关键活动

在一个流程中，我们经常会把所有的活动分为关键活动、非关键活动或增值活动、非增值活动等，那么企业在进行流程现状分析的时候，首先需要关注关键活动、增值活动的状态。

3. 如何分析流程中的角色与活动匹配问题

在企业流程现状分析的过程中，还需要重点思考各个角色在流程中的定位与职责履行状况，如果发现某个或某几个流程定位有误或出现偏差的时候，企业应该进行纠正。

（三）业务流程优化与重组

业务流程优化的方法有很多，如优化流程顺序、剔除非增值环节、压缩无效消耗、模板化与标准化、业务流程自动化与信息化、资源重新配置、端到端打通、流程中心型组织变革、分权等。业务流程重组常见的方法有价值链重构、战略调整、业务流程外包、组织再造等。

1. 价值链重构

流程重组需要完全打破原来价值链体系的束缚，重新定义企业的价值链模型和商业模式，进而使企业获得重生。在进行价值链重构时，首先要明确企业的发展战略，然后选择关键环节进行价值重组。常见的价值链重构有两种方法：价值链整合、价值链分解。

价值链整合就是企业尽可能在自己现有价值链的基础上进行前向一体化、后向一体化价值链整合。多数时候生产成本只是总成本的一部分。重点是，在重视降低生产成本的同时，还需要跳出本企业的范畴，认真审视整个价值链，通常在上游价值链即原料供应环节和下游价值链即销售环节寻求成本降低的重要途径。

资源优势明显、市场控制力强的企业，通过向上下游延伸价值链，可使其竞争力更强，这是做加法，但有些资源条件受限的企业更适于做减法，这就是价值链分解。专业化分工与价值链分解相辅相成。由于资金和能力的限制，在很多行业一种产品从开发、采购、生产到营销所形成的价值链过程已很少能由一家企业来完成，于是价值链开始分解，一些新的企业加入了价值链，并在某个环节上建立起新的竞争优势。这种竞争优势表现为在该环节上具有成熟、精湛的技术和较低的成本，它们的进入使一些大而全、小而全的企业在竞争中处于劣势，迫使它们不得不放弃某些增值环节，而选择若干具有比较优势的环节集中培育，重新建立起自己的优势竞争地位。无论是价值链整合，还是价值链分解，任何价值链的调整都需要对内部业务流程进行全面升级与重组。

2. 战略调整

经营环境无时无刻不在发生变化，企业发展战略也需要不断优化与调整，相应的企业业务流程也需要根据战略调整进行重组。

企业可以选择的战略调整方向有前向一体化、后向一体化、横向一体化、多元化、并购、剥离等。选择单一战略还是组合战略，关键是要评估企业自身的资源状况，因为没有一家企业能够拥有足够的资源来选择和实施对其有益的所有战略。成本领先战略、差异化战略、专一化战略是使企业获得竞争优势的三个基本点，通常把这一思想称为一般性战略。

成本领先战略依据企业获取成本优势的方法不同，可以概括为如下几种主要类型：简化产品型成本领先战略，使产品简单化，即将产品或服务中添加的花样全部取消；改进设计型成本领先战略，通过设计及工艺改进，大幅度降低研发制造成本，从而获得战略成功；人工费用降低型成本领先战略，通过压缩编制，提高人力资源效率，节省人工费用，让企业获得竞争优势；生产创新及自动化型成本领先战略，通过生产模式的创新及自动化、信息化水平的提升，节省成本，获得成功。与成本领先战略相关的流程有产品成本控制流程、新产品研发流程、产品工艺管理流程、采购管理流程、人力资源规划流程、定岗定编管理流程、信息化规划流程等。

差异化战略可以通过以下手段和途径实现：追求产品品质的优异化、追求产品专利的优异化、追求产品创新力的优异化、追求产品周边服务的优异化、追求售前售后服务的优异化及追求品牌的优异化。与差异化战略相关的流程有品质控制流程、新产品开发流程、客户服务流程、品牌宣传及推广流程等。

专一化战略也称集中化战略、目标集中战略等，是指主攻某一特殊的客户群、某一产品线的细分区段或某一地区市场。与专一化战略相关的流程有新产品开发流程、知识产权管理流程、市场推广流程等。

不管是一体化战略、加强型战略、多元化战略、防御型战略，还是成本领先战略、差异化战略、专一化战略，只要涉及战略调整，企业都必须根据战略对内部流程进行全面升级与重组。

3. 业务流程外包

业务流程外包是指企业将业务流程及相应的职能外包给供应商，并由供应商对这些流程进行重组。目前常见的企业业务流程外包有研发流程外包、供应链流程外包、制造流程外包、营销流程外包、人力资源流程外包、财务流程外包等。单从人力资源流程外包来讲，小到员工招聘面试流程外包、员工培训实施流程外包、员工社保外包、员工福利外包，大到员工招聘流程外包、员工培训流程外包、员工薪酬外包，再到人力资源全流程外包，都已经有非常成功的实施案例。由此可见，业务流程外包已成为企业业务流程重组的一项必然选择。

对于任何一家企业而言，只需要做好自己的核心业务流程就可以使企业的经营价值最大化，而其他的辅助流程、管理流程及非核心的业务流程所产生的价值贡献会远远低于核心业务流程的价值，而企业外包出来的这些流程，又是很多专业的流程外包公司最擅长的，同时也是这些外包公司的核心业务流程。这样一来，每家公司都做自己最擅长的事情，各自都能保证自身利益的最大化。

有人把企业业务流程外包称为"21世纪企业发展的新模式"，因为企业可以通过业务流程外包，有效改善辅助业务对核心业务的支持作用，增加整体盈利。同时，突出对核心业务的重点管理，也实现对辅助业务的有效控制。在提高外包业务质量的同时，也将这一业务领域改变成为具有创造性的领域，有利于在新的市场环境中打破传统的行业界限，与外部公司形成跨业务领域的联合，构成长期的战略伙伴关系，增强彼此的竞争力。

4. 组织再造

组织再造也是目前企业在竞争中常用的竞争手段，同时也是业务流程重组的一种趋势。因为传统强调的以职能管理为核心的企业管理模式已经面临前所未有的调整。

流程管理强调通过跨部门的协作实现企业经营管理活动的简单化和高效化。它以结果为导向，倒推相关运作过程，关注的是结果的产生和产生结果的过程，并将企业的经营管理重点突出表现为关注客户服务、关注企业产出效果、关注不同组织之间的协同服务，而不是自上而下的职能划分。

流程管理要求企业建立相应的扁平化组织结构，将所有业务、管理活动都视为一个流程，注重其连续性，以全流程运作的观点取代个别部门或人员的看法；注重系统效率的提高和整体绩效表现，而不是单个环节所产生的亮点。在组织运作上要求打破部门的本位主义，鼓励不同职能部门之间的相互合作，共同追求企业的整体流程绩效；将企业的不同部门之间相互关联的行为视为一个总流程的流程集合，对这个集合进行管理和控制，强调全过程的协调和目标化，这与传统的组织管理模式有很大不同。

按照以上提出的步骤，业务流程重组可以有序地进行，但是，这并不能保证业务流程重组一定获得成功，实施企业业务流程重组类似于一个乐队以一个全新的风格演奏一支乐曲，既要大胆创新，又要小心谨慎①。

五、业务流程变革管理

在业务流程实施的过程中，推行业务流程重组将打破企业内部利益集团的平衡，因此有必要掌握一些流程推行的方法和技巧，更为有效地确保流程实施达到预期目标。

（一）以史为鉴

深入研究历史上知名的变革，对推动企业内部业务流程变革会有极大的借鉴价值。通过前人的变革，可以得出以下结论。

（1）"一把手"工程的变革容易成功，如果不是"一把手"直接参与，至少也要保证"一把手"的鼎力支持。

（2）变革需要迎合绝大多数人的意愿，需要建立广泛的群众基础。

（3）建立变革机构。

（4）需要一定的宣传和舆论导向。

在建立完善的变革管理机制的同时，也要明确几个问题：①为什么要变革？②哪些方面需要变革？③如何进行变革？

（二）流程主人管理

企业在进行流程规划的时候，每个流程都有一个归口部门（流程主人），还有很多相关部门，流程实施的时候，归口部门要承担宣导、培训、实施、监督、持续优化的第一责任（图6-2）。

---

① 寿志钢，马卫. 企业流程再造：失败的原因和成功的步骤[J]. 企业经济，2005，（6）：48-50.

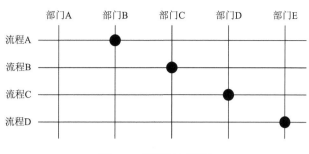

图 6-2 流程归口管理

（三）流程管理流程

很多企业在导入业务流程管理的时候，经常会忽略一项非常核心的工作——流程本身也是有流程的。比如，公司流程建设由哪个部门归口、流程该多长时间优化一次、具体程序该如何进行等，这些工作也需要按照相应的流程、制度和表单予以规范。

（四）流程团队建设

流程建设团队的打造是企业业务流程能否落地和实施的关键，在企业业务流程重组的过程中有三个角色缺一不可，这三个角色及其相互关系可以表述为：首席流程官＋首席信息官＋业务总监＝流程创新官。

绝大多数公司都存在这样的困惑：业务总监熟悉业务，但不懂流程描述及重组的技巧和方法，同时也排斥运用信息系统；首席流程运营官懂得流程描述及重组的技巧和方法，但他不了解业务，也不懂信息系统底层设计原理及操作规则；首席信息官一般都是技术出身，他们不但不懂业务，甚至很多人都拒绝了解业务。如何才能破解这一难题？我们把它总结为：业务总监参与、流程总监培养、信息总监配合。

（五）流程文化塑造

流程中心型企业倡导的文化与职能中心型企业倡导的文化是截然不同的。职能中心型企业强调职能履行、领导导向、执行；流程中心型企业更加强调客户导向流程实施、结果导向及客户满意，要实现这目标就必须重塑企业文化。根据实践，可以把流程中心型企业文化的核心归结为以下几个方面。

1. 高效协同

流程的本质就是协同，海尔的拆掉"两堵墙"，腾讯的推倒"部门墙"，华为的集成研发、集成供应链、整合营销等都是这个道理，这些企业都是期望通过业务流程打破部门之间的沟通壁垒。

2. 结果导向

流程管理的基本原则是客户导向、结果导向，流程执行得好不好一定要以结果论英雄，没有好结果的流程一定不是好流程，好流程一定会达到预期结果。

3. 客户满意

企业要想基业长青就必须持续保持客户满意，或者持续创造客户满意。万科企业股份有限公司提出每项流程都必须有清晰的目标，而且流程又必须体现和支持公司核心价值观，同时更要聚焦客户价值主张。

（六）业务流程管理平台建设

业务流程管理平台可分为硬件部分和软件部分。硬件部分主要指设计流程运作的相关组织调整、岗位设置、权力划分、控制系统等。这些管理要素与流程运作共同构成了企业的基础运作框架，它们之间存在相互关联和相互制约的关系。文化对组织和个人的行为与观念有着巨大的影响力，因此可以讲企业内部实施环境的建设对流程实施具有非常大的影响力，它是属于流程平台建设的软件部分。

在分析影响流程平台建设的主要因素后，对于企业来说，最重要的就是结合自身的实际情况，将软件部分和硬件部分有效组合，形成实际中可以操作的程序和步骤。不同的企业有着不同的组织方式，但是有一些常见的方法可以借鉴参考：①设立流程变革实施计划，明确变革目标与愿景；②获得高层领导的支持；③建立相关的项目实施团队；④树立正确的流程文化；⑤开展必要的宣传与培训；⑥实施沟通与交流；⑦给予必要的奖励。

第二节　图书馆业务流程重组的思想

一、图书馆业务流程重组的概念

我国图书馆理论界对业务流程重组的介绍和研究始于 20 世纪 90 年代末。1998 年 3 月，缪其浩在《"业务流程重组（BPR）"与图书馆改革》首先介绍了图书馆业务流程重组的概念和案例[①]，提出上海图书馆新馆建设应是一个再造和过程重组，但仅指出了其功能定位要求这样做，而没有能提供具体的分析。其后，许多学者从不同角度对图书馆业务流程重组进行研究。

郑章飞和凌美秀认为，图书馆业务流程重组是对从信息资源的采集、组织、管理到存储、发布等业务环节进行职能重构与设计的过程，整个过程以面向用户需求为特征[②]。从本质上看，图书馆业务流程重组是新的技术条件下图书馆管理的变革，是图书馆在新的技术条件下发展战略的再适应，是以业务流程为核心进行的管理改进。

---

① 缪其浩. "业务流程重组（BPR）"与图书馆改革[J]. 中国图书馆学报，1998，（2）：15-19.
② 郑章飞，凌美秀. 基于当前信息环境的图书馆业务流程重组[J]. 湖南大学学报（社会科学版），2004，（3）：104-106.

王立清认为，图书馆业务流程重组的含义是指通过引入企业界盛行的业务流程重组理念，将传统图书馆的组织结构进行彻底变革，以期体现图书馆的发展方向，从根本上促进图书馆的发展[①]。

高明中提出，图书馆业务流程重组是指充分利用现代信息技术，对现代图书馆的管理理念、各种资源配置、组织机构的设置、服务方式、服务内容等各个方面，进行全方位的彻底改革和重新设计，以期达到满足用户信息需求的目的[②]。

徐军华认为，图书馆业务流程重组是指图书馆导入企业界的业务流程重组理念，基于用户需求驱动，将 IT 嵌入业务流程，以此优化图书馆的业务流程，并根据重组后的业务流程要求，对组织机构、馆员进行相应的改革，以期改进图书馆的管理与服务[③]。

综上，对图书馆业务流程重组的概念进行提炼总结，图书馆业务流程重组的概念是指将业务流程重组的理念引入图书馆管理，以重构流程为导向、以满足读者需求为目标，对传统图书馆管理理念、资源配置、机构设置、服务方式等多个方面进行变革，从根本上改善图书馆管理与服务。

二、图书馆业务流程重组的必要性[④]

（一）直接动因——传统图书馆组织结构弊端

组织结构与业务流程是两个不同的概念。图书馆的业务流程是指一组共同为读者创造价值而又相互关联的活动，如采访、编目、典藏、流通、阅览、参考咨询等各个工作环节；图书馆的组织结构指的是图书馆的框架体系，包括图书馆的部门设置、部门之间的关系、工作岗位、规章制度、权力分布等。

传统图书馆内部组织结构多是典型的正金字塔形组织结构[⑤]。馆长、部主任、馆员之间是一种纵向的隶属关系，这种组织结构产生和划分的依据主要是按文献载体形态特征、业务流程或读者类型设置机构，一般由采编部、流通部、阅览部、连续出版物部、参考咨询部和技术支持部等组成[⑥]。

传统图书馆这种直线职能制组织结构是一种典型的机械式组织，它的最大优点是具有高度的明确性和稳定性。可是，这种按照职能部门化和业务流程部门化进行的部门设置，存在着传统图书馆业务流程分段管理的许多缺陷：它忽视了读者需求，使得对同一读者的服务被分割在不同功能的书库、阅览室之中，读者在一个部门不能得到系统的资料，不能享受完整的服务；高度机械化的组织各自为政，条块分割，既有严重空白又有大量重复，部门独立、分散，无法对跨部门的运作有积极贡献，作业中过多部门与人员的牵制和审核更是

① 王立清. 新技术革命与图书馆业务流程重组[J]. 图书情报工作，2000，（2）：54-56，33.
② 高明中. 大学图书馆业务流程重组的理论研究与实践[J]. 图书馆建设，2006，（1）：62-64.
③ 徐军华. 高校图书馆业务流程重组的模式研究[D]. 武汉：武汉大学，2012.
④ 黄如花，徐军华. 图书馆业务流程重组（BPR）的动因[J]. 图书馆论坛，2009，29（6）：180-183.
⑤ 陈新颜. 论参考馆员制度与图书馆组织结构变革[J]. 大学图书情报学刊，2004，（3）：30-31.
⑥ 张钢聚，真溱，汤珊红. 顺应时代发展推动图书馆业务结构重组[J]. 情报理论与实践，2004，（6）：601-604.

效率的杀手；管理运行缺乏与读者的即时沟通，难以根据读者需求动态调整资源配置和运行结构，影响服务质量，限制了图书馆自身效能的发展。

传统图书馆的组织结构适应的是传统图书馆的业务流程，按其设计采访部、编目部、典藏部、流通部、阅览部、参考咨询部、期刊部、古籍特藏部等。现代图书馆要进行业务流程重组，传统的组织结构已不适应新的变化。因此，为了配合业务流程重组，图书馆的组织结构也要进行相应重组，这是业务流程重组的结果，也是实现业务流程重组的要求。在图书馆的组织再造系统中，业务重组是整个系统的核心，对重组的结果起决定性的作用。在业务重组完成之后，组织结构的重组是对重组后的业务流程的物化，以保证业务流程的再造结果能够在组织层面内得以实施。

（二）内在发展要求——图书馆工作重心的转移

业务外包（out sourcing）、合作编目、RFID 等业务与技术的发展使图书馆的上架、编目、阅览、典藏等日常性业务流程花费的人力减少，而直接面向用户的信息服务的业务大量增加。

美国大学与研究图书馆协会（Association of College and Research Libraries，ACRL）自 2000 年以来每年颁发"杰出学术图书馆奖"（Excellence in Academic Libraries Award）以表彰提供卓越服务及资源来完成机构教育使命的三所分别来自综合性大学、学院与社区大学的图书馆。加拿大麦克马斯特大学图书馆提供团队研究室（group study room）预定，有真正将图书馆员与教职员工和学生及其教学科研活动联系起来的联络馆员服务项目（liaison program pairs librarians with faculty），专门为残疾学生提供服务，与 Kirtas 技术公司、Ristech 和 Lulu.com 合作将几千种馆藏珍本数字化并向全球开放，利用博客、RSS（really simple syndication，简易信息聚合）等技术提供服务，在人员、发展、推广营销等方面都表现得很出色。

图书馆工作重心的转移势必要求图书馆在不同业务流程上分配的人力有所改变，有些业务流程的顺序也要有所改变。很多图书馆如美国国会图书馆、斯坦福大学图书馆、牛津大学图书馆等的战略规划（strategic planning）都开始偏向数字图书馆项目。

图书馆工作重心的转移对图书馆员角色与能力的要求也会有所不同[①]。针对新信息环境的特点与用户新的需求，ALA 理事会在 2009 年仲冬年会上发布"图书馆专业核心资质标准"（ALA Core Competences of Librarianship），提出核心能力主要包括八个方面：专业基础、信息资源、知识与信息组织、技术知识与技能、参考与用户服务、研究、继续教育与终身学习、行政管理。

（三）重要推动力——数字环境与信息技术的飞速发展

信息技术在各行各业广泛应用，但图书馆的业务流程并没有做出相应的改革，还是在

---

① 黄如花，徐军华. 图书馆业务流程重组（BPR）的动因[J]. 图书馆论坛，2009，29（6）：180-183.

传统的基础上操作，甚至出现用现代化技术去模拟落后流程的本末倒置现象。以高等学校图书馆为例，1981年，《中华人民共和国高等学校图书馆工作条例》对高校图书馆的机构设置做了具体规定：高等学校图书馆一般应设办公室（或秘书）、采编部（组）和流通阅览部（组），各馆根据需要，可分设或增设采访部（组）、编目部（组）、阅览部（组）、流通保管部（组）、期刊部（组）、情报服务部（或参考咨询室、组）、研究辅导部（组）、特藏部（组）、技术部（组）等部门。这些年，我国高校图书馆的机构设置虽发生一些演变，但主要还是按该条例里的规定所设。

由于部门分工过细，人为地分割了信息传递的整体流程，部门之间协作水平低，图书馆的信息加工、传递能力受到极大的限制，工作效率低，无法适应现代化图书馆的要求。由于按照等级式设置组织结构，第一线的馆员缺乏处理问题的直接权利，出现问题需层层上报，无法适应变化越来越快的外部环境。有些部门设置不科学，如文献资源建设部（包括采访部与编目部）在工作内容设置方面不完整，该部仅仅只负责纸本文献的采访与编目，而将数字文献的采访或整理归于技术部或咨询部，这样易造成重复建设与标准不一。

同时，信息资源载体的多样化使图书馆出现了以纸质文献和数字化资源为主的物质流和信息流。对物化文献的整理、收藏和流通及对数字资源的开发与传播共同构成图书馆的完整功能体系。对物质流的处理流程在图书馆的发展过程中从理论到实践都趋于完善，但对信息流的运转业务流程规律还处于摸索和研究中。

各类型的社会信息服务机构对高校图书馆形成强烈冲击。社会上各种信息服务机构如雨后春笋般涌现并且大有蓬勃之势。很多机构的服务水平和服务质量已经远远超过大部分图书馆的服务，如北京世纪超星信息技术发展有限责任公司、北京万方数据股份有限公司、中国知网等。它们采用公司的运作模式，管理运行机制灵活，适应市场能力强，客户意识浓厚，提供的服务很多时候要比图书馆还受读者欢迎，是图书馆的有力竞争对手。图书馆要想取得长足的发展，只有积极地对自我进行彻底的改革以适应这种发展趋势。

（四）根本原因——读者信息需求发生变化

读者利用图书馆的时空不再受限制。数字化技术使资源的提供不再固定于物化的文献，网络技术使读者对图书馆的使用不再仅仅是到馆的使用，而是在家、在办公室甚至在交通工具上在所有可能的地方，都可以很顺畅地利用图书馆的资源，这也对图书馆的资源服务提出了更高的要求，要求网络无障碍及资源全方位。

读者信息需求的内容趋于精品化、形式趋于多样化。以高校图书馆为例，高校图书馆的读者有很多是研究型读者，这类读者对文献信息的需求是最新的、最及时的，甚至是进行有的放矢的推送服务的，传统的文献服务模式根本就不可能实现对这部分读者的满意服务。

读者信息需求在传统流程中被极大程度地忽视。信息采集和加工与读者需求脱节；业务部门远离读者业务流程，条块分割，读者意见反馈渠道不畅通；流程中完整的学科信息被以载体形式划分的部门设置人为分散，读者信息需求的整体性难以保障[①]。这些都使图书馆业务流程重组迫在眉睫。

三、图书馆业务流程重组的原则

随着现代信息技术的发展和图书馆内外环境的变化，图书馆传统的业务流程越来越成为图书馆工作效率提高的障碍，因此，业务流程重组开始被提上日程。业务流程重组是一项关系到现代图书馆方方面面的工作，它的成功与否将会给图书馆的发展带来不可估量的影响。但是，业务流程重组并不是解决一切问题的灵丹妙药，期待业务流程重组可以解决一切问题是不现实的，我们也无法将应用于企业业务流程重组的方法直接拿来应用于图书馆，同时，不同的图书馆有不同的具体情况，因而我们在此只能提出一些基本的原则。

（一）以用户信息需求为导向

用户信息需求是图书馆业务流程重组的根据，用户需求的满足是衡量图书馆再造成功与否的依据。在重新设计图书馆的业务流程时，应完全贯彻以用户为中心的原则，业务的加工处理以便于用户理解、使用为原则；让每位面对用户开展服务的馆员拥有丰富的专业技能知识、较大的执行权、友善的服务态度，能为用户提供高质量服务，同时也可消除为用户提供服务过程中的延时，减少用户等待的时间。

（二）选择关键流程优先重组

图书馆业务流程重组不宜大范围铺开，应以选择关键流程优先重组为原则。具体来说，应集中在以下几个主要的目标：以用户作为变革的出发点，甄别他们的需求，通过重组流程以提高他们的满意度，赢得他们的支持；重组图书馆的工作流程以实现机构的发展目标；支持图书馆机构"第一线"业务[②]。

（三）充分利用现代信息技术

现代信息技术不仅是图书馆业务流程重组得以实现的有用工具，也是流程变革的主要推动者。信息技术在图书馆中的应用，简化了业务流程，深度整合了信息资源，改变了图书馆信息服务模式，提高了信息服务质量。在图书馆业务流程重组中，信息技术的应用，加快了从纸质资源到数字资源采集范式的转变；减少了图书馆的人工劳动量，实现图书馆的自动化；构建了交流分享的网络空间，实现图书馆的智慧化。

---

① 杨红玲. 高校图书馆业务流程重组研究[D]. 湘潭：湘潭大学，2013.
② 徐军华. 高校图书馆业务流程重组的模式研究[D]. 武汉：武汉大学：2012.

（四）在馆内加强宣传与沟通

业务流程重组的实施势必会影响和冲击某些工作人员目前的状况，为了减少阻力，理应在馆内加强宣传和沟通，使员工理解业务流程重组及其重要意义，使其成为全体工作人员的共识，避免员工产生抵触情绪，从而能够自觉地协助与配合业务流程重组工作的开展。

（五）塑造图书馆组织文化

图书馆在业务流程重组的同时，必须重构一种适合自身未来发展趋势的、积极主动的、以人为本的新型文化，完善和增强推进自身持续发展的内在驱动力。一方面，体现在图书馆的管理者对员工的尊重和重视上；另一方面，体现在图书馆对用户的服务态度上。同时，要增强团结协作意识。图书馆流程再造打破了原有的分工界限，形成了工作团队，为了提高工作效率，需要员工之间加强合作。

四、图书馆业务流程重组的内容

图书馆业务流程重组是一个多要素、多层次的过程。具体来说，观念、流程、机构和人员是图书馆业务流程重组的重中之重，它们既是重组中的四大要素，也是重组的四个层次。在图书馆业务流程重组中，观念重建是业务流程重组的基础，只有在观念上提高认识、做好准备，才能为重组奠定成功的基础；流程重组是业务流程重组的主导，决定着重组的成败；机构重组是流程重组的物化结果，需要与重组后的流程相适应；人员重组是业务流程重组的保障，决定了业务流程的实施效果。

（一）观念重建

在图书馆业务流程重组过程中，由以物质流为主体到以信息流为主体的改变，要求图书馆首先在观念上进行调整，图书馆形态从传统图书馆和复合图书馆过渡到数字图书馆和智慧图书馆，对资源形态、服务理念和服务模式的认识上需要变化。

（1）有效的信息资源采集。图书馆资源形态有纸质型资源、数据库、多媒体资源、开放获取资源、科学数据等，本地资源与远程资源、传统资源与数字资源在组织技术、存储技术与获取方式上均有不同。新的图书馆业务流程必须满足各类资源的存取特点，对于信息资源获取的速度、便利程度和契合程度都提出了更高的要求，需要构建一个能实现对这些资源统一存储和管理的框架，以便精、准、快地满足用户的核心需求。

（2）学科资源的整合。面对信息社会复杂多变的环境信息，用户的信息服务需求日益呈现出多元化和层次化的趋势。因此，针对专业化和分层级的学科需求，以学科知识为基础的学科化服务小组或者团队可以实现对信息资源的深层次、专业化信息价值挖掘，可以提高图书馆信息服务的灵活性、多边形与兼容性[①]。在数据时代，用户要求图书馆提供多样化、个性化和专题化的信息服务。因此，为了满足用户的现实需求，图书馆需要有效整合各类学科信息资源。

（3）用户的需求趋于个性化。随着信息技术的发展和进步，图书馆的信息服务已经由单纯的文献信息资源服务转变为向用户提供信息服务和知识服务，同时，图书馆的信息服务技术和智能化服务程度也逐渐得到提升。图书馆的服务理念正在从以人工服务为主转为以智能服务为主，以浅层次的静态服务为主转为以深层次的嵌入式动态服务为主，以通用型的提供式服务为主转为以个性化的开发式服务为主。利用智能技术，图书馆可充分发掘和融合各个方面的资源、数据及服务，去满足读者、馆员或图书馆发展的各类需求；通过进行深度的数据挖掘和数据利用，形成数据决策模型进而为用户提供智能化服务[②]。

（4）一站式的集成服务。图书馆的服务必须从用户的信息需求及使用习惯的角度出发，将传统图书馆业务流程中的各项服务如检索、阅览、流通、参考咨询、读者培训等整合为一个完整的服务体系，以网络为依托，为用户提供界面友好、方便资源利用的一站式集成服务模式，如整合的服务窗口或集成的检索平台，使用户在同一地点享受到多种服务，方便用户利用图书馆资源和服务。

（二）流程重组

图书馆的服务质量和用户满意度由流程的通畅与合理来决定，因此，图书馆业务流程的再设计应该成为图书馆业务流程重组的重要方面。文献加工整理流程与用户服务流程是在进行业务流程再设计时应该重点考虑的两种流程。前一种业务流程主要涉及对图书馆馆藏各类文献的处理；后一种服务流程则指的是围绕用户开展服务的处理流程。在业务流程再设计的过程中，应摒弃现有冗余的流程，建立起以用户为中心的业务处理与用户服务流程[③]。

在文献加工整理流程上，可以将传统的分属几个部门的图书、期刊、电子资源、特色数据库建设合并成为一个新的业务部门，在一个部门内完成所有信息资源的建设工作，协调各类型资源的合理配置，包括传统载体和电子载体信息资源研究，传统载体信息资源的采访、分类编目及数字化，电子载体信息资源的采访、下载、组织加工。编目工作可以进行联合编目，套录数据，共享编目成果。实行分编一体化作业流程，采编合一，能够缩短分编周期，提高工作效率。

在用户服务流程上，传统图书馆是条块分割的结构，用户服务部门比较分散，流通部、阅览部、期刊部等都有自己的服务窗口。图书馆可以将所有服务集中在一个部门，进行一站式服务，打破原部门之间的严重分离，促进部门间的沟通合作，通过合并相似功能的环节、简化工作步骤，使图书馆管理更为高效、合理与简单。一站式服务使用户在同一

① 王怡. 图书馆业务流程再造优化研究[D]. 济南：山东大学，2013：26.
② 单轸. 基于新一代服务平台的高校智慧图书馆业务流程重组研究[D]. 南京：南京大学，2020：48-49.
③ 徐军华. 数字环境下高校图书馆业务流程重组模式研究[M]. 北京：国家图书馆出版社，2020：44-45.

时间、同一地点享受图书馆的多种服务，用户在查找利用信息资源过程中遇到的问题和困难可以从一个部门获得有效的帮助，而不是分别求助于多个服务窗口。对于网络用户，图书馆将各种信息资源整合到统一的服务平台，使用户只要连接到图书馆网站，就可以查阅所需要的任何信息资源。

（三）机构重组

作为流程开展的重要环节，机构重组占据着重要地位。因此，机构的合理设置是流程开展的有效保障，组织结构的合理直接影响重组成功的可能性。组织结构的改变包括交叉职责机构、独立业务处理及信息服务机构和扁平化管理机制[①]。图书馆传统的组织机构实行直线职能制，这种组织划分主要从方便图书馆管理者的角度出发，便于文献管理及员工管理，但是对于用户来说则显得烦琐、不便。因此，在对图书馆业务流程再设计时，重组的机构应该坚持以用户为中心，组织机构应该秉承为用户服务的宗旨。

（四）人员重组

随着图书馆业务流程的重组和再造，对图书馆的人力资源管理工作提出了更高的要求。由于组织结构的重组、岗位的调整以及新型信息技术的引入，以借阅服务、参考咨询为主的传统馆员不再适应新体系。图书馆员工进行重组，一是通过技能培训，来提高职业素养；二是对部门和机构进行重组，优化人员配置，裁撤冗余，节约人力资源。图书馆员的业务已经由传统的借阅服务为主转变为以学科咨询和智慧服务为主；图书馆员的职业能力和职业素养培养除了传统的文献信息资源管理外，还要加强对信息技术和数据分析能力的学习和利用。具体来说，图书馆员不仅要全面掌握图书馆专业的知识、知识产权知识以及语言文化知识，还要对新技术、新设备有最基本的概念掌握和原理理解，包括云计算、数据可视化、文本挖掘、用户画像、数字保存、AI（artificial intelligence，人工智能）技术、网络通信协议、标准、数据库设计等[②]。

第三节　图书馆组织结构的重组[③]

图书馆组织机构重组是指在图书馆服务活动过程中，为适应用户对文献信息的需要，对服务部门、服务流程等进行重新塑造，以便能及时反馈用户需求，全方位满足用户需求的过程[④]。图书馆组织结构重组是业务流程重组的结果，也是实现业务流程重组的要求，

---

① 徐军华. 高校图书馆业务流程重组的模式研究[D]. 武汉：武汉大学，2012：27.
② 单轸. 基于新一代服务平台的高校智慧图书馆业务流程重组研究[D]. 南京：南京大学，2020：52.
③ 修改自：王频. 图书馆组织结构分析与再造[J]. 图书情报工作，2011，55（21）：98-102.
④ 刘爱珍. 现代服务学概论[M]. 上海：上海财经大学出版社，2008：73.

保障业务流程重组的结果能够在组织层面得以实施[①]。由于图书馆类型不同，其主要服务对象、服务职能不同，其组织结构也应有所区别。

一、科研图书馆

科研图书馆近几年来为了适应信息环境及用户需求的变化，对其组织结构进行了变革，将原来的职能型组织结构重组为扁平型结构（图6-3）[②]。以中国科学院成都文献情报中心为例，近十年来其内部组织结构进行了多次重组，早期业务分为图书、期刊、情报、技术四个版块，后重组为采编、文献服务、情报、技术四个版块，在整合采编和文献服务的基础上，业务部门优化为信息服务部、情报服务部和信息技术部；目前业务部门主要划分为信息服务部、战略情报部、学科情报部、发展咨询部、知识系统部等部门。从管理角度讲，通过整合使信息资源建设与利用更加紧密结合，强化了信息服务的功能，有利于开展高质量的文献资源采购、管理与服务工作；战略情报部、学科情报部和发展咨询部的设置更是体现了科研图书馆的特点，发挥其"耳目、尖兵、参谋"的作用；知识系统部主要负责知识服务系统研发及运维、文献情报数据体系建设等工作，强化了信息技术的服务功能，加强了技术服务平台。通过对组织结构的重组，为深化情报咨询和学科化服务，建设数字化、网络化的多功能信息平台，提供多层次、全方位的科技信息服务提供了组织保证。此外，在中国科学院系统的其他一些图书馆也对组织结构重组进行了尝试，如中国科学院武汉文献情报中心业务部门设有战略情报部、学科情报部、区域发展与产业情报部、科学传播与文献服务部、数据资源与网络部。各部门直接面对用户，减少了中间环节，能快速对用户需求做出反应，取得了很好的效果。在组织结构重组方面，科研图书馆走在了公共图书馆和高校图书馆前面。

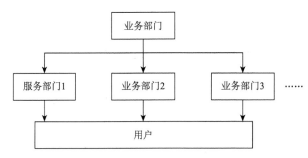

图 6-3　科研图书馆扁平型组织结构图

二、公共图书馆

目前，我国大中型公共图书馆的内部业务组织结构一般为采编部、特藏（地方文献）部、技术部、借阅部、参考咨询部、报刊部、阅览部和研究辅导部等。这一传统组织结构在新的信息环境下缺乏为地方经济建设和各级政府提供信息服务的组织保证，也不能很好地发挥公共图书馆在地区中对各类型图书馆的协调组织作用。

---

① 刘兹恒，徐建华，张久珍. 现代图书馆管理[M]. 北京：电子工业出版社，2010：114.
② 王频. 图书馆组织结构分析与再造[J]. 图书情报工作，2011，55（21）：98-102.

公共图书馆的组织结构重组应根据其服务职能不同而采用不同的组织结构。大中型公共图书馆，其主要职能应是以为地方经济建设、地方政府决策提供文献信息服务，为基层图书馆提供解答疑难咨询和进行文献信息传递服务，组织协调图书馆联盟事务为主，以为一般读者提供文献借阅服务为辅。其组织结构应是扁平型和职能型相结合的复合型结构（图6-4）。

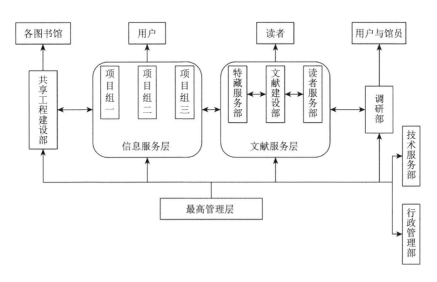

图6-4　大中型公共图书馆复合型组织结构图

最高管理层是本单位的图书情报委员会，负责审议图书馆的发展规划及审核财务运行情况；馆长领导下的馆务会负责日常工作。共享工程建设部负责本区域图书馆联盟的规划、组织和实施，以及对基层馆的业务进行培训、指导等。各项目组是按任务或学科分若干项目组，主要是为本地区重点用户和政治、经济文化发展需要提供文献信息专题服务。特藏服务部负责本地区特色文献的整理和利用。文献建设部负责对各项目组遴选后的文献协调、汇总、订购及对到馆的文献进行加工、整合、调拨，呈交本文献的联系、搜集，网络文献信息的搜集，各类文献信息的整合。读者服务部负责各类文献的借阅、传递和利用，解答读者对文献利用的咨询，组织读者进行知识交流活动，并搜集读者的文献需求信息；在读者服务部门内部，应按学科设置若干室（组），将同一学科的不同类型文献组织在一起供读者利用。调研部一方面负责调查社会对文献信息的需求，并对调查结果进行分析，制订相应的工作方案交给最高管理层和相关部门；另一方面对本馆馆员进行调查，了解他们对服务现状的评价以及意见和建议，为领导制订、改进服务方案提供参考。技术服务部负责对本馆主页的管理、各类数据的维护与技术支持。行政管理部负责本馆人力资源管理、财务管理、对外宣传及馆内的日常行政事务处理等。

这一组织结构与传统组织结构相比，强化了信息服务的功能；增强了文献信息资源建设的针对性；突出了公共图书馆作为地方中心馆的作用；为服务创新提供了组织保证。这种复合式组织结构已在我国一些大型公共图书馆试行，如四川省图书馆，在原有组织结构基础上，根据服务任务和用户的需求，组建一些项目组，既有固定的，也有临时的，从文献信息的遴选、分析、社会调研、撰写课题报告到结题，取得了很好的服务效果。

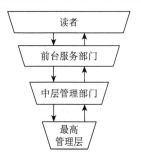

图 6-5　县级图书馆"T"形组织结构图

基层公共图书馆是指县级图书馆，其主要职能是为社会提供文献借阅服务，它们的文献信息服务功能主要委托上一级馆完成，所以其业务组织结构应采用"T"形组织结构为宜[①]（图 6-5）。前台服务部门负责各类文献的借阅服务。中层管理部门包括采编部、信息服务部和业务辅导部。采编部负责本馆各类文献信息资源的采集、加工，信息服务部负责解答咨询，并向上级馆发送疑难咨询请求，负责文献传递服务。业务辅导部负责对乡镇及村的农家书屋进行业务指导工作。图书工作委员会是最高管理层，负责全馆的业务规划、业务协调与保障。

三、高校图书馆

目前，我国高校图书馆的组织结构一般为采编部（文献资源建设部）、读者服务部（设置阅览室）、信息咨询部、自动化部和教学组等。这一组织结构的最大弊端是学科服务功能不能充分体现，而为读者提供学科服务是其主要服务内容之一。为了充分发挥高校图书馆为学科服务的功能，高校图书馆宜采用矩阵型组织结构[②]。

高校图书馆矩阵型组织结构见图 6-6。其中，最高管理层为本单位的图书情报委员会，负责审议图书馆的发展规划和审核财务运行情况。在馆长领导下的馆务会负责日常工作。学科组的设置一般应相对固定，并与学校的院系设置和重点学科相一致，也可根据本校重点研究项目临时成立。学科组负责为用户提供有针对性的文献信息服务及解答咨询，学科阅览室的管理，并对本馆各类文献信息资源进行遴选。在学科组下根据本馆的馆员、学校

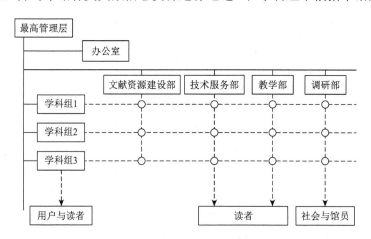

图 6-6　高校图书馆矩阵型组织结构图

① 王丽华. 服务管理[M]. 北京：中国旅游出版社，2007：246.

② 朱晔. 矩阵式组织结构管理模式探索[J]. 中国金融电脑，2010，（3）：67-69.

的学科设置情况进一步细分。文献资源建设部负责对各学科组遴选的文献协调、汇总、订购，对文献进行加工、统计、调拨，按照本馆规划搜集网络信息，对本馆各类文献资源进行整合。技术服务部负责本馆集成管理系统的正常运行和各种数据的安全，负责本馆主网的日常管理，对应用软件进行开发。教学部向学生宣传文献信息检索知识，使他们学会掌握知识的本领。调研部负责全校及社会对文献信息需求的调研。办公室负责对外宣传、馆内财务及日常事务等。

这一组织结构与传统结构相比，最大的特点是在机构设置上突出了学科服务的功能；在信息资源建设上能更好地满足学科发展的需要；有利于学科馆员制的形成。

这种以学科为主的矩阵型组织结构在国内外大学图书馆已被采用，取得了很好的效果。如美国西东大学沃尔什图书馆采用矩阵型组织结构重组业务部门，每个专业馆员都要负责相关专业的资源建设、院系联络、用户教育和参考咨询工作[①]（表 6-1）。国内的上海交通大学图书馆也将原有的部门重组为读者服务部、技术服务部和行政管理部。在读者服务部下按学科设置工学部、文学部、理学部和综合流通部，四个部下又按学科细分若干分馆或阅览室，各室集借、阅、咨一体为读者提供服务。

表 6-1　美国西东大学沃尔什图书馆专业馆员矩阵结构

馆员姓名	参考咨询	用户教育	院系联络	资源建设	编目	流通服务	系统建设	特藏建设	政府出版物	…	专业方向	所在部门
A	√	√	√	<u>√</u>							采访	采访
B	√	√	√	√	<u>√</u>						编目	编目
C	√	√	√	√		<u>√</u>					流通	流通
D	√	√	√	√			<u>√</u>				系统	
E	√	√	√	√				<u>√</u>			特藏	档案
F	√	√	√	√					<u>√</u>		政府	
G	√	<u>√</u>	√	√							参考咨询	
H	<u>√</u>	√	√	√								
I—M	√	√	√									
⋮												

注：每行 A、B、C 等各代表一位专业馆员的名字，每列代表图书馆的一项工作任务。表中"√"表示该馆员参与该项任务，"<u>√</u>"表示该馆员是该项任务的负责人或协调员。例如，A 为采访部负责人，B 为编目部负责人，C 为流通部负责人，D 为系统建设协调员，E 为特藏建设负责人，F 为政府出版物协调员，G 为用户教育协调员，H 为参考咨询协调员

四、图书馆组织机构重组阻力的解决办法

现代图书馆的业务流程重组和组织结构重组，会给员工带来强大的冲击，它必将涉及每个人的切身利益，当然，也会给某些员工的切身利益带来不利影响。因此，组织机构的重组必然会碰到或多或少的阻力。阻力的来源主要有两个，一是来自老员工，他们熟悉图书馆的传统业务工作，对新的情况不能适应，当重组工作进行时，会改变他们传统的工作内

① 李玲. 矩阵结构在美国大学图书馆的应用实例探析——以美国西东大学图书馆为例[J]. 图书情报工作, 2007, 51（2）：132-134.

容、工作环境，甚至是经济收入，而新的工作又要求新的工作技能，这些面临知识老化的工作人员，会对图书馆的组织变革持反对态度；二是来自中层管理者，业务流程重组要求组织向扁平化方向发展，减少管理层次，减少管理人员，中层管理者是被削减的一部分人员，因此，他们也不欢迎图书馆的组织变革。各种阻力对于图书馆来说都是客观存在的，对之采取视而不见、听之任之的态度，只能导致不满扩大化。因此，图书馆必须采取有效措施来减少阻力，或者是减少阻力给图书馆组织变革带来的不良影响。主要的方法有以下几种[①]。

1. 沟通

图书馆组织机构重组是一项自上而下的活动，高层管理者必须向广大馆员传达有关变革的各方面的信息，包括变革的目标、对组织的效益及对个人的影响等。积极有效的沟通有利于争取到员工对变革的理解和支持。

2. 参与

吸收大多数员工参与到图书馆组织机构重组中来，积极听取他们的意见，关心他们的切身利益。这样做有利于增加员工对变革的关心，同时，也可以了解到不同的意见，及时采取有效措施。

3. 培训

为了让员工能够胜任重组后的图书馆工作，提供各种培训是很有必要的。对员工的技能培训可以使他们增加对未来工作的信心，减少对变革的恐惧。如果员工对重组后的工作能够胜任，并取得良好的报酬，那么，他们是不会反对变革的。

4. 强化

强化措施包括正强化、负强化、消退和惩罚。在图书馆业务流程重组中，对馆员表现出的符合图书馆要求与期望的行为要及时予以肯定和奖励；对于不希望看到的行为方式要及时告知员工，起到预防的作用。但是，对一些顽固的抵制行为要采取惩罚措施。当然，图书馆也要慎用惩罚措施。

5. 从试验开始

以试验的方式引入变革会减轻阻力。一般来说，人们对试验的戒备心理要远远小于正式的变革。如果试验证明是成功的，可以取得良好的效果，变革就会成为一件受欢迎的事。

6. 从小处入手

从小范围和小规模开始，逐渐扩大变革。小范围的变革带来的影响不会很大，因此，人们对小范围的变革通常不会持有强烈的反对态度。从小处入手也带有试验的性质，即使变革并不理想，也不会给图书馆带来致命的冲击。

① 刘兹恒，徐建华，张久珍. 现代图书馆管理[M]. 北京：电子工业出版社，2010：117-118.

第七章 图书馆全面质量管理

第一节 图书馆全面质量管理概述

一、全面质量管理的内涵

质量存在于一切可以单独描述和研究的事物之中。在商品经济时代，质量被认为是"符合规格、具备应用功能和便于使用"；随着市场竞争日趋激烈，质量逐渐演化为满足顾客需要。ISO 9000：2015 标准中，将质量定义为：客体的一组固有特性满足要求的程度。现在质量不仅要考虑顾客需要，还要考虑社会需要，并且不单单指产品质量和服务质量，还包括它们形成和实现过程的工作质量，存在于制造业、工业、服务业等各行各业中[①]。

全面质量管理是来源于企业界的一种管理和实践思想，最早由美国的质量管理学专家菲根堡姆博士提出，他将全面质量管理界定为"为了能够在最经济的水平且能考虑到满足用户要求的条件下进行一系列市场调研活动，在企业内各部门将研制质量、维持质量和提高质量的活动构成有效的运行体系"[②]；ISO 8402 定义全面质量管理为"一个组织以质量为中心，以全员参与为基础，目的在于通过让顾客满意和本组织所有成员及社会受益而达到长期成功的管理途径"[③]。由此可见，全面质量管理强调重视人的价值，以人的要求和期望为驱动进行管理，具体来说，全面质量管理包含了以下观点[③]。

（1）强烈关注顾客。在企业管理中，顾客的满意和认同是企业赢得市场、创造价值的关键，全面质量管理要求将以顾客为中心的思想贯彻到企业业务管理的各个流程中。

（2）不断地改进质量。全面质量管理是一种永不满足的承诺，即没有最好，只有更好；改进质量包括改进产品质量、改进服务质量、改进组织中每项工作的质量等三个方面。不断地改进组织中每项工作的质量以不断地提升顾客满意度，如面对客户投诉如何快速高效解决问题，如何提供更好的售后服务等。

（3）精确地度量。全面质量管理采用统计的方法测度组织作业中每一个关键变量，然后与标准比较，以发现问题、追踪问题，最终解决问题，达到提高质量的目的。

（4）对员工授权，全面质量管理利用一线员工组建团队并授权，依靠团队的力量共同发现并解决问题。

用图示（图 7-1）的方式展示当下环境中全面质量管理的观点可以发现，全面质量管理的目标正在从追求企业利益最大化向关注用户，体现社会责任方向转移。

① 罗曼. 图书馆：全面质量管理[M]. 合肥：安徽大学出版社，2003.

② 菲根堡姆 A V. 全面质量管理[M]. 杨文士，廖永平，等译. 北京：机械工业出版社，1991.

③ 罗曼，陈定权，唐琼，等. 图书馆质量管理体系研究[M]. 成都：西南交通大学出版社，2009：14.

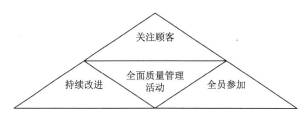

图 7-1　全面质量管理

二、图书馆全面质量管理的概念

图书馆全面质量管理是指图书馆为保证和提高信息服务质量，动员图书馆的各个部门和全体员工，综合运用管理技术、专业技术、思想教育、经济手段和科学方法，建立健全服务质量保证体系，对服务的全过程实行有效控制，从而经济地开发、设计、生产和提供用户满意的信息产品与信息服务，做到最适质量、最低消耗、最优生产和最佳服务，最终实现不断提高服务质量的目标[①]。图书馆全面质量管理同样强调重视人的价值，将满足读者的需要作为图书馆进行管理的驱动力。

图书馆全面质量管理的特点如下所示。

（1）用户至上。要树立以用户为中心、为用户服务的思想。用户既包括图书馆服务的使用者，即读者；也包括图书馆的内部用户，在图书馆的各项工作中，后一个流程可视为前一个流程的用户。一方面，以读者的需要和满意度为衡量标准，为读者提供高质量的图书馆服务；另一方面，在图书馆工作中及时反馈内部用户意见，改善工作效率，提高服务质量。

（2）全员参与。全员参与是全面质量管理成功的关键，对图书馆业务工作最了解的不是管理人员而是身处第一线的工作人员，他们是图书馆每项业务的直接接触者，了解图书馆工作的每个环节，图书馆的管理需要充分听取他们的意见。因此图书馆全面质量管理强调，上至图书馆的领导，下至图书馆的普通工作人员，都需要参与到图书馆的全面质量管理当中。图书馆管理要贯彻以人为本的管理理念，充分调动他们的主人翁意识，让他们意识到自己在质量管理体系中的不可替代性，从而积极主动地参与到图书馆的质量管理过程中。

（3）全过程管理。图书馆的所有文献无论是纸质文献还是电子文献都存在收集、整理、处理、存储和传播的过程，要想提高图书馆的服务质量，就要对每个环节进行把关和控制，一旦发现问题就要及时处理，尽最大可能为读者提供最高质量的信息产品和服务，以满足用户的需要。

（4）全程记录。质量管理是建立在真实可靠的数据的基础上的，图书馆在全面质量管理的过程中凡是和质量相关的数据都要做好记录，并用科学的方法和工具对数据进行分析，基于数据做出正确的决策。

（5）全面运用多种方法。随着科学技术的发展，用户对图书馆服务质量的要求越

---

① 孟广均，徐引篪. 国外图书馆学情报学研究进展[M]. 北京：北京图书馆出版社，1999.

来越高，影响服务质量的因素也越来越复杂。这里既有物的因素，也有人的因素；既有技术的因素，也有管理的因素；既有组织内部的因素，也有组织外部的因素。要把诸多因素有效控制，需要采用多种方法和技术来解决质量问题，包括 PDCA（plan-do-check-action，计划-执行-检查-处理）的工作程序、组织管理工作、数理统计方法、价值分析法、系统分析法等[①]。

三、图书馆实施全面质量管理的意义

（一）图书馆各部门之间联系更紧密

图书馆属于部门化的组织，图书馆内部按功能不同划分为不同的部门，如采编、编目、分类等，每个部门各司其职负责图书馆工作中的一部分，但是这样分配存在一个明显的弊端，就是很容易使部门之间划清界限，部门之间缺乏沟通交流，仅仅只考虑本部门的工作，即使平常会有工作来往，但是并不了解彼此的工作，从而会影响图书馆整体目标的实现。全面质量管理提倡的是团队工作，建议跨部门组成团队进行质量改进工作，共同发现问题、解决问题，这样既可以加强部门之间的沟通，使相互之间更加了解，又可以共同明确图书馆整体工作和目标的重要性，提高工作效率。

（二）真正实现以用户为中心

传统的管理工作追求的是管理工作中不出问题，全面质量管理则在不出问题的基础上更强调提高服务质量，实行全面质量管理的图书馆追求的不是提升某一方面的质量而是整体的质量，尤其是服务的质量，真正地实现了以用户为中心，应用户之所求，满用户之所需。

（三）真正调动图书馆员工的积极性

图书馆全面质量管理除了通过教育、培训的方式为员工提供提升自我的机会，还赋予图书馆员为用户提供服务和解决问题的权力，在提升图书馆员素质的同时通过授权的方式激发他们的责任感，使图书馆员在不断改进服务质量的过程中获得成就感与满足感，真正意义上调动图书馆员工的积极性和主动性。

四、全面质量管理与 ISO 9000[②]

ISO 9000 系列质量标准是由 ISO 于 1987 年颁布的系列标准，分为核心标准、质量保证技术指南标准、质量管理补充标准、技术支持标准和术语标准五个部分，着眼于建立一

---

① 白宝光. 质量管理——理论与案例[M]. 北京：高等教育出版社，2012：19.
② 罗曼，陈定权，唐琼，等. 图书馆质量管理体系研究[M]. 成都：西南交通大学出版社，2009.

套全面、完整、详尽、严格的有关质量管理和质量保障的规章制度与质量保障文件，使得企业从组织机构、人员管理和培训、产品寿命周期到质量控制活动都能够适应质量管理的需要，以保证质量管理的国际化，使供方能够以最低造价确保长期稳定地生产出质量好的产品，使需方对供方建立起信任。

（一）ISO 9000 与全面质量管理的相同点

（1）两者的管理理论和统计理论的基础一致。两者都认为产品的质量形成于产品的全过程，因此，质量体系应该贯穿于质量形成的全过程。在实现方法上，两者都运用了PDCA 循环运行模式。

（2）两者都强调了领导的作用。要求最高管理者对质量实施系统化的管理，要求最高管理者对质量管理进行强有力和持续的领导；ISO 9000 系列标准首先规定了管理者的职务。

（3）ISO 9000 系列标准和全面质量管理都强调采用统计技术和现代化管理技术对影响质量的要素进行控制；都要求对质量实行预防措施，两者的最终目的都是提高产品质量，满足顾客的需要；都强调任何一个过程都是可以不断改进、不断完善的。

（二）ISO 9000 与全面质量管理的不同点

（1）目标不一致。全面质量管理计划管理活动的目标是改变现状，其作业只限于一次，目标实现后，管理活动也就随之结束了，下一次计划的管理活动，虽然是在上一次计划管理活动结果的基础上进行的，但绝不是重复与上次相同的作业。ISO 9000 质量管理活动的目标是维持标准现状，其目标值为一定值，其管理活动是重复相同的方法和作业，使实际工作结果与标准值的偏差尽量减少。

（2）工作中心不同。全面质量管理是以人为中心，通过发挥人的积极性、主动性，使人们自觉地参与持续的质量改进活动，并按标准来完成质量的监控活动。而 ISO 9000 是以标准为中心，用标准来规范人们的行为，通过标准来控制人们的活动。

（3）执行标准及检查方式不同。实施全面质量管理的组织所制定的标准是组织结合其自身特点制定的自我约束的管理体制，检查方主要是组织内部人员，检查方法是考核和评价，如方针、目标讲评、QC（quality control，质量控制）小组成果发布等。ISO 9000 系列标准是国际公认的质量管理体系标准，它是世界各国共同遵守的准则。该标准强调的是由公正的第三方对质量体系进行认证并接受认证机构的监督和检查。

（4）管理体制不同。全面质量管理是生产主导型管理体制，旨在通过组织各个方面的协同努力，以期达到不断改进和提高产品质量的目的。ISO 9000 属于需求方主导型的管理体制，其有三种可供选择的质量保证模式，旨在满足顾客提供的质量要求的质量保证模式条件下兼顾供方及其他受益者所期望的利益[①]。

---

① 罗曼，陈定权，唐琼，等. 图书馆质量管理体系研究[M]. 成都：西南交通大学出版社，2009.

五、图书馆全面质量管理的发展与实践

（一）图书馆全面质量管理国际发展历程[①]

1. 第一阶段：磨合期（20 世纪 80 年代末期至 1993 年）

20 世纪 80 年代初期，全面质量管理在美国工商界迅速推广开来，而后不断渗透到政府机构、军事界、教育界等领域，1990 年，美国俄勒冈州立大学率先在财政金融与行政管理部门实施全面质量管理，然后渗透到学术领域，包括图书馆；1991 年，哈佛大学、密西根大学图书馆也相继开始实施全面质量管理。不久后，不仅仅是美国，英国、德国、澳大利亚乃至整个西方国家，全面质量管理逐渐从最负盛名的大学流行至各个层次的大学，从学术型图书馆、研究型图书馆向公共图书馆及其他各种类型的图书馆全面铺开[②]。

但是 20 世纪 90 年代初期图书馆实施全面质量管理呈现出被动接受和零散自发的特点，绝大多数图书馆作为其直属机构中的分支参与质量管理项目，1993 年 4 月，美国研究图书馆协会（Association of Research Libraries，ARL）对高校图书馆实施质量管理情况进行了调查，调查对象共 91 个，在 15 个正式导入质量管理项目的大学图书馆中，仅有一个是单独自发实施质量管理的；在 76 个没有导入质量管理项目的图书馆中，有 18 个是大学学院或作为政府机构的下属机构参与了质量管理项目。但是在这一时期，图书馆质量管理的理论研究有了较大进展，1983 年国外有关图书馆质量管理的论文只有 9 篇，到 1991 年，上升至 180 篇左右。

2. 第二阶段：融合期（1993—1994 年）

1993 年 9 月，美国研究图书馆协会的管理服务办公室（Office of Management Service，OMS）开始对美国图书馆界推行的全面质量管理发起研究，这是国际图书馆界第一次由图书馆行业联盟自发组织和探讨全面质量管理理论及原理在图书馆的应用。与此同时，欧盟委员会以英国中央兰开夏大学（University of Central Lancashire）为基地建立了"图书馆与信息管理研究中心"，该中心开展了由大英图书馆研究和创新中心资助的"图书馆质量管理"项目研究。1993 年下半年，北欧质量管理计划也开始资助北欧科学信息和研究委员会（The Nordic Council for Scientific Information and Research Libraries）的质量管理研究。1994 年 4 月 20—22 日，美国研究图书馆协会管理服务办公室联合韦恩州立大学图书馆以"学术图书馆的全面质量管理：创始实施的努力"为题举办了一场别开生面的大型国际会议，这也是第一次有关全面质量管理在图书馆中应用的国际会议。

理论研究方面也有较大突破，仅 1993 年下半年，图书馆期刊、索引中出现的图书馆全面质量管理的论文就有 30 多篇，各种专著纷纷问世，如罗莎娜·M. 奥尼尔（Rosanna M.

① 张红霞. 图书馆质量评估体系与国际标准[M]. 北京：国际图书馆出版社，2008：15-20.

② 那春光. 图书馆质量管理学[M]. 长春：吉林科学技术出版社，2003.

O'Neil）的《图书馆全面质量管理手册》（*Total Quality Management in Libraries*： *A Sourcebook*）、S. 朱罗（S. Jurow）和 S. B. 巴纳德（S. B. Barnard）主编的《在图书馆背景中融入全面质量管理》（*Integrating Total Quality Management in a Library Setting*）等。这些理论成果全面地介绍了有关全面质量管理的基础知识及如何在图书馆环境中实施，实施的模式是什么等。

这一阶段可以说是全面质量管理在图书馆中的推广阶段，西方国家由行业学会或协会牵头开始主动组织研究全面质量管理理论及原理在图书馆中的应用，全面质量管理在图书馆中的实施初现规模化。经过这一阶段的学习和研究，很多图书馆人员意识到，质量管理不再是一项选择而是图书馆管理过程中的一项正常需求。

3. 第三阶段：发展期（1995—2003 年）

这一时期最典型的特征就是图书馆界开始联合起来全面组织实施质量管理，质量管理的计划和项目纷纷出台。以欧美国家为主的国际图书馆界在这一时期开始联合起来研究并制定适合图书馆的质量评估绩效指标，较有代表性的有：1998 年 4 月 1 日 ISO 出版发行的国际标准《信息与文献　图书馆绩效指标》（ISO 11620：1998）；2003 年 7 月 5 日发表了该标准补充本《信息与文献　图书馆绩效指标补充本 1：增订图书馆绩效指标》（ISO 11620：1998/Amd.1：2003）；2003 年 11 月 1 日发布了国际标准技术报告《信息与文献　电子图书馆服务绩效指标》（ISO/TR 20983：2003）；同时国际图书馆界还联合了国际图书馆协会联合会①统计和评估专业组及国家图书馆专业组等对国际标准《信息与文献　国际图书馆统计》（ISO 2789：1991）进行了反复修订，在 1991 年版的基础上出版了 2003 年版 ISO 2789。这一系列标准的相继出版，为基于实施与数据说话的图书馆质量管理，提供了一整套的统计、评估工具。

这一时期国际图书馆界质量管理不仅形成了成熟的图书馆质量管理理论、原则，还开创了适用图书馆的质量评估标准和工具，这是图书馆质量管理的一个大的跨越。

4. 第四阶段：繁荣期（2004 年至今）

这一阶段，质量的观念已经内化为图书馆职业精神的一部分，图书馆质量评估的实践也已经固化为图书馆的一种常规管理手段。正如 IFLA 主席亚历克斯·伯恩（Alex Byrne）在南非德班第 73 届图书馆与信息大会上所说：图书馆的一切都是围绕提供最高质量的信息服务。

图书馆界在实践绩效评估的同时，也致力于探讨图书馆成效评估的指标体系和方法，把图书馆作为一个整体的组织，结合其开展的活动、提供的服务，评价其对个体技能、综合能力、态度、行为带来的改变，以及它对服务所面向的组织机构或社会产生的影响和贡献。图书馆质量评估从关注投入和产出为主的绩效评估，走向关注真实质量与效果的成效评估的更高层次，形成了图书馆质量评估的两大完整的体系：绩效评估和成效评估。

---

① 国际图书馆协会联合会英文名称为 International Federation of Library Associations and Institutions，简称 IFLA。

（二）国外图书馆全面质量管理实践案例[①]

1. 俄勒冈州立大学图书馆

1990 年，俄勒冈州立大学图书馆（Oregon State University Library）开始实施全面质量管理计划，图书馆管理者和各部门主任在实施计划前组织参加了全面质量管理培训以探索在图书馆实施全面质量管理的可行性，随后建立了两个质量改进小组进行试验，一组负责重新上架流程中的全面质量管理，一组负责政府出版物从到馆到上架的全面质量管理。两个小组首先对内部用户和外部用户进行了调查，明确有待解决的问题，并提出了改进办法。第一个小组通过按组同时在不同楼层工作、建立上架绩效标准、制订资料重新组织计划、对上架工进行培训等措施解决了每学年第一学期大量资料积压、无法及时上架的问题。第二组通过设置更清楚、更明显的标志解决了用户难以找到部门位置的困难，通过开展一系列培训，消除了用户对政府出版物不了解或有所误解的问题。

俄勒冈州立大学图书馆在初步实施全面质量管理之后获取了一系列相当好的成效：从事具体工作的人员有更多机会参与到解决问题的决策中来；通过用户调查，图书馆能解决用户真正关心的问题；因为全面质量管理强调利用绩效指标，所以小组能监控改进的进程和结果；全面质量管理在图书馆中慢慢创造一种文化——从用户的需求出发做好每项工作，为满足用户需求而不断提高质量。

2. 贝尔法斯特女王大学图书馆

贝尔法斯特女王大学图书馆（Queen's University Belfast Library）于 1991 年开始实施质量改进计划，以满足用户需求为出发点组建了质量改进委员会，成员为来自各个部门的代表，共同商议制定质量改进政策。图书馆首先对员工进行了为期四个月的关注用户培训、头脑风暴法和流程图的培训，并对小组制订了计划任务，即检查图书从订购到经过处理直至上架所经历的整个流程中存在的问题。通过利用质量管理工具，小组对流程进行了系统分析，提出了切实可行的解决办法。最终的结果是：为文献供应者制定了一个规格标准要求；在执行解决办法的两个月期间，图书在编目部停留的时间缩短了 30%，今后要保证进一步缩短编目时间；弥补了流程中的一个漏洞，提高了向其他图书馆提供文献的及时性；更加有效地利用员工的时间。

贝尔法斯特女王大学图书馆采取了建立质量改进小组的方式来解决问题和改进服务，小组能把各部门的观点和思想集中到一起，使员工有更多的机会了解彼此所面对的问题，从而能更好地满足内部用户的真正需求，并且形成新的文化。

3. 伍伦贡大学图书馆

伍伦贡大学图书馆于 1994 年开始实施全面质量管理，仅用了两年时间就取得了巨大的成功并获取了澳大利亚质量委员会（Australian Quality Council，AQC）颁发的"业务成

---

① 孟广均，徐引篪. 国外图书馆学情报学研究进展[M]. 北京：北京图书馆出版社，1999：440-456.

就卓越奖"。在实施全面质量管理时，图书馆主要加强了七个方面的工作：①领导，使全员参与战略计划的制订，在整个图书馆中发展领导技巧；②战略、政策和计划，进一步检查和细化制订战略计划的过程，与大学的计划相结合，同时保证全员参与；③信息和分析，根据图书馆的发展规划确定图书馆成功的关键因素，并分析要实现的关键目标和要达到的关键指标，然后让每个小组据此制订计划，发展关键绩效指标；④全员参与，图书馆人力资源战略与整个图书馆的战略计划结合起来，通过授权使员工可在多个小组中工作，发展多种技巧，并随时了解员工对图书馆发展战略的满意度；⑤面向用户，利用用户反馈机制获得用户对图书馆服务的评价（表扬、抱怨等）或建议方面的信息；⑥流程、产品和服务的质量，质量小组需根据对用户的咨询和用户反馈，决定需要优先改进的流程和问题，同时保存小组改进保存流程，使其能更好地发挥作用，空间小组解决图书馆的座位、书架等方面存在的空间问题；⑦机构绩效，发展整体绩效指标，进行标杆瞄准，争取在关键服务中达到一流水准。

（三）国内图书馆全面质量管理实践案例

1. 清华大学图书馆

清华大学图书馆认为，图书馆在实践全面质量管理时不仅意味着要在各个环节上加强服务，更重要的是使各项服务能够做到整体配合，因此图书馆实施全面质量管理的本质目的是构建一个以读者为中心的一体化服务体系。

20世纪90年代中期，该馆进行了以实现一体化服务为目标的馆内机构重组和工作改革，具体有以下四个方面。

第一，调整了馆内部门的设置，新组建的信息参考部兼容了多种职能，能帮助读者解决在查找、利用文献信息过程中遇到的困难和问题。

第二，按照新形势下读者的需求，加强了许多服务环节的功能。

第三，成立跨部门的课题小组，加强了对新资源、新服务的调查研究与开发利用，并将研究成果尽快应用到为读者服务中去。

第四，专业馆员从一人一岗改为一人多岗，扩充、提高了专业馆员的知识和技能，增进了岗位之间的相互了解，有利于整体配合。例如，增设咨询台，由专业馆员轮流值班，解决读者各类问题等。

2. 海南大学图书馆

海南大学图书馆于2004年7月引入全面质量管理体系，海南大学为此做了一系列准备工作，如聘请海南创新认证咨询服务中心对骨干人员进行专业培训，成立质量管理办公室进行质量手册、程序文件及工作手册的编写，最终制定出图书馆质量方针和质量目标，并以此为依据不断改善业务流程①。

在质量评估方面，海南大学图书馆根据各部门制定的工作目标，结合教育部对海南大

---

① 张玲，邓玲. 海南大学图书馆推行全面质量管理探析[J]. 现代情报，2006，（3）：102-103，106.

学图书馆进行评估的指标，制定相应的质量目标检查表，由部门主任每月一次对本部门工作进行自查，质量管理办公室每隔两个月对各部门工作进行一次检查。

经过一年多时间的实践，海南大学图书馆于 2006 年 7 月顺利通过了方圆标志认证中心的认证审核，成为我国第一家以图书馆为独立单位获得 ISO 9001 质量管理体系资格认证的机构。

国内外图书馆实施全面质量管理实践表明，图书馆实施全面质量管理不但会明显改善图书馆的业务流程、工作质量，而且会在图书馆内真正建立起质量管理的观念，推动图书馆健康美好地发展。

第二节　图书馆全面质量管理的过程、方法和工具

一、图书馆全面质量管理的过程

全面质量管理以关注质量为核心，而在图书馆管理中，质量就是指图书馆服务满足用户和社会的明确或隐含需要的特征与特性的总和。从过程上来讲，图书馆全面质量管理可以划分为四个阶段：初始阶段、准备阶段、实施阶段和持续改进阶段[①]。

（一）初始阶段

初始阶段包括探索和承诺两个步骤。探索的目的主要是收集有关全面质量管理的各种信息，特别是在教育部门、服务部门、非营利组织以及图书情报机构应用的重要论述。如有可能的话，可以实地访问、考察一些成功实施了全面质量管理的图书情报机构，获得第一手资料。还可以聘请有关专家、顾问到图书馆举办讲座，组织图书馆员工认真学习并进行讨论。通过这些活动，员工可以对全面质量管理有比较充分的了解，明确图书馆实施全面质量管理的意义及其在改进图书馆服务质量中的作用。

在全面质量管理实施前，图书馆管理者和员工必须承诺参与全面质量管理，提供实施全面质量管理所需的资源并接受培训。通过培训，员工掌握进行质量改进所必不可少的一些技巧，如产生想法和收集信息的工具（头脑风暴法、调查表、访问等）、达成共识的工具（标准评价表、投票等）、分析和显示数据的工具（因果图、直方图、排列图等）、计划行动的工具（流程图等）。这些工具在分析问题、实施改进和评价结果中是非常有用的。

此外，图书馆实施全面质量管理必须获得高层的支持。图书馆馆长及其他管理者的支持对于实施全面质量管理是非常重要的。戴明认为：有来自上层管理者的牢固承诺，是实施全面质量管理最重要的一步。图书馆全面质量管理是一项很细致的工作，需要不断地大量分析和细节改进，很多情况下需要打破常规，没有高层领导的支持几乎是不可能完成的。盖伊·圣克莱尔（Guy St. Clair）指出，质量改进应从最高层开始，如果高层管理者对质

① 罗曼. 图书馆全面质量管理（TQM）模型研究[J]. 图书馆，2001，（2）：24-27，50.

量管理没兴趣，甚至排斥它，那么即使图书馆员有良好的愿望和热情，承诺提供优质服务，（质量改进）也不会取得完全成功[①]。

（二）准备阶段

准备阶段包括制订战略计划、调查用户需求、进行机构评估、建立质量改进团队等。

（1）制订战略计划。战略计划在这个阶段处于中心位置，它指导和制约着整个全面质量管理活动。高层管理者制订的战略计划一般为三年到五年，计划集中在突破关键问题和改进目标上，从而对图书馆的全面质量管理进行宏观的指导，为员工改进质量提供目标和方向。

（2）调查用户需求。图书馆不仅要明确自己的用户（图书馆员和读者），还必须了解他们的需求和期望。图书馆通过了解内外部用户的期望和需求以及服务满意度，从而找出存在的问题，发现未被满足的用户需求。为此，可以利用三种方法：①建立正式反馈机制，如设置意见箱、意见簿等；②注重日常反馈，即通过与用户的日常接触而获得用户满意程度和需求信息；③主动研究，通过访问、问卷调查、隐蔽观察、焦点组等方法了解现实用户和潜在用户对图书馆的印象和期望。关于用户，图书馆必须牢记：用户是图书馆生存之本；为了留住老用户和不断吸引新用户，图书馆必须满足他们的需求；只有了解用户需求，才能进一步满足他们的需求。

（3）进行机构评估。图书馆机构评估包括文化评估和绩效评估两个方面。图书馆需要明确自身的文化环境与全面质量管理的文化是否兼容。如果不兼容，就需要重新建立有利于确定质量、培育全面质量管理行为的新文化。文化评估的方式有很多，其中盖洛德·里根（Gaylord Reagan）的"全面质量管理清单"被广为使用，它包括八个质量标准：高层领导者的领导和支持，战略计划，顾客中心，雇员培训和认识，雇员授权和团队工作，质量测度和分析，质量保证，质量和生产率改进结果。

绩效评估可以通过用户满意度调查或特定测度指标来反映用户对图书馆所提供服务的满意度，这是进行持续改进的基础。只有把绩效同用户期望联系起来，才能从中找出差距，明确改进方向，最终达到用户所期望的目标。

（4）建立质量改进团队。质量改进团队一般由六人到八人组成，这些成员可以来自同一部门或是跨部门的成员代表，也可以是图书馆的外部用户和供应商。质量改进团队的任务主要是确定需要改进的关键流程和需要解决的问题，利用掌握的方法和工具收集与分析数据，提出解决办法，实施解决方案并评价实施的结果。

质量改进团队成员必须熟悉图书馆的业务工作流程，团队角色一般有协调员、团队领导和团队成员三种角色。协调员主要负责促进团队成员间的交流和辅助决策，对专业知识没有硬性要求。团队领导是团队和管理层面之间的交流通道，主要负责后勤工作（如安排会议、负责团队记录等）以及负责实施和评价。团队成员一般是需要改进流程中的工作人员。

---

① 刘兹恒，徐建华，张久珍. 现代图书馆管理[M]. 北京：电子工业出版社，2010：129.

（三）实施阶段

全面质量管理实施阶段中最重要的过程，一般包括：确定和选择问题、分析问题、提出解决问题的办法、制订实施计划、执行实施计划和评价实施结果六个步骤。

（1）确认和选择问题。选择一个对图书馆服务有重要影响的问题首先予以解决。具体又可分三步进行：①确认问题，可以从不同角度来确认问题，如用户需求研究、标杆对比、用户评论等，可以利用5W1H[①]分析法；②描述问题，问题说明至关重要，在问题解决过程中，团队都围绕着它，并将它作为行动的参照；③阐明期望结果，它是团队解决问题之后将取得的结果。

（2）分析问题。通过对有待改进流程的分析，找出造成问题的根本原因。团队可以用流程图、因果图、排列图等来分析问题产生的原因。

（3）提出解决问题的办法。团队成员针对产生问题的原因，利用头脑风暴法等技巧提出尽可能多的解决方案，然后进行剔除、综合，最终得到一个切实可行的解决办法。

（4）制订实施计划。明确实施的步骤、每一步的负责人、完成的时间、测度进展情况的办法等。具体来说，计划必须对下述问题做出明确说明：①为什么要实施这项计划？②计划如何进行？③计划何时进行？④计划由谁负责？⑤计划从何处着手？

（5）执行实施计划。在制订出实施计划之后，团队成员就可以按照计划的规定分头或共同解决问题。在此期间，成员应密切注意可能出现的各种突发情况，并据此对计划进行不断调整和完善。

（6）评价实施结果。团队成员要收集实施计划后所产生的结果信息，并与"确认和选择问题"步骤中所期望的结果进行比较，从而明确是否达到既定目标。若两者不相符，说明解决办法存在问题或未严格按计划执行，这时就需要重新开始解决问题这一过程，或返回到其中某一步骤上去。若目标已达到，团队成员也要继续监控解决办法，以保证良好的形势能持续下去，保证解决办法本身不会造成任何新问题。

至此，一个质量改进过程或者说问题解决过程就结束了，接下去可以开始另一个循环。

（四）持续改进阶段

持续改进阶段是图书馆全面质量管理的重要过程。通过不断地发现问题和解决问题，以达到不断改进图书馆工作和服务质量的目的，而在这个过程中需要坚持以下几个取向。

（1）持续性。持续性即持续地改进质量，这也是全面质量管理的核心价值观之一。科恩和布兰德曾指出全面质量管理的核心业务活动中包括"坚持不懈的员工工作过程分析，改进工作，减少工作过程中无谓的重复"[②]。图书馆全面质量管理不可能是一步到位的，对于工作过程的全方位分析和改进必然是一个渐进的过程。另外，作为一项系统工程，全

---

① 5W1H是指从原因（why）、对象（what）、地点（where）、时间（when）、人员（who）、方法（how）六个方面分析问题的方法。

② 陈振明，等. 政府工具导论[M]. 北京：北京大学出版社，2009：195.

面质量管理需要一整套制度的、文化的背景加以支持，完善制度和技术手段本身对于图书馆来说就是一个探索的过程，而致力于建设图书馆的"质量文化"则更是一个长期的过程，需要图书馆上下的一致努力。

（2）全员参与。员工参与的程度在很大程度上决定了全面质量管理的成败，图书馆的各个部门和成员的工作都直接或间接地影响着图书馆服务的质量，为了提高读者的满意度，必须要求图书馆所有部门、所有成员都参与到质量管理的活动中。质量改进团队是实行全员参与和质量改进的一个有效的手段，质量改进团队可以分为部门和全机构的两种互不隶属的系统，这样更易于发现问题且不会引发权力交叉。在自愿参加的基础上，团队成员应尽量吸收各方面的人才，并赋予其相当的权力。

（3）预防式管理。"防止问题的发生比发生了再反应要好。"[①]全面质量管理试图通过对工作全过程中可能造成的低效率或是降低用户满意度的环节进行合理化的改进，而使问题在萌芽状态就被解决，这就是预防式管理。预防式管理和传统的质量检验管理不同，后者是设想通过检验服务的质量以提高质量水平，实践证明这种方式对于某一个阶段提高质量是有一定帮助的，但无法从本质上改进质量。因此，图书馆全面质量管理要重视预防式管理，通过建立一套质量保证体系，以达到防患于未然的目的，使问题没有机会出现，从而达到长久提高质量的目的。

（4）建立培训和激励机制。对于初步实施全面质量管理的图书馆而言，全面质量管理还是新鲜事物，很多技术手段并不是短时间内能够掌握的，因此对馆员的培训显得非常重要，而真正掌握全面质量管理的唯一途径就是将其核心理论逐步运用到日常工作中去。培训的重点首先是让部门成员接受全面质量管理的一整套思想理论，其次是技术手段的培训，应该将解决问题和预防问题的训练放在重要的位置，并进行参与式的培训，图书馆也要从员工的经验中总结出新的方法和手段以利于进一步地改进工作。此外，全面质量管理还非常重视激励机制。建立激励机制可以鼓励员工积极地分析问题和提出改进意见，如图书馆可以模仿企业设立质量改进奖、最佳意见奖等，以激发员工参与质量改进的积极性。

（5）构建图书馆质量文化。要保证图书馆服务质量不断改进和用户满意度持续提高，除了制度、体制和技术等硬件外，构建图书馆的质量文化这一软件也是必不可少的。将用户至上、质量第一、预防为主、持之以恒、团队协作、全员参与等理念植根于馆员的内心，这是图书馆长期推行全面质量管理的关键所在。

二、图书馆全面质量管理的方法

（一）质量管理体系

为适应国际贸易往来与国际经济合作的需要，ISO 在 1979 年成立了 ISO/TC 176 "质量管理和质量保证技术委员会"，并于 1987 年 3 月正式颁布了 ISO 9000《质量管理和质量保证》系列国际标准，包括 ISO 8402、ISO 9000、ISO 9001、ISO 9002、ISO 9003 和

---

① 陈振明，等. 政府工具导论[M]. 北京：北京大学出版社，2009：191.

ISO 9004 六个标准，内容覆盖术语、标准的选择与使用、质量保证和质量管理体系要求等。一般来说，图书馆建立和运行质量管理体系的步骤包括准备与策划、建立与实施、评价及改进几个阶段。

第一阶段：准备与策划阶段。

质量管理体系的准备工作包括以下几个方面：①动员图书馆全员参与；②建立质量管理小组，明确每个质量小组的领头人和所属组织部门；③制订每一阶段工作计划，计划要具体到工作的内容、责任人、时间、地点及目标等；④开展培训，对于参与到质量管理中的人员都要进行专门的培训。

质量管理体系的策划内容主要有：①制定质量方针；②制定质量目标；③明确质量管理体系的实施过程及过程中各要素之间的相互关系，在此基础上确定过程实施的准则、要求、测量方法和改进程序等；④明确每个阶段各个管理部门及质量改进小组的职责和权限。

准备与策划工作是质量管理体系建立和运行的基础，计划、目标及任务等工作安排得科学与否直接影响到下一步质量管理体系能否被正常实施。因此，管理者要系统统筹规划好策划和准备工作[①]。

第二阶段：建立与实施阶段。

图书馆实施质量管理之前要进行文件编写，质量管理体系文件是图书馆提供用户服务和过程管理的规范的客观依据，也是图书馆后期的质量管理工作的重复性和追溯性文件。根据功能和作用的不同，可以将文件分为三类：质量手册，包括质量方针和质量目标；程序性文件，包括标准要求的程序论据和过程控制所需的程序文件；作业指导书，作业指导书是针对某一具体过程或活动而制定的，包括工作的职责、人员构成、岗位职责、任职条件、工作程序、工作规范等内容[②]。

图书馆质量管理体系的实施是按照 PDCA 模式来执行的，具体来说就是：①根据用户（读者）的要求和组织方针，为提供的结果建立必要的目标和过程；②在实施和检查过程中根据质量方针、目标和读者要求，对过程和服务进行监视和测量并报告结果；③对结果中出现的不合格项提出改进措施并检查改进的结果，形成持续改进的机制。

第三阶段：评价及改进阶段。

图书馆质量管理体系的实施效果可以通过测量读者满意度、检查服务过程是否符合要求及过程受控情况等标准来衡量。同时，图书馆内部审核和质量改进小组要对质量管理体系进行全面、系统的评价，针对评审过程中发现的问题，无论大小，都需要制订相应的计划，采取措施实施改进，并对改进效果进行全方位跟踪，确保质量管理体系持续健康地运行。

（二）卓越绩效模式

1. 卓越绩效模式的概念与作用

卓越绩效模式（performance excellence model）是全面质量管理理论与实践在新时

---

① 中国质量协会. 全面质量管理[M]. 4 版. 北京：中国科学技术出版社，2018.
② 李春，詹长智，安邦建. ISO9000 质量管理体系在海南大学图书馆有效运行[J]. 大学图书馆学报，2007，（1）：15-18.

期的演进与拓展，为组织获得持续发展和卓越绩效提供指导和工具。卓越绩效模式是全面质量管理的实施框架，是对以往全面质量管理实践的标准化、条理化和具体化。卓越绩效模式作为一种先进的质量管理理念和方法具有广泛的适用性。图书馆导入卓越绩效管理模式，倡导优质服务，推行绩效评价，对于图书馆管理效益的提升具有重要意义。

（1）提高组织管理成熟度。卓越绩效模式为组织追求卓越绩效提供了自我评价的模板，突出了改进标杆管理的思想，通过定期的自我评价，使组织看到管理现状与标准要求、标杆水平、战略目标等方面的差距并进行改进，进而提高组织管理的成熟度，促使组织总体管理水平的提升。

（2）提高管理框架作用。卓越绩效模式为组织提供了一种构建全面质量管理、追求卓越的集成化系统管理框架。首先，提出了组织卓越绩效管理的框架性要求，组织根据这些要求，选择和确定管理方法并进行定期的评价和改进，致力于达到更高水平的关键绩效结果。其次，该模式为管理体系的全面一体化提供了有效的框架，卓越绩效模式强调以组织发展战略为基础进行管理体系和方法工具的全面整合，以达到真正意义上的管理体系全面一体化。

（3）"诊断测量仪"的作用。卓越绩效模式为组织提供了一个系统的评价流程，从领导，战略，用户与市场，资源，过程管理，测量、分析与改进，经营结果七个方面规定了评价的内容及定性、定量评价的方法。通过不断的自我评价、第二方评价、第三方评价以识别目前管理的优势和差距，从而进行有目的的改进和创新，不断地提高管理成熟度，增强竞争力[①]。

2. 图书馆卓越绩效模式的基本框架[②]

在卓越绩效模式中，包括领导，战略，用户与市场，资源，过程管理，测量、分析与改进，经营结果等七个部分。七个部分基本涵盖组织成长发展过程中的主要方面，而且各部分相互关联，形成从过程走向结果、通过结果分析持续改进过程的循环体系，为图书馆推行实施卓越绩效管理勾勒出了清晰的模式蓝本。其中，领导掌控着组织的前进方向，并关注着经营结果；领导、战略、用户与市场三部分构成领导作用三角，在组织绩效管理系统中起到驱动作用；资源、过程管理、经营结果三部分构成经营结果三角；在组织绩效管理系统中，通过资源、过程管理追求经营结果；组织绩效管理系统的基础是测量、分析与改进。

1）驱动三角——领导、战略、用户与市场

在驱动三角中，领导是第一驱动力，起到把握全局和方向的关键作用，战略明确组织发展的目标、内容和节奏，而用户与市场的需求是组织的领导决策与战略制订的基础。这个驱动三角旨在强调聚焦于图书馆事业战略、读者和其他相关方的领导的重要性。领导不仅在图书馆战略发展、图书馆读者和相关方的关注等方面发挥着重要作用，而且在图书馆

---

① 李东来，奚惠娟. 卓越绩效管理模式——公共图书馆发展的现实选择[J]. 图书馆论坛，2015，35（8）：37-43.

② 赵爱杰，杨累，冯玲. 公共图书馆卓越绩效管理模式的构建[J]. 图书馆论坛，2015，35（8）：44-51.

的组织文化、价值观、授权、绩效目标、员工激励、业务流程、创新学习等方面都起到了十分重要的作用。

2）从动三角——资源、过程管理、经营结果

在从动三角中，资源既是确保战略规划和长期发展目标实现的基础保障，也是服务于价值创造过程和支持过程、确保各过程有效运行的重要保证；过程管理是战略执行的具体表现，也是组织不断改进和创新的实现路径；经营结果就是绩效输出，与过程管理和资源有着十分密切的联系。具体到图书馆，资源包括人力资源、财务资源、信息和知识资源、技术资源、基础设施以及相关方关系等；过程是围绕服务展开的一系列业务过程，包括为读者创造价值的关键知识产品、信息服务、阅读活动等，并为这些过程的管理、改进和持续创新提供人、财、物的资源保障；结果涉及方方面面，不仅包括借阅量、访问人次、活动数量等以用户和服务为中心的绩效结果，还包括财务、资源、过程有效性结果和组织的治理以及社会责任等。过程与结果密不可分，图书馆需要将对服务结果的重视延伸到对于业务过程的优化和改进上来。

3）链条——测量、分析与改进

测量、分析与改进相当于组织运营和实现战略目标过程的神经中枢，同时也是卓越绩效模式核心价值观中的"基于事实的管理""组织和个人的学习""促进创新的管理"的具体化。对图书馆来说，应该探究如何有效地测量和分析运营服务绩效以及管理组织知识，并将这些关键信息用于促进各项运作的改进，从而获得良好的绩效输出结果，最终提升图书馆的吸引力和竞争力。

测量、分析与改进贯穿于卓越绩效管理模式的始末，从领导、战略到过程管理、经营结果都与之有着千丝万缕的联系。驱动三角与从动三角的联动，靠的就是链条在其中发挥着串联的作用。不仅测量、分析与改进的具体工作要融入图书馆卓越绩效管理的方方面面，而且绩效测量的数据、分析改进的结果，可以用于支持日常的领导决策和战略策划、制定战略目标和各项工作计划、确定需求、优化资源管理体系和过程管理、向主管机构汇报绩效结果等。

（三）标杆管理

1. 标杆管理的概念

我国 GB/T 19580—2012《卓越绩效评价准则》将标杆定义为针对相似的活动，其过程和结果代表组织所在行业的内部或外部最佳的经营实践和绩效。

标杆管理的概念没有统一的定义。美国生产力和质量中心将标杆管理定义为"不断进行比较和绩效评估的过程，通过不断将业务流程与世界上居于领先地位的企业相比较，以获得帮助企业改善经营绩效的信息"。美国会计学会将其定义为"对组织公司和行业中相似的程序进行比较，以确定做出改善的机会"。美国施乐公司将标杆管理定义为"一个将产品服务和实践与最强大的竞争对手或是行业领导者相比较的持续流程"[①]。

---

① 中国质量协会. 全面质量管理[M]. 4 版. 北京：中国科学技术出版社，2018.

综合上述定义，标杆管理的核心思想其实就是以行业最佳实践的产品、服务、流程、绩效及管理模式作为目标，寻找差距，借鉴和学习他人的先进经验来不断完善和持续改进自己的产品、服务与工艺流程。

标杆管理具有广泛的适用性和巨大的实用性，可适用于任何行业的任何组织，标杆管理有助于持续地比较、学习和改善，不断地提高组织的竞争力，提高管理水平，最终赶超竞争对手。此外，标杆管理具有极强的可操作性，标杆管理活动具有规范化的实施程序，在实施过程中形成了一套科学的标准体系，从而避免实施过程中的不确定性和盲目性。

2. 图书馆标杆管理的类型

按照标杆的来源和图书馆行业竞争关系可以将标杆管理分为内部标杆管理和外部标杆管理。

内部标杆管理是以图书馆内部组织为基准的标杆管理活动，是图书馆标杆管理活动的起步，其操作简单、可行性强，因此是图书馆实现持续改进最有效的管理途径之一。图书馆内部标杆的选择可以是图书馆的中心馆与分馆之间、图书馆内的部门与部门之间、不同专题阅览室之间，通过两两对比分析，从而在图书馆内部组织直接形成一种相互学习、彼此超越的氛围。

外部标杆管理是指组织从外部寻找本行业的最佳实践作为标杆，并以之为基准实施赶超，提升管理水平与绩效的活动。外部标杆可以分为竞争性标杆与非竞争性标杆。一般来说，同行业的学习者与被学习者之间存在着直接或间接的竞争关系。但是对于图书馆而言，只要能与被学习的图书馆取得联系，基本上就可以获得对方的支持和配合，所以在图书馆界的标杆绝大多数是非竞争性的。

外部非竞争性标杆管理就是不以竞争对手为基准的标杆管理。对图书馆而言就是以非图书馆界的最佳实践作为标杆而实施的管理活动。在其他的行业中有许多流程相似的共性工作，如设备管理、人事管理、战略管理、文化建设、用户服务、激励机制等，这些工作方法和模式都可以跨行业寻找。虽然这种管理模式一般不存在竞争性，但是毕竟外部行业的性质和环境不同，要找到真正契合图书馆的标杆还需要仔细地斟酌，不断地对比，所投入的人力、财力和时间会相对较多。

3. 图书馆标杆管理的实施过程

标杆管理的实施过程严谨而周密，结合 PDCA 的管理思想，标杆管理的实施过程可以分为三阶段八步骤，这三阶段八步骤同样适用于图书馆的标杆管理。

第一阶段：组织策划阶段。

（1）明确组织体系。组织开展标杆管理时，应先建立相应的组织体系并明确相应的职责。标杆管理的过程实际上就是一个向优秀者学习，不断创新改进的过程。图书馆要创建学习型组织体系，营造一种尊重知识、重视人才和学习的良好环境，并且将这种环境渗透到图书馆标杆管理各个环节，以推动馆员自我超越和自我发展。图书馆管理者也应该尽可能地满足馆员自我提高的合理需求，鼓励馆员参与管理，营造民主的馆风。

（2）确定标杆管理项目。图书馆的核心职能是用户服务，因此在选定标杆管理的项目之前要充分了解读者的需求，分析目前图书馆发展和满足读者需求中存在的主要问题，通过比较服务绩效指标找出目前的服务绩效与标准绩效之间的差距，进而确定标杆管理的项目。此外，还应考虑到所选定的项目是否能给图书馆创造价值，项目是否符合图书馆的战略规划，以及所选定项目本身的可操作性和可行性。

（3）建立标杆管理团队。在选定了标杆项目之后就需要组建标杆管理团队，组建团队要根据标杆管理项目类型来考虑人选，每个团队必须要有负责人、指导者和工作人员，每位成员必须熟悉图书馆的各项业务流程，最好是由有标杆管理经验、具有较强管理能力和创造能力的人员组成，可以是单一的团队，也可以是复合的团队，团队内部要职责清晰，分工明确。

第二阶段：项目实施阶段。

（1）选择标杆学习对象。图书馆的标杆选择应该是按照评估指标或图书馆绩效指标选取本机构内或是图书馆界在某方面具有优势且具有竞争力的对象。在筛选标杆学习对象时，应建立一个基本的选择标准，如组织规模、距离远近、合作可能性、获取资料渠道、运营流程绩效等，以便剖析标杆成功的原因，进而跟踪学习和实践总结出一套适合本馆的规范化管理程序。

（2）收集与分析标杆管理信息。标杆数据的收集过程就是最佳实践的引入过程，标杆管理的成功与否在很大程度上取决于数据是否细致准确。数据的收集渠道可以是图书馆的专业期刊或优秀同仁的交流经验，也可以通过参加学术研讨会和图书馆界的交流会来学习有价值的经验，因此在实施标杆管理之前要准确及时地了解当下哪些图书馆的管理和服务是一流的，并且利用先进的信息处理技术分析这些图书馆成功的原因。

（3）制订和实施改进计划。图书馆的标杆管理并不是照搬优秀者的管理理念和业务实践，还要结合图书馆本馆的实际情况，如读者的需求和要求，图书馆目前的工作状况和发展水平等，结合这些具体状况制订出改进图书馆工作的目标及战略发展规划。标杆管理是一种持续不断的改进和完善的过程，因此要把制订标杆管理规划看作具有竞争性的长久措施。

第三阶段：持续完善。

（1）完善制度流程。标杆管理是一项持久性的工作，在成功实施一次标杆管理活动之后要及时总结和评估，根据评估的结果对组织标杆体系进行不断的完善。图书馆每成功组织一项最佳实践就意味着图书馆原来的工作流程、工作方式，甚至是图书馆文化都发生了一次改变，因此要对制度和流程，甚至是文化理念进行修正和完善。

（2）完善标杆管理相关数据。作为图书馆持续性改善和提升活动，标杆管理无论成功与否，其过程数据和结果数据都应该在图书馆内部分享，图书馆内部应该对这些数据建立专门数据库，设专门人员进行管理并负责数据的日常更新和维护。

三、图书馆全面质量管理的常用工具

图书馆要进行全面质量管理必须要根据图书馆的实际情况运用质量管理工具，对图书馆有关的数据进行收集、整理、分析，最后做出决策以达到改进图书馆服务质量的目的，现用表格列出图书馆全面质量管理过程中常用到的工具及作用，如表 7-1 所示，并结合图例说明其用法①。

表 7-1　图书馆全面质量管理过程中常用到的工具及作用

序号	工具	作用
1	流程图	描述现有的过程，设计新的过程
2	调查表	为分析、控制和改进过程系统地收集数据
3	直方图	显示数据的分布状态 快速分析过程是否满足用户需求 决定在何处需要进行过程改进
4	排列图	表现出各类问题的相对重要程度 找出引发问题的变量
5	散布图	确定两组变量或数据之间的关系
6	因果图	表示结果与可能原因之间的关系 通过分析现状原因，寻找措施，促进问题的解决
7	树图	表示某一主题与要素之间的关系
8	分层图	将有关某一主题的观点意见或想法按组进行分类
9	控制图	诊断：评估过程的稳定性 控制：决定某一过程何时需要调整及何时需要保持原有状态 确认：确认某过程的改进

（一）流程图

流程图通过代表各种活动的图形来表示整个过程。在图书馆的采购工作中，为了避免重复购买，减少浪费，其工作一般按照流程来进行，图 7-2 是图书馆图书采购的工作流程图。

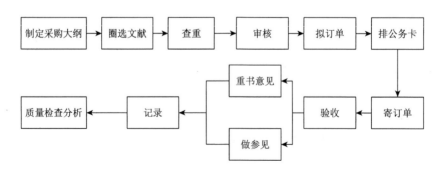

图 7-2　图书馆图书采购的工作流程图

---

① 孟广均，徐引篪. 国外图书馆学情报学研究进展[M]. 北京：北京图书馆出版社，1999：434-436.

（二）调查表

调查表适用于图书馆对其相关业务或某一专门问题的调查，如藏书的数量、种类、借阅率、利用率等，读者的数量、群体、兴趣、需要、到馆率等。

（三）直方图

直方图能够显示质量波动的状况，较直观地传递有关过程质量状况的信息，在图书馆中一般可以用来分析馆藏的分布、到馆人数、借阅量等。图 7-3 为一天内不同时间段到馆人数的直方图。

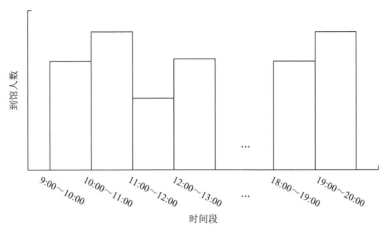

图 7-3　图书馆到馆人数时间分布直方图

（四）排列图

排列图一般用于数据整理和分析阶段，对于质量改进项目分析原因的重要程度进行排列。例如，图 7-4 是利用排列图来分析文献重复率高的原因，通过这张排列图可以发现，文献重复率高的最主要原因是文献来源方面的问题，对此图书馆采购部门可以考虑更换合作书商。

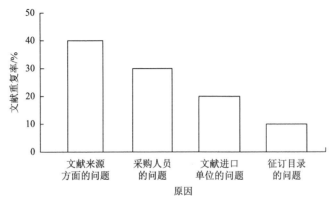

图 7-4　文献重复采购原因排列图

（五）散布图

散布图主要用来观察两个变量之间的关系，如确定问题的原因、用直观或统计的方法检验相关关系的强度，或者作为因果图的后续工具证实变量间的因果关系等。

（六）因果图

因果图常用于原因的分析与解决方案的制订过程中，利用因果图有利于把潜在的原因展示出来，并加以组织归类，以便找出问题根源所在，因果图在质量管理中应用得非常广泛。在图书馆中针对采购数目重复率高的问题，便可以通过因果图来分析（图 7-5）。

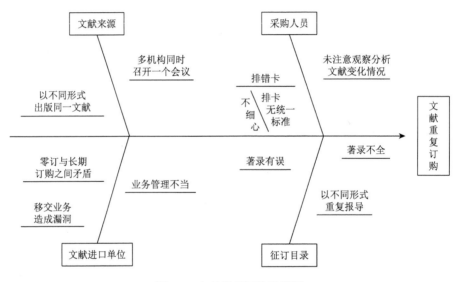

图 7-5　文献重复订购因果图

（七）树图

树图常用来表示某一项目主题和与项目相关的各个要素之间的关系，图书馆的参考咨询工作质量改进便可以用树图来分析，如图 7-6 所示。

（八）分层图

分层图主要用于在质量改进过程中收集大家的想法跟思路，如很多图书馆都设有意见箱，将意见箱里面的反馈收集起来并进行分类、总结和归纳，以找出不足并制定改进策略。

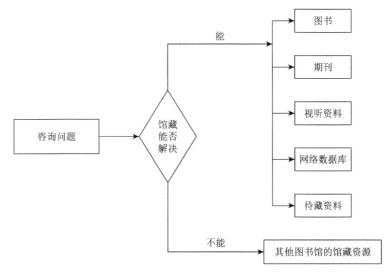

图 7-6 参考咨询问题的树图分析

（九）控制图

控制图常用于检查和控制产品的生产和测量过程，对过程的波动进行监测和控制，可展示过程控制的质量运行情况。在图书馆中，控制图可以运用于文献信息计量工作。

第三节 图书馆服务质量管理

一、图书馆服务质量概念

（一）内涵

ISO 9000：2015 标准中，将服务定义为：在组织和顾客之间需要完成至少一项活动的组织的输出。服务的主要特征通常是无形的，它通常包含为确定顾客的要求与顾客在接触面的活动以及服务的提供，可能还包括建立持续的关系。格罗鲁斯（Gronroos）认为，服务是具有或多或少无形性特征的活动所构成的过程，这种过程是在顾客与员工、有形资源的互动关系中进行的，这些有形的资源（或有形产品、有形系统）是作为顾客问题的解决方案提供给顾客的。服务的目的是满足顾客需要，帮助顾客解决问题；其次，服务的内容不是实物，即并非产品，而是供方活动和供方活动的结果[①]。服务质量是顾客感知服务质量，是感知服务与期望服务比较的结果[②]。格罗鲁斯将服务质量划分为技术质量和功能质量，技术质量指服务结果的质量，表明顾客在服务中得到了什么，又称为结果质量；功能质量指服务过程的质量，表明企业是如何为顾客提供服务的，又称为过程质量[③]。

① 徐建华. 现代图书馆管理[M]. 天津：南开大学出版社，2003：164.
② 崔立新. 服务质量管理理论与技术[M]. 北京：北京理工大学出版社，2020：19-20.
③ 顾兴全. 服务质量管理[M]. 北京：中国标准出版社，2019：42-43.

图书馆服务是图书馆利用信息资源和设施所开展的服务活动或服务项目,如图书借阅、阅读服务、信息检索、参考咨询、专题讲座、空间服务等,从而满足读者和社会的需要。图书馆的服务质量由结果质量和过程质量组成,结果质量是以信息资源为媒介满足读者对知识和信息的需要,它通过图书馆工作中的一系列业务流程来完成;过程质量表现为图书馆工作人员在为读者服务过程中的情感投入(热情、诚恳、耐心、周到等),它是馆员在与读者接触中完成的[①]。

用户对结果质量的评价较为客观,评价依据有客观结果和导致这种结果的技术水平及应用能力;对过程质量主要从人际关系技巧、服务及时程度、对用户的关怀程度、倾听技巧、是否按时完成任务等角度评价。但是用户最在意的是结果而不是过程。因此,图书馆服务质量应将服务结果质量、服务过程质量、设施设备的功能性质、环境质量及管理质量同步推进,满足不同文化层次、不同性格、不同爱好、不同习惯的用户需求。

(二)特征[①]

(1)构成的综合性。图书馆服务质量的构成复杂,既有有形的设施设备质量和服务环境质量,也有无形的劳务服务质量,每一种质量因素的构成内容也大相径庭,各个质量因素相互关联,相互制约,共同作用于图书馆服务的全过程。

(2)质量评价的主观性。图书馆服务质量的评价虽有客观的标准,但是在很大程度上取决于用户的主观感受。不同用户的个人需求、对图书馆的期望、自身的文化层次和道德修养都会对图书馆服务产生不同的理解和评价,加上时间、空间、情绪和心态等因素的影响,不同用户对同一种服务所产生的态度和感受也是不同的。

(3)服务的不可重复性。图书馆服务是由一次一次内容不同的具体服务组成的,具有不可重复性,不像实物产品那样可以返工、返修或退还。即使用户对这次的服务很满意也并不能保证对下一次的服务就同样给予好评。

(4)服务质量内容的关联性。用户对图书馆的服务质量印象是建立在从入馆到离馆全过程的基础上的。在整个过程中,只要有一个环节的服务质量出现问题就会破坏用户对图书馆整体印象,进而影响其对整个图书馆服务质量的评价。

(5)对馆员和用户的依赖性。图书馆的服务质量是馆员的努力成果,成果的好坏取决于馆员个人素质和服务情绪,文化修养的程度、服务技能的水平及个人主观情绪都会影响图书馆服务质量。此外,还依赖用户的行为方式和主观感受,用户个人需求、自身经历、对图书馆服务的熟悉程度及对服务质量的期望都会影响用户对图书馆服务质量的评价。

(三)构成

图书馆服务质量由硬件服务质量和软件服务质量构成,具体的内容见图 7-7[①]。

---

① 李海英. 图书馆服务管理[M]. 北京:国家图书馆出版社,2011:195-197.

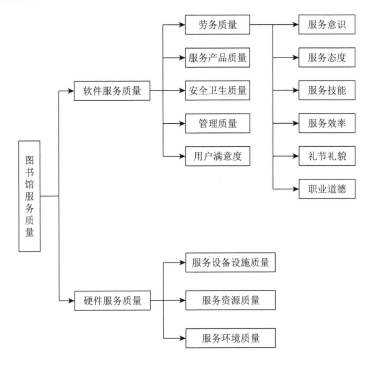

图 7-7 图书馆服务质量组成

1. 硬件服务质量

硬件服务质量主要包括服务环境质量、服务设备设施质量和服务资源质量等。

1）服务环境质量

服务环境包括自然环境和人文环境两个方面。自然环境是指图书馆的建筑、装饰、灯光、颜色搭配、空间布局等物理环境，自然环境应该是安静、温馨、舒适的环境，可以给用户带来感官和心理上的双重满足。人文环境是指馆员的形象、仪容仪表，馆员与馆员、用户之间的人际关系形成的环境，好的人文环境能够拉近用户和馆员之间的距离，使用户在图书馆找到亲切感和归属感。

2）服务设备设施质量

图书馆设备设施是衡量图书馆自动化程度和管理水平高低的重要指标，也是图书馆服务质量的决定性因素。按功能划分，图书馆的设备又可分为信息存储设备、信息交流设备和管理设备，高质量的设备设施体现在两个方面：一是设备设施要配套齐全；二是设备设施要能够正常使用。因此，图书馆不仅要配置相应的设备设施以满足用户的需求，还必须对设备设施建立严格的维护、维修和保养制度，保证其能够正常运转。

3）服务资源质量

服务资源主要是馆藏资源，它是图书馆开展服务的资源基础，馆藏资源的数量、种类、学科覆盖程度及新旧程度等共同影响图书馆的服务效果。这里所说的资源不仅包括纸质资源，还包括电子资源、数字资源等虚拟资源。

2. 软件服务质量

软件服务质量主要包括劳务质量、服务产品质量、管理质量、安全卫生质量及用户满意度，它在很大程度上受馆员和用户的主观感受影响，具有不稳定性。

1）劳务质量

劳务质量是图书馆服务质量的根本内容，主要包括馆员的服务意识、服务态度、服务技能、服务效率、职业道德和礼节礼貌等几个方面内容，这几个方面都与馆员的自身修养、职业道德及对职业的热爱程度有很大关系。其中，服务技能取决于馆员专业知识和技术水平，服务技能的高低会影响服务效率。

2）服务产品质量

图书馆服务产品主要是图书馆所提供的信息产品，不仅有外购的图书、期刊和数据库，还包括自行生产开发的馆藏目录、机读目录、参考咨询信息、图书馆特色数据库等。高质量的信息产品能大大地提高用户对图书馆的满意度，为图书馆创造良好的社会效益。

3）管理质量

管理质量是图书馆服务质量达到质量标准的主要保证，是指为提高图书馆服务质量，对服务过程中的服务规范、服务标准等进行的管理。它包括各个岗位的服务规范、细则、工作流程、各种记录和统计工作等日常管理规范。

4）安全卫生质量

安全是服务质量的保障和基础，没有安全，任何服务都无法顺利进行。图书馆保证用户安全不仅包括物质方面的安全性，如馆舍建设的安全性、服务设施的安全性、网络环境的安全性等，还要保证精神方面的安全性，如馆员的言行举止等不能够误导和伤害用户的身心健康。

卫生是指图书馆应按照清洁卫生规程、标准和卫生检查制度等来保证图书馆的环境，要保持环境整洁干净。

5）用户满意度

用户的满意度是衡量图书馆服务质量最有效的方法。服务的好坏并不是只通过馆员的工作情况来评估，它是一个主观的范畴，还要通过用户的满意度来表现。

综上所述，图书馆服务的硬件服务质量和软件服务质量是相辅相成、相互影响的。硬件服务质量是基础，在很大程度上会影响图书馆整体服务质量的高低；软件服务质量是硬件服务质量的延伸和发展，软件服务质量高可以弥补部分硬件服务质量的缺失。

二、图书馆服务质量维度

帕拉休拉曼（Parasuraman）、泽丝曼尔（Zeithaml）和贝里（Berry）通过对银行、证券交易、产品维修与保护等四个服务业的考察和研究发现，服务质量主要由十个维度构成，在进一步研究中又将这十个维度合并为五个维度：可靠性（reliability）、响应性（responsiveness）、保证性（assurance）、移情性（empathy）和有形性（tangibles），如表 7-2 所示[①]。

---

① 李海英. 图书馆服务管理[M]. 北京：国家图书馆出版社，2011：204-206.

表 7-2 服务质量衡量标准

衡量标准	示例
可靠性：为用户提供可靠、安全的服务	及时提供承诺服务；关心帮助遇到困难用户
响应性：馆员愿意或乐意提供服务的程度	服务的时效性；及时对服务差错进行补救
保证性：馆员的专业知识、服务技能和传达信息的能力	使用户产生安全感和信任感
移情性：对用户的关心和个性的关注	了解和满足用户实际需求；真心关心用户
有形性：服务的有形保证	现代化设备设施；馆员仪容仪表

1. 可靠性

可靠性是指可靠而准确地开展承诺服务的能力。它是服务属性中的核心和关键内容。可靠的服务是用户所期望的，它意味着服务的一致性与无差别性。因此，图书馆要加强对馆员的培训，强化馆员责任感和义务感，保证馆员能切实履行图书馆的服务承诺，为用户提供可靠的服务。

2. 响应性

响应性是指为用户提供迅速有效的服务。它反映出图书馆服务为用户提供及时、准确的服务能力，也体现了图书馆服务是否贯彻以人为本的理念。对此，图书馆要及时明确地满足用户各种需求，将用户放在工作的第一位，对有需要的用户及时给予帮助。

3. 保证性

保证性是指馆员的专业知识、服务技能及其传达信用和信心的能力。它能增强用户对图书馆服务质量的信心和安全感。当用户与态度友好、知识丰富的馆员打交道，他会认为自己找对了服务者，从而获得信心和安全感。因此，馆员在提供服务时要有礼貌，尊重用户，真诚而热心地与用户沟通，不断地提高技能。

4. 移情性

移情性是指给予用户关心和细致入微的个体关注。图书馆应设身处地为用户着想和给予用户特别的关注，尤其是特殊群体。馆内的文献采购、设备的摆放及规章制度的制定都应该从用户角度来考虑，馆员应真诚地关心用户，了解并满足他们的需求，使整个过程都富有人情味。

5. 有形性

有形性包括图书馆的服务设施设备以及服务人员的仪容仪表和宣传资料等。用户都是通过图书馆的有形部分来感受服务的。馆内的设施是否舒适、完善，设备是否能满足用户的使用需求，网络是否畅通，馆员的仪容仪表是否端庄、整洁等都直接影响图书馆的服务质量。

三、图书馆服务质量的差距

服务质量既有服务本身的客观成分，也有用户感知的主观成分，服务质量的好坏主要取决于用户需要的满足程度。下面通过两个经典的模型来解释图书馆服务质量的差距和产生的原因[①]。

（一）顾客期望和感知差距模型

芬兰学者格罗鲁斯提出了顾客期望和感知差距模型（也称 SERVQUAL[②]模型）（图 7-8），他认为服务质量取决于顾客对服务质量的期望（expected quality）和实际感知的服务水平（perceived service quality）的对比，顾客以往的服务体验、个人的需要及图书馆的口碑都决定了用户对图书馆的预期期望，并根据自己的预期对图书馆的服务绩效进行评估，如果绩效低于期望，用户就会不满意；如果符合期望，就会满意；如果超出期望，就会非常满意。

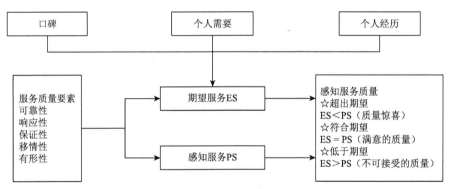

图 7-8　顾客期望和感知差距模型图

期望服务表示 expected service，ES；感知服务表示 perceived service，PS

（二）服务质量差距分析模型

1985 年，美国学者帕拉休拉曼、泽丝曼尔和贝里在服务质量五维度的基础上提出了服务质量差距分析模型（图 7-9）[①]。他们认为服务质量除了服务感知与服务结果之外，还应包括服务的过程。该模型说明了服务质量是如何形成的，模型的上半部分是与顾客有关的内容，下半部分展示了与服务提供者有关的内容。顾客对服务质量的期望取决于顾客的个人经历、个人需要、他人口碑等因素。感知的服务是指用户所经历的服务，是一系列内部决策和活动的产物，管理层对顾客期望的理解引导其制定服务质量规范，而服务质量规范又会进一步影响图书馆为用户提供的服务质量。

① 李海英. 图书馆服务管理[M]. 北京：国家图书馆出版社，2011：206-209.

② SERVQUAL 是 "service quality"（服务质量）的缩写。

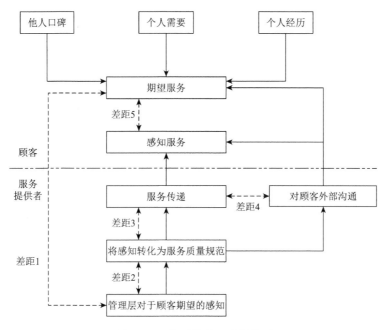

图 7-9 服务质量差距分析模型

在具体服务实施过程中，实际的服务实施过程与原服务计划产生偏差便会导致服务差距的产生，模型中所显示的五项差距便产生于不同的服务阶段。差距 1 是管理者认识差距，管理者和馆员对用户调查或与用户沟通不足都会导致这种差距的产生，主要表现为管理层不能准确地理解用户的期望；差距 2 是质量标准差距，当图书馆对服务质量目标制定不正确或服务规范制定不完善时，往往会导致服务质量标准与管理者对质量希望的认识存在不一致的现象；差距 3 是服务传递差距，管理与监督不力，馆员对图书馆标准规范和对用户需求的理解有误，以及馆员存在态度、素质和技能不足，都会在服务提供和传递过程中产生馆员行为不符合质量标准的情况；差距 4 是宣传差距，主要表现在服务承诺与实际提供的服务不一致，对此图书馆对外宣传应该符合自身实际，不能夸大夸张，避免用户产生不切实际的心理预期；差距 5 是感知服务质量差距，即期望的服务与所感知服务之间的差距，也是最终差距，是服务过程中所有差距共同作用的结果，上述差距中的任何一项差距的产生原因都会导致差距 5 的产生。

结合上述模型，图书馆在进行服务质量管理的过程中要持续跟踪和管理服务流程，寻找差距产生的原因，有针对性地制定策略缩小和消除差距，不断地提高服务质量，从而达到顾客的预期甚至超过顾客的预期。

四、图书馆服务质量改进方法

服务质量并不是经过一次工作就能够成功地完成，它是一个长期的过程，需要持续改进，常用的服务质量管理改进方法和工具有 PDCA 循环、六西格玛管理、标杆管理等，这里主要介绍 PDCA 循环和六西格玛管理在图书馆服务质量改进中的应用。

（一）PDCA 循环

PDCA 循环又称戴明环，是由美国质量管理专家威廉·爱德华兹·戴明于 20 世纪 20 年代提出的管理循环理论，是旨在提高产品、服务或工作质量的一种科学管理方法。PDCA 循环于 20 世纪 90 年代开始在我国图书馆中实施，整个实施过程共分为四个阶段：计划阶段（plan）、执行阶段（do）、检查阶段（check）和处理阶段（action）[①]。

第一阶段：计划阶段。这个阶段主要是确定图书馆服务质量问题的目标、方针和计划，在该阶段图书馆通过对用户的现场访谈或市场调查，用户访问，以及国家对图书馆宏观政策的引导等，掌握用户对图书馆服务质量的要求和愿望，以确定图书馆的服务质量改进计划、质量改进目标和质量改进政策。

第二阶段：执行阶段。这个阶段具体执行计划阶段的内容，图书馆工作人员依照第一阶段制订的服务质量改进计划，将计划内容具体细化到每一个馆员，有步骤地、具体地组织执行。各图书馆馆员明确分工、各司其职、协作沟通、严密实施，尤其在执行过程中，对图书馆服务质量的每个过程和环节都详细记录，有据可查，同时强化对图书馆员的技能培训和技术指导，从而确保图书馆服务质量目标和一系列质量指标的顺利实现。

第三阶段：检查阶段。在这一阶段中总结执行阶段计划完成的情况，其结果和成效是否符合预期，找出其中存在的问题。图书馆员在第二阶段的执行实施过程中，对图书馆服务质量改进计划、目标和指标等开展不定期或定期的检查和抽检，可以是自查、互查，也可以是外部检查。在核查内容上，一方面，针对图书馆自身的服务质量检查，主要从图书馆的服务内容、服务方式、业务工作质量、服务态度、服务手段等运用一系列定性和定量的指标体系进行判定和检查；另一方面，图书馆针对用户服务质量进行检查，主要从用户到馆情况、书籍借阅内容和借阅数量、书籍损耗情况、图书馆的服务手段与方式、用户的意见或建议等，采用定性和定量的指标进行核查，掌握图书馆服务质量是否符合计划预期的结果，从而调整、优化图书馆的服务质量，发挥图书馆的职能和作用，与时俱进，最终达到改进和完善图书馆服务质量的目的。

第四阶段：处理阶段。在这个阶段要对第三阶段中存在的还没有解决的问题给出具体的解决方案并转入下一个环节予以解决。图书馆在第三阶段检查的基础上，对图书馆服务质量目标和指标的完成情况及其结果进行客观、公正的总结，包括服务质量评价指标体系的优劣、服务质量的制度与政策、服务质量的措施和准则、服务质量取得的有益经验等，同时对上述三个阶段服务质量过程中存在的问题与瓶颈进行具体探究，强化图书馆自上而下各部门之间的协调与沟通，特别是各部门责任人与馆员之间的沟通交流，结合图书馆自身的发展定位和服务质量管理目标，制订切实有效执行的解决方案，采取相应的具体措施，以便将其转入到下一个循环中加以解决。

---

① 李晓青. 谈以 PDCA 循环为视角的图书馆服务质量管理[J]. 图书馆工作与研究，2012，（5）：45-48.

（二）六西格玛管理

六西格玛管理是一项以顾客为中心、以数据为基础、以追求几乎完美无瑕为目标的管理理念，其核心是通过一套以统计技术为依据的数据分析，测量问题，分析原因，以改进、优化和控制流程，使企业在经营运作方面达到最佳效果[①]。六西格玛质量管理方法又称为DMAIC 模型（图 7-10）。主要分为以下五个步骤。

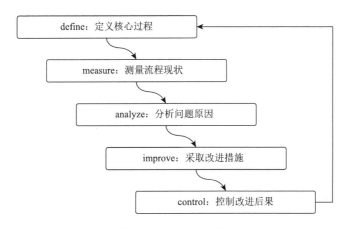

图 7-10　DMAIC 模型

资料来源：曹培培. 高校图书馆服务质量评价研究[D]. 上海：复旦大学学位论文，2008

（1）第一步：定义阶段（define）。定义项目是整个六西格玛项目的起点，也是至关重要的一步。确定要解决的问题，界定项目的范畴，从而引申出项目的关键性质量要素。在这一阶段，必须弄清下列问题，如我们针对什么开展工作？为什么要针对它？将达到什么样的效果？这个项目将要涉及哪些服务流程及哪些部门和哪些员工？读者的需求到底是什么等一系列问题，只有清晰地回答这些问题，解决问题的途径才会更加清晰、理性和务实。

（2）第二步：测量阶段（measure）。测量的目的是识别并记录那些对读者关键的服务及对服务影响的过程参数，量化读者需求，了解图书馆目前的服务质量水平，并对改进后的预期效果进行评估。此阶段是数据收集阶段，一旦决定测量什么，就必须制订相应的数据收集计划，可采用排列图、因果分析法等技术手段来整理数据，找到导致问题产生的关键原因，明确问题的核心所在。

（3）第三步：分析阶段（analyze）。深入分析收集的数据和流程图，用科学的统计方法找出造成缺陷的根本原因。抓住根本原因，确立为达到目标水平所需的运作指标，以改进机会优先原则，确立突破点，提出初始的解决方案。

（4）第四步：改进阶段（improve）。这是六西格玛项目的核心过程。在大量分析的

---

① 李海英. 图书馆服务管理[M]. 北京：国家图书馆，2011：226-228.

基础上，要针对关键因素确立最佳改进方案。在执行此方案后，会提高到什么样的水平即达到几个西格玛，同时说明是否达到了项目预期的目标。如果没有达到，要重新进行设计；如果已达到，立即制订实施计划并执行。

（5）第五步：控制阶段（control）。主要对关键因素进行长期控制并采取措施以维持改进结果，这是控制改进成效的阶段。在此阶段，要关注改进对象数据，对关键变量进行控制，制订过程控制计划，修订操作程序和作业指导书，建立测量体系，控制工作流程，并制定一些未曾预料到的事件的应对措施。通过控制改进结果，使用户由满意到忠诚，同时从中不断发现新的问题，进入 DMAIC 模型的另一个循环。

六西格玛管理是一种基于数据的科学管理方法，它通过对数据分析查找关键因素和主要问题，并依靠统计分析来提出解决问题的方案和办法。图书馆服务引入六西格玛管理是一个长期的、循环往复的过程，需要长期坚持，更需要图书馆领导的坚强毅力和对改进工作强有力的领导，需要充分发挥团队精神，也需要图书馆相关政策的稳定和后勤保障，这样才能保证六西格玛管理在图书馆服务质量管理中获得应有的效果，从而实现信息服务质量的提升和读者满意最大化的图书馆使命。

第八章 图书馆服务管理

第一节 图书馆服务理念

一、图书馆服务理念的基本内容

图书馆服务理念是指图书馆在开展服务活动中的基本方针，为图书馆开展服务活动提供相应的指导思想、前进方向和行动准则，是图书馆服务方式、服务内容、服务态度的体现，是图书馆服务工作的核心[①]。它可以体现出该馆的发展观、价值观、质量观和人才观，衡量出一个图书馆的办馆水平。

（一）图书馆服务理念的内容

图书馆服务理念的具体内容可以概括为图书馆服务产出观、图书馆服务质量观、用户权益观、学术性的服务观等[②]。

1. 图书馆服务产出观

图书馆服务是图书馆的基本产出，图书馆产出分为图书馆服务和产品。对于图书馆来说，用户在有信息需求时，从图书馆中获取所需要的信息资源，图书馆向用户提供相应的信息服务。这时，图书馆向用户提供的信息资源就是图书馆的服务产出；对于用户来说，图书馆提供的信息资源和服务是由国家和相关的政府部门提供支持的，用户获取信息资源和服务是在消费图书馆的服务和产品。

2. 图书馆服务质量观

图书馆服务质量观主要内容包括图书馆服务质量和用户满意度。图书馆服务质量指的是图书馆服务需求主体对图书馆服务预期效果与所感知到的图书馆服务水平的对比。用户满意度是图书馆服务质量评价的重要指标。要提高图书馆服务质量，就要提高图书馆产出，即提供图书馆产品和服务的有机组合。

3. 用户权益观

"用户至上"的图书馆服务理念告诉我们，图书馆服务要尊重用户的主体地位。一方

---

① 李海英. 图书馆服务管理[M]. 北京：国家图书馆出版社，2011：10.
② 王关锁，朱学荣. 论现代图书馆服务理念[J]. 图书馆理论与实践，2005，（5）：22-24.

面，图书馆通过提高服务质量来保障用户获取信息资源的权益；另一方面，图书馆也可以在维护用户合法权益的基础上，根据用户多样化的信息需求不断改进信息服务，不断提高图书馆服务质量。保障用户的合法权益主要通过立法的方式来实现。立法保障了公民平等、自由地享有图书馆信息资源的权益，包括知情权、自主选择权、平等利用权、监督权。

4. 学术性的服务观

图书馆不仅仅向用户提供服务，还具有文化教育的职能。图书馆作为一个文化教育机构，其文化教育职能是通过图书馆服务来实现的，因此，图书馆服务是具有学术性质的服务。图书馆服务工作不是一般事务性的工作，而是需要一定的专业知识和学科知识才能完成的工作。图书馆具有很多学术性很强的服务工作，如信息检索、数据库建设、网络信息资源导航等，这些都需要一定的学术研究基础。服务性是图书馆工作的核心，而学术性是图书馆开展服务的保障。

（二）图书馆服务理念的作用

1. 促进图书馆服务有形化

图书馆作为一个服务组织，其服务理念一般包含两种：一种是"外显"形式，我们通常所说的以文字或符号信息所显示出的有形化信息，它是图书馆服务活动的导向依据；另一种是"内隐"形式，它存在于服务人员内心深处，是人自身的内在的未显形化的一种思想意识[1]。图书馆要想搞好服务工作，提高服务效益，光靠"外显"的服务理念是不够的，必须将人内在的未显形化的"内隐"服务理念变成一种自觉的、"外显"的服务理念，只有两种服务理念相结合，才能更好地为用户提供服务。

2. 促进图书馆特色服务的建立

什么样的服务理念造就什么样的服务特色。从古至今，"服务至上"是图书馆界履行服务的理念，当前许多图书馆将"用户至上，服务第一"作为该馆的服务理念，但这类理念体现不出该馆的服务特色[1]。应树立不同的服务理念体现出不同的服务特色，造就不同层次的图书馆，如深圳图书馆"开放、平等、免费"的服务理念，深圳南山图书馆"关爱、无限、完美、超值"的服务理念等，都具有一定的特色，给用户留下深刻印象。

3. 激发员工的积极性和创造力

先进的服务理念能形成生机和活力，激发馆员的积极性和创造力，并且会要求服务人员从多角度出发，从用户的需求出发，使图书馆在激烈的竞争中，用更优质的服务来最大限度地满足用户多元化的信息需求，从而大大地激发图书馆员的潜在活力。

---

① 朱丹，钟楚铃. 现代图书馆服务理念创新分析与研究[J]. 图书馆论坛，2009，29（3）：120-123.

4. 引领服务行为

图书馆服务理念主要是用来指导服务行为的，让用户对图书馆有更多的认识和了解，它不但能引导用户对服务人员的服务行为进行监督，还能统一服务人员的服务思想和行为，以此来规范服务人员的服务态度。

二、图书馆服务理念的演变

伴随着不同时代和社会发展的需要，图书馆服务理念也在不断地演进与完善。从图书馆的发展历程来看，主要有以下的图书馆服务理念影响图书馆发展进程。

（一）杜威的图书馆用户服务"三适当"准则

1876年，美国图书馆学家杜威提出图书馆用户服务"三适当"准则，即"在适当的时间，给适当的用户，提供适当的服务"。这条准则将图书馆选择与图书馆服务结合起来，对图书馆服务理念的确立具有开拓性意义，此准则也进一步明确了图书馆的办馆宗旨[①]。

（二）阮冈纳赞的图书馆学五定律

1931年，印度图书馆学之父阮冈纳赞在《图书馆学五定律》中提出了：书是为了用；每位用户有其书；每本书有其用户；节省用户阅读时间；图书馆是一个生长着的有机体。阮冈纳赞的图书馆学五定律是对杜威"三适当"准则的继承和发展，强调了图书馆应以用户为中心、服务至上的理念和图书馆要适应社会需求的发展思想[①]。五定律所体现出的以人为本的思想，对图书馆学的发展具有深远的影响，为现代图书馆服务理念奠定了思想基础。

（三）米切尔·戈曼的图书馆学新五定律

1995年，美国学者米切尔·戈曼在阮冈纳赞的基础上，提出了图书馆事业的五条新定律，被称为新五定律。其主要内容是：图书馆服务于人类文化素质；重视各种知识传播的方式；明智地采用科学技术，提高服务质量；确保知识的自由保存；尊重过去，开创未来。新五定律是针对当时图书馆的发展及社会发展趋势而提出的，具有鲜明的时代特征。新五定律对阮冈纳赞图书馆学五定律内涵进行了新的解释，它强调了服务的目标、质量，而且把服务的内涵提高到了人类文化素质、知识传播和对信息自由化存取的高度，

---

① 江涛，穆颖丽，等. 现代图书馆服务理论与实践[M]. 郑州：河南人民出版社，2014：35-36.

指出科技、信息环境、用户需求都在发生着新的变化，但是图书馆的服务属性仍是图书馆最根本所在[①]。

（四）南开大学柯平教授的图书馆服务的 10 个理念

南开大学的柯平教授结合信息时代图书馆服务的发展要求，对新老五定律进行了总结，他提出了建立图书馆服务的 10 个理念：一切利用理念、一切用户理念、开放服务理念、免费服务理念、便利服务理念、人性化服务理念、个性化服务理念、营销服务理念、竞合服务理念、创新服务理念[②]。

（五）范并思教授的图书馆学 2.0 五定律

如今，图书馆界正在面临着新的一轮 Web 2.0 带来的图书馆 2.0 浪潮的冲击，改变了信息环境，新老五定律又孕育了新的内涵。2006 年范并思提出了图书馆学 2.0 五定律：图书馆提供参与、共享的人性化服务；图书馆没有障碍；图书馆无处不在；无缝的用户体验；永远的 Beta 版。范并思的图书馆学 2.0 五定律同样强调并深化了图书馆服务的人性化和服务的无障碍性，注重用户参与、用户体验，注重用户协作。

从以上图书馆服务理念的演变可以看出，服务贯穿图书馆发展的始终，服务理念的不断演进是图书馆不断发展的原动力，服务的内涵随着社会的需求不断变更和升华[①]。但无论图书馆如何发展，服务始终是第一位。

三、图书馆服务理念创新

在信息社会，现代图书馆为了满足不断变化的用户需求提出了新的服务理念以适应不断变化的社会环境。只有图书馆服务理念不断创新，才能提高用户的满意度，才能适应信息时代社会发展要求，促使馆员尽职尽责地做好服务工作，促进图书馆不断发展。图书馆服务理念创新应包括以下几个方面的内容。

（一）自由、平等、博爱理念

自由、平等、博爱是国际社会倡导的社会公义，在图书馆界同样适用。图书馆尊重人的权利与价值，包容人的弱点，为残疾群体和其他特殊弱势群体提供服务就是自由、平等、博爱理念的体现[①]。在图书馆服务中，自由、平等、博爱服务理念更多地侧重于平等地获取知识的权利。

---

① 江涛，穆颖丽，等. 现代图书馆服务理论与实践[M]. 郑州：河南人民出版社，2014：36-37，44.
② 柯平. 当代图书馆服务的 10 个理念[J]. 图书馆建设，2006，（4）：1-5.

（二）一切为了用户理念

图书馆服务的本质就是方便用户利用，图书馆服务以用户为中心的服务理念，就是要把社会上的全体公民作为图书馆的服务对象。互联网的出现，使用户服务突破了传统用户服务的人数、空间与时间的限制。图书馆要发扬"一切为了用户，用户第一"的服务理念，重视用户对图书馆的信息需求。

（三）以人为本，从心开始

以人为本的服务理念，就是要把用户放在最重要的位置，以尊重用户、理解用户为前提，做到处处为用户着想，充分考虑用户的需求，给予用户自由的空间。无论时代如何发展，人一直是永恒的话题，无论何种活动，服务都要从心开始。也就是说，馆员需要以积极的情感态度从事服务，才会推动图书馆服务向更好的方向发展。

（四）用户参与，资源共建

Web 2.0 提倡用户参与、用户主导、用户分享、用户创造的核心理念，而泛在智能的产生和应用为用户参与图书馆资源建设提供了技术支持①。因此，在泛在知识环境下，图书馆服务要将用户参与这一理念贯穿到图书馆资源建设的全过程中。用户参与图书馆信息资源建设并不是盲目地参与，他们能为图书馆信息资源建设提供合理建议；也可以让拥有专业知识的用户与馆员合作共建专题信息。

（五）单体联合，实虚结合

全媒体时代，图书馆的形态不仅包括了图书馆的物理实体，还包括了其对应的网络空间中的虚拟体，也就是说，不仅要关注实体空间中图书馆软硬件资源的配置，还要在虚拟空间中根据用户的需要建立更小的空间，并建立虚拟社区，实现虚实结合的服务理念。此外，图书馆服务还需要单体联合，即图书馆界内部联合，同时又与其他信息服务机构联合，形成各种图书馆联盟，以联盟的方式向用户提供服务。

（六）树立知识服务理念

知识服务理念注重对信息资源的深度挖掘和利用，注重知识资源的增值服务。与传统的信息服务相比，知识服务关注的是运用知识为用户解决问题。知识服务通过对信息的重组，形成知识产品向用户提供服务。知识服务更侧重于为用户提供解决方案，更关注信息

---

① 江涛，穆颖丽，等. 现代图书馆服务理论与实践[M]. 郑州：河南人民出版社，2014：46.

服务的增值①。知识服务对馆员的要求会更高，更强调对专科知识的精通程度，将分散在相关知识领域的专业知识加以提炼，形成知识产品。

（七）树立竞争意识，提高馆员素质

在信息社会，图书馆受到了来自其他信息机构的多方面的挑战，这就要求馆员树立进取意识、竞争意识，不断精进服务水平，才能转化为图书馆的竞争力，提高图书馆服务水平。此外，图书馆要不断提升馆员信息获取能力、信息深加工能力、信息传递能力等，并且能够帮助用户提升信息素养。

（八）"零服务"理念

"零服务"理念是在企业管理中提炼出来的一种理念，具体内容包括"零距离""零缺陷""零投诉"服务①。"零服务"理念体现的是馆员与用户之间具有充分的信任而产生的高效服务。"零距离"就是馆员与用户建立起信任关系，服务中不断提高用户满意度；"零缺陷"就是图书馆服务要做到完美，让用户无可挑剔；"零投诉"就是图书馆服务要让用户满意，尽量减少投诉，最终达到零投诉。

四、图书馆服务原则

图书馆服务原则是图书馆行业面向社会提供服务、履行职能时应当遵循的准则。2008 年，中国图书馆学会发布《图书馆服务宣言》，首次以行业宣言的形式明确了图书馆用户应该享有的平等权利。中国图书馆人经过不懈地追求与努力，逐步确立了对社会普遍开放、平等服务、以人为本的基本原则。这些基本原则是现代图书馆理念的具体体现。图书馆服务所遵循的原则可概括为以下六个方面。

（一）开放原则

图书馆从封闭状态到开放状态，经历了漫长的历史进程。开放原则是图书馆服务的首要原则。现代图书馆的重要特征就是全方位的开放，不仅包括服务对象的开放、服务时间的延长和馆藏资源的开放，还包括图书馆服务设施的开放、服务管理的开放等②。

在服务对象方面，图书馆服务以面向全体公众服务为宗旨。在服务时间方面，图书馆会考虑用户使用时间，最大限度地延长图书馆开馆时间。在馆藏资源方面，图书馆要做到所有馆藏面向用户实行开架借阅，并积极开展馆际合作，实现信息资源共享。在服务设施

---

① 江涛，穆颖丽，等. 现代图书馆服务理论与实践[M]. 郑州：河南人民出版社，2014：49.

② 蒋永福，付军. 图书馆服务五原则[J]. 中国图书馆学报，2003，（3）：21-24.

方面，服务设施以达到用户便捷要求为首要目标并向用户全面开放。在服务管理方面，图书馆关于用户服务的规章制度要向用户公开，接受用户的公开监督、公开评价。

（二）方便原则

为用户提供便捷的服务是图书馆服务的目标，方便是图书馆服务的本质，是服务的核心[①]。图书馆服务中的方便原则主要体现在：馆舍位置、服务设施、资源组织、服务方式、服务流程等方面[②]。

在馆舍位置方面，现如今，人们获取信息的渠道十分丰富，人们选择图书馆来获取所需的信息资源将会考虑一个十分重要的因素，那就是是否方便到达图书馆。图书馆馆舍位置设置，可以参考图书馆的服务范围不超过 1—1.5 千米的观点，让图书馆在物理距离上很容易接近，提高用户对图书馆的利用率。在服务设施方面，图书馆的服务设施设计首要考虑的条件就是是否方便用户使用，是否为特殊人群专门设置所需的设施。在资源组织方面，图书馆资源组织要充分收集和揭示信息资源，对馆藏信息资源内容的揭示要符合用户使用习惯，以方便用户利用。在服务方式方面，图书馆的服务要深入社区街道，贴近用户生活，不断细化、优化服务。在服务流程方面，图书馆可以不断简化服务流程，提高服务自动化程度，方便用户利用信息资源。

（三）平等原则

图书馆面前人人平等，是图书馆界的"人权宣言"。图书馆的公共性决定了图书馆服务的平等原则，用户享有平等使用图书馆各项信息资源和服务的权利。图书馆服务的平等原则表现在图书馆维护和保障每一位用户的合法权益，关爱和尊重每一位用户。平等原则要求在图书馆服务过程中秉持公平、平等的原则，对所有公民，应不论其性别、地位、年龄、种族等一视同仁，平等地开展服务并不断维护用户的合法权利，提供给用户利用图书馆的平等机会。

（四）创新原则

创新是图书馆服务不断完善和发展的动力源泉。创新原则体现在图书馆服务的理念创新、内容创新和方法创新等方面。

先进的服务理念是创新的基础，服务理念创新就是要将图书馆服务打造成一种品牌文化，图书馆可以将自己独特的服务发展为优势并逐渐形成品牌。内容创新体现在信息内容上的扩展创新，加大网络信息服务和社区信息服务，不论是信息的数量还是种类都要不断更新迭代。方法创新是指改进传统的文献资源借阅方式，利用网络平台

---

① 程亚男. 再论图书馆服务[J]. 中国图书馆学报，2002，28（4）：17-20.
② 蒋永福，付军. 图书馆服务五原则[J]. 中国图书馆学报，2003，（3）：21-24.

来提供多种信息服务,通过数据库、知识库向用户提供信息推送、知识发现、个性化定制等服务。

(五)满意原则

用户是否满意图书馆服务及满意度如何,是衡量图书馆服务的重要标准[①]。满意原则包括让用户满意馆藏资源类型及质量,满意图书馆员服务、图书馆设施等。图书馆用户的满意度应该从图书馆的服务理念、服务行为、信息资源、可视化等方面判断。

CS(customer satisfaction,顾客满意)战略是一种广义的以顾客为中心的全方位顾客满意经营战略,它包括"顾客第一"的观念、"顾客总是对的"的意识、"员工也是上帝"的思想。CS 战略是图书馆满意原则最好的解释。图书馆 CS 管理建立的是以用户为导向,以追求满意为基本精神,以社会和用户的期待为理想目标的管理模式[②]。具体内容包括:图书馆理念满意(mind satisfaction,MS)、图书馆行为满意(behavior satisfaction,BS)、图书馆视觉满意(visual satisfaction,VS)。图书馆理念满意是指图书馆的办馆宗旨、方针、策略等理念带给用户心理上的满足感。图书馆行为满意是指图书馆员工的行为状态带给用户的满意状态。图书馆视觉满意是指图书馆具有的可视的外在形象带给用户的满意状态。

(六)公益原则

《图书馆服务宣言》中提到"图书馆是一个开放的知识和信息中心,图书馆以公益服务为基本原则,以实现和保障公民基本阅读权利为天职,以用户需求为一切工作的出发点"[③]。这明确了图书馆服务的公益原则。图书馆是由国家和地方政府提供的资金来维持运行的,同时承担着服务社会公众的职责,公益原则是图书馆应尽的职责。图书馆服务的公益性体现在遵循服务免费原则,任何类型图书馆不得乱收费,把握好制度收费和非制度收费的界限,限制性收费不能过高,以维持成本为原则。

图书馆服务原则中,开放原则是图书馆服务的基本方向;方便原则是图书馆服务人性化的体现;平等原则是图书馆服务的基础;创新原则是图书馆服务可持续发展的动力;满意原则是服务的目标和核心原则;公益原则是图书馆服务的基本原则。

第二节 图书馆服务管理的内容

服务管理起源于 20 世纪 70 年代的西方发达国家,从科学管理到服务管理的转变顺应了社会发展和全球化竞争的要求。在图书馆发展过程中,加强服务管理能保证优质服务,提升服务质量、服务水平,满足用户要求,达到高效管理的目的。

---

① 蒋永福,付军. 图书馆服务五原则[J]. 中国图书馆学报,2003,(3):20-23.
② 张翔,万华. CS 理论与图书馆管理初探[J]. 图书馆建设,2000,(3):11-13.
③ 信舒利. 解析《图书馆服务宣言》[J]. 图书馆建设,2008,(10):9-10.

一、图书馆服务管理的概念

（一）服务管理的内涵

服务管理的研究源于 20 世纪 70 年代初期，从早期的发展来看，服务管理的流派可分为北欧流派和北美流派。1988 年，阿尔布雷克特（Albrecht）认为："服务管理是为了形成被顾客感受到的服务质量，是一种组织的整体运作方法，是企业运作的第一驱动力。"[①]1990 年，北欧学者克里斯廷·格罗鲁斯（Christian Gronroos）给出了一个相对详尽的定义，从四个方面论述了服务管理：①了解在服务组织与顾客的关系中，顾客如何通过质量感知价值并随着时间而变化；②了解组织如何具备提供顾客感知质量或价值的能力；③了解组织应如何发展和管理控制，以提供顾客所需要的感知服务质量和价值；④充分发挥组织的职能，为顾客提供良好的服务质量和感知价值，并实现组织、顾客及其他有关方面所期待的目标[②]。

阿尔布雷克特和格罗鲁斯对服务管理的定义有一个共同之处，那就是都将顾客感知服务质量作为驱动企业管理的第一推动力。因此，服务管理是一种提高顾客感知服务质量和促进企业发展的重要方法。

综上所述，服务管理的重点是：了解顾客对服务的需求和感知途径，建立自身资源平台必须具备的服务能力，通过对流程和制度的控制来实现高质量的服务，直到达到或超越服务的目标[③]。

（二）图书馆服务管理的内涵

图书馆服务管理是指对图书馆服务系统中的要素进行合理安排、布置和整合，以发挥其最佳综合效益的过程，是图书馆根据用户感知服务质量的产生和变化，进行服务的开发和管理，以实现效用质量和利益相关者目标的管理活动的总称[①]。

服务管理作为图书馆管理的重要组成部分，它包含如下三方面内容。

（1）以"始于用户需求，终于用户满意"为导向，对图书馆服务进行战略管理。

（2）以追求优质服务乃至卓越服务为目标，通过对服务的开发、设计、整合、创新进行全过程管理，不断拓展服务空间、创新服务手段、增加服务内容、保证服务质量。

（3）以提高服务资源利用效率为目的，对技术、设备、信息资源、馆员等服务资源进行最佳配置和利用，更好地实现图书馆的社会价值。

---

① Albrecht K. At America's Service：How Your Company Can Join the Customer Service Revolution[M]. New York：Warner Books，1988.

② Gronroos C. New competition in the service economy：the five rules of service[J]. International Journal of Operations & Production Management，1988，8（3）：9-19.

③ 李海英. 图书馆服务管理[M]. 北京：国家图书馆出版社，2011：28，33.

（三）图书馆服务管理的特征

图书馆服务管理与服务的特征密切相关，服务的无形性、异质性、同步性和易逝性决定了服务管理具有以下特征。

1. 标准化和个性化

标准化服务和个性化服务是图书馆优质服务的两个重要特征。标准化服务是服务遵循各种标准、程序和一系列服务规范而形成的服务操作系统[①]。标准化要求图书馆员必须按照服务标准和规范开展服务，在各个服务环节上体现出馆员良好的服务技能。个性化服务是一种柔性的、针对性较强的、追求满意度最大化的服务。个性化服务要求馆员在服务中强化服务意识，将用户个性化需求放在首位，始终以用户满意为导向，提供细致的服务和具有针对性的服务。

2. 刚性管理和柔性管理

刚性管理和柔性管理是现代管理的两种方法。刚性管理是通过制定一系列章程、规定和规则，采取强制的方式与手段使馆员遵守和执行，使图书馆管理规范化、制度化。刚性管理的关键在于对服务制定了一系列严格的规章制度，保证了工作的有条不紊，但是长此以往会出现管理僵化的局面[②]。柔性管理相对于刚性管理而言，它是随着社会的进步应运而生的一种现代管理理念，它的理论支点是以人为本，它的本质特征是人性化管理，它的核心要求是尊重人、关心人、理解人、疏导人、用好人。柔性管理的方法侧重于引导馆员发展自身的个人能力，充分发挥馆员的积极性和创造性，从而提供更优质的服务[①]。

二、图书馆服务管理的主要内容

服务管理是一个跨学科的管理体系，涉及服务战略管理、服务系统管理、服务营销管理、服务环境管理、服务质量管理、服务文化管理等方面，其核心内容是如何提高服务系统的效率、如何有效发挥其总体功能。

（一）服务战略管理

服务战略是图书馆带有全局性或决定全局的谋划，它体现了图书馆的愿景和使命，确定了目标和任务[①]。图书馆服务战略管理是指在研究图书馆服务和管理规律的基础上，为有效地组织和利用图书馆内部的各种资源，使之适应外部环境，所做出的指导图书馆在未来一段时期对各种活动的总体预测。服务战略管理的目的是实现图书馆自身资源、社会环境和战略目标的动态平衡和统一。

---

① 李海英. 图书馆服务管理[M]. 北京：国家图书馆出版社，2011：33，48.
② 唐星敏. 刚柔并济的图书馆管理艺术[J]. 图书馆理论与实践，2008，（6）：28-29.

（二）服务系统管理

图书馆服务系统是一个涉及多个要素且相互关联、相互影响的复杂体系，它是图书馆服务理念、服务战略、服务文化、服务管理水平和服务营销的综合体现。在一个精心设计的服务系统中，图书馆员、用户和其他参与者都能从服务过程中体会到前所未有的尊重。图书馆服务系统包括服务操作子系统、服务传递子系统和服务营销子系统。

（三）服务营销管理

将服务营销理论引入图书馆服务，目的在于撇开营销的商业目的，借鉴先进的服务理念与方法。图书馆服务营销管理是一个包括服务营销调研、营销活动策划与组织实施、营销过程控制与评价等系列行动的系统工程[①]。图书馆服务营销以用户需求为导向来组织图书馆的各项工作，拓宽图书馆的服务领域，合理地配置人力、物力、财力资源，提高图书馆运行效率，更快更准确地满足用户的需求。

（四）服务环境管理

服务环境本身也是一种服务，它是馆员和用户共同创造的服务舞台，它是馆员和用户的生理、心理和行为反应的刺激因素，服务环境造就了图书馆的氛围。图书馆服务环境管理实质上就是对引起馆员和用户身心与行为反应的刺激因素进行有效控制，以保证环境对馆员和用户产生良性刺激，使图书馆服务过程顺利完成，馆员与用户实现良性互动，从而提升服务体验。

（五）服务质量管理

服务质量管理的基本目标是提高用户满意度，通过持续不断地开展改善服务质量的活动，力争做到最大限度满足用户的需求。图书馆服务质量管理的内容包括：提高对服务质量重要性的认识，熟知服务质量的构成、属性和特征，了解图书馆服务质量期望的形成机理；明确图书馆服务质量管理的目标，抓好服务的设计；建立服务质量控制体系，做好服务质量的评估和改进，做好服务质量控制策略及服务补救的方法。

（六）服务文化管理

服务文化管理的核心是在充分借鉴与汲取传统文化和现代文化精髓的基础上结合先进的服务理念，建立起包括物质文化、行为文化、精神文化和制度文化在内的文化体系[①]。建立健全适合本馆的服务文化体系，是提升图书馆服务管理的治本之举。服务文化具有导向功能、凝聚功能、激励功能、约束功能、辐射功能和稳定功能。

---

① 李海英. 图书馆服务管理[M]. 北京：国家图书馆出版社，2011：43，77-78.

三、图书馆服务系统管理

服务系统由服务目的、服务系统输入和输出、服务流程、服务对象、服务提供者、服务资源等构成。任何一项服务都可以看作一个系统。

（一）图书馆服务系统

图书馆服务系统包括以下三个子系统[①]。

1. 图书馆服务操作系统

图书馆服务操作子系统覆盖前台和后台，根据系统的资源、服务流程、服务方式等完成服务需求处理，实现服务目的和要求。服务操作子系统由两个界面构成：一部分是直接与用户接触，为用户提供服务，满足用户需求的系统，即前台服务操作系统；另一部分是间接与用户接触，间接为用户提供服务的系统，即后台辅助系统，它对图书馆服务质量起着支撑作用[①]。前台服务操作系统由内外部服务设施、服务设备、直接接触用户的一线馆员构成，即用户能看见馆员、有形支持、服务内容传递和其他用户等。后台辅助系统是指用户看不到的后台部分，如图书馆文献采编部、技术系统部、机房等，图书馆大部分的核心技术和服务设施都在后台部分。

2. 图书馆服务传递系统

图书馆服务传递系统是指提供服务的馆员和接受服务的用户之间的服务生产过程。服务传递系统就是把服务操作系统加工好的产品要素进行最后的组装，并传递给用户。服务传递系统由三个部分组成：第一部分是操作系统的可见部分；第二部分是用户的接触区域，这是传统系统中的主体部分；第三部分是隐藏在操作系统中用户看不见的部分。服务传递是系统中所有构成要素共同作用，向用户传递服务产品。服务传递系统的核心问题是传递过程和传递行为。传递的地点、时间和方式是设计服务传递过程的三个因素，速度、准确性和热情是用户评价传递行为的关键因素。

3. 图书馆服务营销系统

图书馆服务营销系统的主要任务是与用户进行沟通，收集用户需求信息，传递图书馆服务内容、服务项目、服务制度和服务承诺，影响用户对图书馆的评价，提高用户满意度和忠诚度。因此，影响用户对图书馆看法的所有因素构成了图书馆服务营销系统。图书馆服务营销系统中既包含专门从事图书馆服务宣传活动的营销部门，也包括服务操作系统和服务交付系统中的馆员与服务设备等多个要素。

（二）图书馆服务接触管理

服务接触指的是在服务体验过程中，顾客与服务提供者进行接触而发生的相互影响、

---

① 李海英. 图书馆服务管理[M]. 北京：国家图书馆出版社，2011：43，77-81.

相互作用。在图书馆服务过程中，用户与图书馆之间发生多方面的相互作用，我们把这种相互作用称为服务接触。图书馆服务接触包括面对面的接触、间接的人员接触和远程的服务接触三种类型。

服务接触是用户体验图书馆服务、决定图书馆服务质量的一个关键环节。根据贝特森（Bateson）提出的服务接触三元模型，图书馆的服务接触包括三要素：图书馆、馆员和用户。有效地协调图书馆、馆员和用户三者的关系，是服务接触管理的核心[①]。

1. 图书馆服务接触管理策略

图书馆服务接触管理的重点是一个个"真实瞬间"。馆员与用户之间发生接触往往是发生在用户与馆员互动的"真实瞬间"，每一个"真实瞬间"，用户都在有意无意中与图书馆的人、物、空间发生着亲密接触，每一个瞬间的感受都会影响用户的感受、体验。因此，图书馆想要在用户心目中树立优质服务的形象，就需要把握住每一个"真实瞬间"。

为把握每一个"真实瞬间"，图书馆要制定图书馆"真实瞬间"标准作业规范，加强对服务接触点的管理；树立"我代表图书馆"的服务意识，注重细节管理；注重馆员的学习培训，提高服务技能和沟通技巧。

2. 图书馆服务接触中的馆员管理

图书馆服务接触中的馆员管理包括馆员的招聘和选拔、馆员培训、职业规划管理、绩效管理等内容。服务质量保障的关键在于人才的选拔质量，只有让合适的人在合适的工作岗位上，才能充分发挥其才能和智慧。服务岗位的人才需要综合素质和灵活应变能力，应结合能力要求和相关指标进行选拔和确定。有效的图书馆培训体系包括：明确训练需求；制订训练计划；选择培训内容；确定培训形式；评估培训效果。

3. 图书馆服务接触中的用户管理

用户在图书馆服务接触中扮演着重要的角色，影响着服务过程效率及服务质量，对用户进行有目的的开发和管理对图书馆来说意义重大。用户管理包括研究用户和指导用户两方面的内容。用户管理的内容会在第八章第三节进行详细介绍，此处不再过多赘述。

四、图书馆服务环境管理

图书馆服务环境就是为用户提供各种服务及用户获得图书馆服务并进行服务体验的环境。它既是图书馆服务的"生产"场所，也是用户体验这种服务的场所，涉及图书馆服务系统中四个因素：资源、过程、用户和场所[①]。

---

① 李海英. 图书馆服务管理[M]. 北京：国家图书馆出版社，2011：86-92.

（一）图书馆服务环境概述

1. 服务环境构成要素

图书馆的服务环境包括服务资源、服务空间布局、信息技术条件、服务制度和服务活动五种构成要素。服务资源主要是指图书馆的人力资源、文献信息资源及图书馆的设施设备。服务空间布局主要包括图书馆建筑的整体空间设计、各功能区的科学布局、设施设备的布局和摆放等。信息技术条件主要指与图书馆服务有关的信息服务技术和网络技术。服务制度主要包括国家机关制定、发布或认可的有关图书馆服务活动的法律、法规及政策，同时还包括图书馆自行制定的各项服务制度与规定。服务活动主要包括服务管理、服务手段、服务方法、服务交流等。

2. 图书馆服务环境的类型

根据服务者和被服务者在服务过程中的相对介入程度，可以将服务环境分为以下三种类型。

1）自助服务环境

在自助服务环境中，用户承担了绝大部分的活动，馆员只起到有限的作用。因此，自助服务环境设计应以用户为主，设计重点在于标识和服务界面设置，创意地设计服务设施以支持服务定位和服务区隔。

2）交互式服务环境

在交互式服务环境中，用户和馆员同时置身于服务环境中，两者之间紧密接触，服务环境必须促进两者进行交互。交互式服务的环境设计必须同时考虑到服务环境对用户间、馆员间及用户与馆员之间交流的影响，促进双方沟通。

3）远程服务环境

在远程服务环境中，用户实际并未到达服务现场。因此，保持高效率运作、鼓舞馆员士气、提升馆员满意度是这类服务环境设计的目标。在这类服务中，应以馆员为中心，优先考虑馆员的工作效率、积极性和满意度的影响。

（二）图书馆服务环境设计

营造良好的服务环境依赖于科学、合理的服务环境设计。服务环境设计是以图书馆的功能和设施布局设计为核心，对组成服务环境的所有区域和所有环境要素进行总体规划与设计[①]。

1. 图书馆外部环境设计

图书馆的外部环境主要包括建筑造型和选址。

---

① 李海英. 图书馆服务管理[M]. 北京：国家图书馆出版社，2011：170-184.

1）图书馆的建筑造型

图书馆建筑经历了一个由简单到复杂、由封闭到开放的过程，图书馆建筑体现了时代和社会特征。图书馆建筑中最重要的是造型，造型应该新颖别致，既要有历史的象征，也要有追求未来梦想的意境；既要满足功能上的需要，又要满足用户心理和精神上的需要。

2）图书馆的选址

图书馆的选址既要考虑与自然环境的结合，还要考虑便利因素。古代藏书阁注重"天人合一"，而近代图书馆的选址强调要充分考虑交通方便、环境安静、符合安全和环境保护标准等[①]。高校图书馆的选址主要遵循如下原则：一是要处于学生宿舍与教学区的中心点，方便师生利用文献资料；二是主体建筑坐北朝南，日照通风好，防火防潮，有利于图书的保护；三是环境安静，空气清新，有利于用户放松身心。

2. 图书馆内部环境设计

图书馆内部环境是指室内环境的所有物质条件，所有对人的感觉、知觉产生影响的物质因素。图书馆内部环境设计包括以下内容。

1）室内空间界面设计

室内空间界面设计包括地面、顶面和墙角。界面设计是在符合整体设计风格和满足各界面功能要求的前提下，设计各界面的形式、选择界面的材料等。地面装饰设计要对楼面起到一定的保护作用，满足承重、耐磨等功能的要求，而且能够起到一定的装饰作用。顶面装饰设计可以明确空间关系，烘托室内氛围，还可以通过顶面设计来调整室内高度。墙面装饰设计可以保护墙体，提高墙体物理性能，还可以美化环境。

2）室内装饰色彩设计

色彩是图书馆环境设计的必备要素，图书馆室内的色彩设计应充分利用各种颜色间的关系，并与不同区域的功能结合起来考虑。在使用色彩装饰服务环境时，应考虑物理效应、心理效应和生理效应，创造适宜的空间效果和环境氛围。图书馆建筑的外观色度宜简不宜繁，彩度宜淡不宜浓，亮度宜明不宜暗，通常不超过三色。图书馆内不同的功能区对色彩的要求是不同的，不同功能的服务环境应当在充分考虑用户和馆员心理状态和心理效应的基础上，合理选择和运用不同的色彩进行装饰。

3）室内装饰的照明设计

照明是图书馆美化服务环境必不可少的物质条件，也是改变室内气氛最简便的方法。图书馆照明分为自然采光和人工照明两大类。自然采光给人亲切感、舒适感，而且能节省能源，降低图书馆运营成本。人工照明分为白炽灯和荧光灯两种。图书馆阅览室光线过强会给用户脑细胞带来劣性刺激，为保证视觉舒适，要尽量采用自然光，只有当日光不足时才采用电力照明弥补。

4）室内家具的布局设计

家具设计应突出人性化，既考虑到用户的舒适、方便，又考虑到整体的美观。置身于

---

① 李海英. 图书馆服务管理[M]. 北京：国家图书馆出版社，2011：170-184.

特色鲜明、风格迥异的阅读环境，用户既不用担心走错了楼层和阅览室，还能够避免因环境单调所造成的心理上的疲劳和烦闷。

5）标识系统的设计

图书馆的标识是由图书馆导引标志标牌、书标、馆徽、馆旗、馆服等组成，对内可以凝聚馆员的向心力，对外可以树立服务品牌形象。标识系统是指为特定的环境、特定的场合服务设置的具有统一形象的系列化标志。图书馆标识系统设计的原则：①标识要符合图书馆自身的特色、体现图书馆文化内涵；②标识要规范、醒目、美观且具有个性化；③标识能清晰地引导方向和指导用户的行为。

3. 阅览空间设计

图书馆阅览空间的设计应具有弹性、灵活性和适应性，以适应图书馆未来对阅览空间的改造需求。

（1）拥有良好的采光、照明、通风和适宜的温湿度。阅览空间中的声、光、热等环境因素均可以通过自然、人工技术措施来提供保障，尽量与自然沟通，充分利用自然的声、光、热条件是达到舒适的最优方法。

（2）拥有安静的阅读环境。图书馆是看书学习和查阅资料的场所，保持一种安静祥和的阅览气氛是首要的，用户在自我约束的同时也是对其他用户的一种尊重。

（3）创造文化上的求知和交流的气氛。用户在绝对安静的空间里会有一种窒息的感觉，因此阅览空间在提供一个安静、舒适的空间以外，还必须满足用户希望交流的心理需求，创造一种文化上的求知和交流的气氛。

（三）图书馆服务环境管理的内容

服务环境管理就是对服务环境的各个要素组合使用的管理以及环境所形成氛围的管理。服务环境的管理主要包括以下几个方面[①]。

1. 对人员的管理

人员包括馆员和用户，馆员是服务活动的载体，用户是服务环境的服务对象。对人员的管理主要有：对馆员的管理和对用户的管理。

对馆员的管理包括：馆员的外表形象符合图书馆对形象的要求；馆员的行为符合图书馆对该岗位馆员的行为规范要求；馆员在服务过程中，符合服务规范的要求；馆员的精神面貌、工作绩效都能达到图书馆的要求。

对用户的管理包括：图书馆阅览室中经常存在一些不文明的行为，这些行为的后果必然使其他在场的用户受到影响，这时图书馆要对这样行为的用户进行规劝和管理，以此保障用户享受到图书馆所提供的优质服务。

---

① 李海英. 图书馆服务管理[M]. 北京：国家图书馆出版社，2011：185-188.

2. 对环境清洁卫生的管理

清洁卫生是环境氛围的基础，对清洁卫生的管理有：检查、监督各部门卫生是否达到标准；检查清洁卫生人员到位情况及清洁卫生工作组织情况；解决清洁卫生中发现的问题；做好必要的清洁卫生状况记录。

3. 对设备物品的管理

对设备物品的管理主要包括两个方面：一方面，通过检查、监督和指导工作，保证设备物品状态的完好性；另一方面，发现设备物品与环境不相称时，及时予以弥补，同时对设备物品在规范上和美感上进行改进。

4. 对布置和装饰的管理

对布置和装饰的管理主要是对已有的布置和装饰的管理，检查布置和装饰是否完好，维持布置和装饰的完整性，同时要维持布置和装饰的美观、清洁、大方，更换已过时或破旧损坏的装饰或重新装饰。

5. 对其他因素的管理

影响环境的因素很多，除了上述提到的因素外，还要对环境的其他因素进行管理，其他因素包括：灯光、空调、空气（如空气的质量、通风效果控制、保持空气质量的方法）、人流（如人流规则与秩序的控制、空间人流过多时的疏导、人流与氛围的协调）等。

第三节 图书馆用户管理

用户是图书馆的服务对象，是图书馆生存发展的决定因素；用户服务工作是图书馆全部工作的出发点和归宿。因此，要做好图书馆服务工作，就要对用户进行管理，提供有针对性的服务，图书馆才能得到可持续发展。

一、图书馆用户管理概述

用户既是图书馆的服务对象，也是图书馆的重要资源。作为图书馆的服务对象，馆员可以管理用户的信息，了解用户的需求、使用习惯、使用规律，从而便于提供更好的服务；作为图书馆的资源，用户通过其掌握的可支配资源及社会责任感等信息，与图书馆进行协作。

（一）图书馆用户管理的概念

用户是指图书馆的服务对象，凡是利用了图书馆信息资源、环境和服务的个人或团体都可以称为图书馆的用户。用户是由读者演变而来，现代图书馆服务功能的多样化、服务对象的扩大化和现代网络技术的广泛应用，促使图书馆服务对象从单纯的读者形态向用户形态转变。

图书馆用户管理是指图书馆管理者根据图书馆的目标和任务，对用户进行调查研究，了解用户需求的特点、规律，协调与图书馆的关系，为图书馆的各项工作提供依据，并且将用户作为一种特殊资源，鼓励用户参与图书馆事务，为图书馆服务提供支持的过程[①]。包括发现用户、研究用户、开发用户、激励用户等。用户管理的目的就是树立"用户至上"的服务理念，研究了解用户，从而更好地为用户服务。

（二）用户管理的内容

用户管理实质上就是满足用户的需求，这需要馆员认真调查分析用户的需求，教育和帮助用户利用与获取图书馆馆藏信息资源。具体包括以下几个方面。

1. 研究用户

研究用户并不是简单地了解用户的文献需求，还包括各种知识需求、服务需求、环境需求等。研究用户这项工作需要渗透到日常工作中，做到常态化，在平时养成细致入微观察、深入研究的好习惯。研究用户就是研究用户的层次类型、知识结构，区分出图书馆的重点服务对象；研究用户就是研究用户需求的结构、类型、规律、特点和发展趋势，分析需求综合性、多变性的原因及影响因素；研究用户就是研究用户服务的有效性、用户的满意度；研究用户就是要加强与用户的个体沟通与联系，让用户共同参与图书馆的建设；研究用户就是研究用户的阅读行为、阅读兴趣；研究用户就是要建立用户档案，更好地主动为用户服务。

2. 指导用户

图书馆是一个科学文化教育机构，为人类实现终身教育提供了场所。图书馆具有对用户进行教育的责任。图书馆会根据用户的信息需求，针对性地开展用户信息获取相关技能培训，便于用户获取和利用信息资源。由于互联网的复杂性，许多用户不具备从鱼龙混杂的网络信息资源中获取所需信息的能力。因此，图书馆应当根据不同类型的用户，分层次地开展网络信息资源获取与利用的教育培训工作。通过培训，增强用户现代信息素养，帮助用户充分利用现代化信息服务环境，准确表达用户的信息需求，从而掌握网络信息的获取技能。

二、研究用户的内容

（一）研究用户类型

图书馆的用户多种多样，形成了不同的用户群体，各具不同的特征。这些特征体现了用户的社会经历和社会地位，也体现了不同的文献信息资源需求特征。图书馆用户按照不同的标准，可划分成不同的类型。

---

① 邱冠华, 陈萍. 公共图书馆管理实务[M]. 北京：北京师范大学出版社，2013：247.

1. 根据图书馆用户的年龄，可以大致分为少儿用户、青年用户、中年用户和老年用户[①]

少儿用户是指年龄在 6 岁至 15 岁的儿童、少年，正处于成长阶段，少儿用户的特点是爱读书、爱玩乐，有较强的求知欲但集中有效学习时间较短，阅读内容广泛但通俗易懂，理解能力较弱。由于年龄较小，少儿用户无法长时间集中注意力，容易受到影响。因此要帮助他们养成良好的学习习惯，吸引他们利用图书馆开展阅读活动，从中获取知识，为学校教育打好基础。

青年用户主要指大学生用户、待业青年和刚走上工作岗位的年轻人。大学生用户既是青年又是学生，具有这两类用户的特征。作为青年用户，他们的生理、心理逐渐成熟，三观逐渐形成，思维能力、学习能力等都有了显著提高。作为学生用户，大学生学习的内容普遍是专业理论知识，在学习方法、学习内容、学习能力等方面都与中学生有很大的区别，接触的知识范围更加宽阔，内容更加深入。因此，图书馆要根据用户的阅读偏好进行调整，这样才会吸引用户来利用图书馆。

中年用户是公共图书馆十分重要的用户群体。这类用户群体十分庞大，构成复杂，可以按照不同的职业进行划分，主要包括科技用户、教师用户、工人用户等。科技用户为科学研究服务，为生产技术服务，图书馆要在文献信息资源的广度和深度上满足科技用户，加强二次文献、三次文献及综合文献的参考咨询、文献检索。教师用户是各种类型学校图书馆的重点服务对象，他们对教学用书需求最大，图书馆应向教师提供各种专业书刊、工具书、专业数据库和期刊等。干部用户是各级政府部门、国家机关的工作人员，他们的文献需求偏重各类组织、管理信息，图书馆应为干部用户提供一些战略决策类的动态综合资料及专业事实性的具体资料。

老年用户也在图书馆用户中占据着一席之地，老年人退休后比较清闲，来图书馆是为了打发时间。图书馆可以为老年人提供一些适合老年人阅读的休闲读物，如健康养生类、疾病科普类的读物。书籍的选择要方便老年人阅读，可选字体大一些的书籍。此外，图书馆还要为老年人提供相应的设施，以方便他们利用图书馆。

2. 按照用户使用图书馆的动机，可分为学术型用户、学习型用户、商业企业生产型用户、消遣娱乐型用户[②]

学术型用户获取信息资源的目的是满足学术研究的需要[②]。这类用户对文献资源的需求偏重某一学科的专业性、前沿性的文献，需要研究课题的相关资料。这要求图书馆员能够提供相应的学科信息服务。图书馆还应为这类用户配备良好的基础设施，开展课题咨询与代检代查、论文全文传递、学科信息导航、科技查新等服务。

学习型用户是指利用图书馆开展学习的人，他们可能是学生、可能是自学考试的人。图书馆应努力为这类用户营造适宜学习的环境，为这类人群提供信息服务。馆员可以向用户提供各种考试服务，为用户导航，让用户了解获取考试信息的途径，提供一些学习方法，告知一些相关知识网站等，让他们学习更加轻松。

① 江涛，穆颖丽，等. 现代图书馆服务理论与实践[M]. 郑州：河南人民出版社，2014：86.
② 刘兹恒，徐建华，张久珍. 现代图书馆管理[M]. 北京：电子工业出版社，2010：163.

商业企业生产型用户是指用户获取信息资源是为生产经营活动服务的。图书馆为经济活动服务，为企业提供知识信息服务[①]。这些企业从事生产经营活动时需要市场信息、企业信息、产品信息、消费者信息、标准信息、政府信息等。对于小型企业，它们自己没有相关的信息部门，需要依托图书馆的服务，为它们提供本行业的专门信息、提供行业内的数据库等。

消遣娱乐型用户是指那些茶余饭后来图书馆阅读一些消遣类的读物放松心情、缓解焦虑的人。图书馆的服务策略应适应休闲文化的需要，开辟信息服务的新领域。图书馆服务应调整服务理念、服务内容，开展一些音乐欣赏、电影鉴赏、书法展览、文化讲座等活动，不断提高用户的人文素养和文化内涵。

（二）研究用户需求

1. 用户文献信息需求的结构和类型

用户文献信息需求的类型，除了可以按用户类型区分外，还可按各类型用户文献信息需求的共性进行区分。用户的文献信息需求可以看成一个有机结合的系统，一般包括以下三种类型。

（1）按照用户在利用图书馆服务的过程中所依赖的辅助性物品区分，可分为文献型需求和非文献型需求两大类[②]。文献型需求要求图书馆提供各种形式的文献资料，用户通过利用文献中的知识信息来解决自己特定的问题。非文献型需求不一定要求图书馆提供有关的文献资料，而是提供用户所需要的一些物化信息和交往信息或者学习空间。

（2）按照文献信息的内容区分，可分为知识型需求、消息型需求和数据、事实与资料型需求[②]。知识型需求包括对科技、管理、社会等各方面知识的需求。消息型需求包括对人类社会活动、市场经济信息的需求等，这些是一种即时动态的信息，可供用户决策时参考。数据、事实与资料型需求包括对自然常数、统计数据、组织机构情况、某一事件的记载信息的需求，这些信息是静态的，可为用户查考某一事实而用，具有重要的参考价值。

（3）按照用户的表达方式区分，可分为显性需求和隐性需求。显性需求是用户已经表达出来的文献信息需求，但这种表达出来的需求由于用户的知识水平、语言表达能力、文献信息素养、心理等因素的影响，有时不一定是他们的真正需求，可能会大于或小于真正的需求。隐性需求是用户没有向图书馆提出，或不能向图书馆清楚地表达的那一部分文献信息需求。对图书馆员来说，在服务台接收的问题是用户的显性需求，易于理解，而处于隐性阶段的用户需求是难于把握甚至容易忽略的，往往需要与用户进行深入交流或者调查研究后才可能了解。

2. 用户文献信息需求的规律

1）个体用户文献信息需求的规律
（1）用户文献信息需求的多样性。个体用户的特征是十分复杂的，他们在个人、团体、

---

① 刘兹恒，徐建华，张久珍. 现代图书馆管理[M]. 北京：电子工业出版社，2010：165.
② 江涛，穆颖丽，等. 现代图书馆服务理论与实践[M]. 郑州：河南人民出版社，2014：98.

社会等方面具有不同的特征，每一种特征都会激发用户不同的信息需求并转化成信息行为。因此，个体用户信息需求的多样性是客观存在的。

（2）用户文献信息需求的集中性。个体用户有血缘关系、地缘关系、工作关系，这三种关系综合决定了兴趣、爱好、所属群体等特征，共同构成了用户文献信息需求最主要的决定因素，使用户的文献信息需求在某一阶段表现出明显的集中性。

（3）用户文献信息需求的阶段性。人的生命呈现出明显的阶段性。个体用户在人生的不同阶段都面临不同的任务，这些任务是用户文献信息需求的决定性因素，从而导致个体用户的文献信息需求也呈现明显的阶段性。

（4）用户文献信息需求的马太效应[①]。用户文献信息需求及其累积的知识信息量之间具有相关性。由于经历、学历、职业活动等方面的原因，个体用户所积累的知识信息量是不相等的，有时甚至差距很大。一般而言，文献信息需求量大的用户，随着时间的推移，其积累的知识信息量越大，其文献信息需求也会越来越高于平均水平；文献信息需求量小的用户，则与之相反。这就是用户文献信息需求的马太效应。

2）团体用户文献信息需求的规律

团体用户的文献信息需求不同于个体用户的文献信息需求，但团体用户是由个体成员组成的，因此对团体用户的分析，在某种程度上离不开对其个体成员的分析。由于不同的社会组织和团体所从事的社会活动的内容不同，所追求的目标不同，文献信息需求自然也不相同。概括地说，团体用户的文献信息需求有以下几种规律。

某些行业比其他行业更需要文献信息的支撑。通常情况下，以知识信息的生产、研究、加工、组织、传播、再生和利用为主干活动的行业，更倾向依赖图书馆的文献信息服务[①]。对公共图书馆来说，行业的文献信息依赖程度，可作为区分服务的基本依据之一。

具体到某个社会组织，某些组织成员比其他成员更需要文献信息服务。通常情况下，决策人员、研究发展人员、工程技术人员、教育培训人员、调查咨询人员等需要经常、大量地利用图书馆的文献信息资源，这些具有比较强烈文献信息需求的人员是图书馆的重点服务对象[①]。但当其他成员也有比较强烈的文献信息需求时，这些人员也应成为图书馆的服务重点。

就重点用户的文献信息需求而言，又有重点需求和一般需求的区别。重点需求是指与其所在的社会组织目标紧密相关，或与人和社会的全面、协调、可持续发展的目标有紧密联系的文献信息需求[①]；一般需求则是与社会组织活动或与人与社会的发展相关，但关系不紧密、意义不重大的那些文献信息需求。

团体用户的重点需求又有战略需求和短期需求之分。战略需求是关系到组织长远发展的文献信息需求，而短期需求则是围绕特定时期的主题而形成的需求。图书馆对团体用户文献信息需求的分析，要重点放在重要活动和重点用户的文献信息需求方面。

三、用户教育的内容

用户教育是指图书情报部门对图书情报系统的潜在用户与现实用户进行情报意识和

---

① 江涛，穆颖丽，等. 现代图书馆服务理论与实践[M]. 郑州：河南人民出版社，2014：99-100.

情报技能的教育。在网络环境下，信息传播的途径及用户获取信息的方法都发生了前所未有的变化。

（一）用户素质教育

用户素质教育的内容包括很多方面，如树立正确的价值观，塑造崇高的民族精神，培养对人类命运的关注和责任感，培养知行合一，注重实践的工作态度等。图书馆在素质教育中可从多方面发挥作用。

1. 智力开发

智力是指人的智慧和才智，是指人们认识世界和改造世界的能力。图书馆将丰富的智力资源传递给用户，使这些知识内化为用户内在的品格，这对智力开发有着重要的意义。

2. 阅读教育

阅读在某种意义上说是一种科学、一种技能。图书馆可在多方面对用户进行阅读教育，目的是使用户养成良好的阅读习惯，掌握正确的阅读方法。

3. 终身教育

终身教育可以看作学校教育在时间上、职能上的延伸。终身教育的宗旨是通过不断地教育，使人在价值观念、科技知识、工作和生活能力等方面，都能适应社会发展的变化，并与之保持同步发展。

（二）图书馆指导教育

图书馆指导教育是指对用户进行图书馆服务和馆藏等图书馆基本知识方面的教育服务，从而引导用户了解利用图书馆的一般方法与有关的服务项目及某一图书馆的组织、结构和设施。具体内容包括：图书馆概况、图书馆的开馆时间、馆藏分布、馆藏资源介绍、政策和规章制度等[①]。

（三）文献与信息知识教育

向用户介绍图书馆文献方面的基础知识，包括图书馆的类型、图书馆的功能、图书馆的工作机制、文献的类型、不同类型文献的功能和获取途径、图书馆馆藏资源的组织体系。随着信息技术在图书馆的应用，还应该增加对电子图书馆、数字图书馆、智慧图书馆等方面知识的教育，同时还要向用户介绍计算机基础知识、互联网和多媒体使用的基本知识、互联网的起源与发展过程、如何上网和使用浏览器、收发电子邮件、主要搜索引擎及其使用等。

① 江涛，穆颖丽，等. 现代图书馆服务理论与实践[M]. 郑州：河南人民出版社，2014：111.

（四）信息意识教育

信息意识是用户对信息的作用、信息的需求、信息的检索行为、信息的吸收和利用具有的自觉意识。用户教育能够帮助用户树立强烈的信息意识，提高用户对信息重要性的认识，使他们具有较强的信息敏锐感和洞察力，教会他们信息分析和研究的方法，培养他们对信息的搜集、吸收、选择和综合能力[①]。图书馆进行信息意识教育包括：对信息重要性的认识；掌握检索和处理信息的能力；培养对信息的广泛的注意力和敏锐感；培养信息社交能力；学会分析和处理信息。

（五）信息技能教育

信息技能教育包括信息获取能力教育等方面。具体内容包括以下几个方面。

1. 信息检索方法的教育

介绍文献检索途径与方法，介绍信息检索的理论知识和技术，介绍有关手工检索、光盘检索、联机检索、网络信息检索的知识，介绍各种大型的著名检索系统的使用方法等。

2. 导读教育

可以对用户的阅读策略、目的、内容、方法等给予积极指导，从而诱发用户潜在的阅读欲望，提高用户的阅读修养，帮助用户掌握推荐书目、导读书目的使用方法。

3. 电子信息资源检索方法教育

学习和掌握各种综合性、专题性数据库的收录范围及检索方法、检索途径和检索策略，联机公共检索目录的使用，电子图书和电子期刊的使用方法。

4. 网络信息资源的检索方法

学习和掌握网络信息资源检索工具的利用，搜索引擎的使用方法，利用互联网远程登录功能进行国际联机检索，网络数据库的使用与评价，网络信息资源的搜集、选择和评价，馆际互借和文献传递服务等。

（六）信息政策、法律和道德教育

信息政策、法律和道德教育是用户教育工作的一项新内容。当代信息环境日益强调要遵守信息政策与法律，重视信息伦理体系的建构，而图书馆在这方面能够发挥重要作用。信息政策、法律和道德教育的内容包括帮助用户学会合理、合法地使用信息，使他们掌握并遵守有关信息道德的规范及相关法律规范，文明地使用互联网，规范自己的信息行为，

---

① 江涛，穆颖丽，等. 现代图书馆服务理论与实践[M]. 郑州：河南人民出版社，2014：112-113.

学习《中华人民共和国著作权法》，尊重知识产权，尊重网络隐私，进行信息安全教育，帮助用户树立信息平等和真实原则，反对信息虚假、信息污染、信息侵权、信息犯罪。

四、开展用户合作

用户是图书馆重要的社会资源，图书馆要以用户为中心，与用户开展广泛的合作，建立良好的关系，充分开发和利用用户资源。

（一）一般用户的合作

图书馆与一般用户开展合作包括以下几个方面。

1. 听取用户的意见和建议

用户对图书馆工作提出的批评和建议，既能反映用户的需求，又对图书馆工作具有指导作用，是促进图书馆整改、发展的动力[①]。召开用户座谈会是听取用户意见最简单、最常见的方法。还可以通过各种用户组织、研讨会、征文、网站留言、用户论坛等形式听取用户的意见和建议。

2. 参与图书馆的管理和建设

仅仅赋予用户批评和建议权是不够的，应进一步赋予用户参与图书馆工作的权利，组织用户参与图书馆建设和管理。用户参与图书馆的工作应包括：参与各项规章制度的制定；参与业务建设；参与评价和监督馆员的服务态度、服务方式、服务能力和服务效果；对图书馆的资金运作情况进行有效的监督，从而保证用户的权利。

（二）特殊用户的合作

特殊用户是指专家学者，专家学者是在某一专业领域具有较高造诣的专门人才。他们在图书馆的服务专业学科领域更能发挥其专业特长。公共图书馆与特殊用户的合作内容主要有以下几个方面。

1. 参与图书馆深层次工作

特殊用户可以参与与其专业相关的图书馆专业馆藏采购、各种用户活动等深层次工作。例如，北京市东城区图书室建立了六支业余爱好者朗诵队伍，队伍组织管理者由有专长的用户担任。

2. 开展较高水平的信息工作

特殊用户可以参与图书馆的参考咨询、行业定题服务、二次文献的整合与创造及各种

---

① 邱冠华，陈萍. 公共图书馆管理实务[M]. 北京：北京师范大学出版社，2013：285，289.

专业数据库的建设等工作。例如，苏州图书馆聘请了 12 位相关领域专家学者，组成专家咨询团，参与编辑《信息导航》简报，并对主题提出意见。

3. 捐赠工作

特殊用户可以将自己的著作捐赠给图书馆，丰富图书馆的馆藏；同时，图书馆也可征集本地专家的著作丰富地方文献收藏。例如，常州市图书馆获赠中国出版家徐伯昕先生个人藏书 800 余册。

4. 特殊的志愿者

在图书馆的志愿者队伍中，有许多具有特殊专长的，图书馆可以借助专家志愿者的能力，开展图书采访、讲座、沙龙、专业咨询等工作。例如，重庆图书馆招募具有一定文学功底的志愿者担任"讲座还原师"，将图书馆开展的讲座内容转换成文字材料。

（三）团体用户的合作

团体用户主要指社会机构用户，社会机构用户拥有图书馆所没有的人力资源、财力资源与物力资源，图书馆与团体用户开展合作，能够最大限度地提高社会资源的利用率。与团体用户开展合作主要包括以下几个方面。

1. 开展项目合作

图书馆可以和企业、基金会等机构开展合作，募集图书馆建设资金。例如，佛山市高明区图书馆得到广东溢达纺织有限公司的扩建资助，馆舍面积由 1000 多平方米扩大到 3000 多平方米。

2. 接受捐赠

接受捐赠是指图书馆接受组织赠予的文献或者设备。例如，南京图书馆接受南京东郊国宾馆所藏古籍《资治通鉴》的捐赠。

3. 共建图书馆联合体

共建图书馆联合体是指图书馆发挥社会群体的作用，与企事业单位、教育机构、开发商等开展机构跨系统协作，吸入社会力量联合办馆[①]。例如，上海图书馆中的生命科学主题馆由中国科学院上海生命科学院与上海图书馆共建；深圳图书馆与创维集团有限公司合作共建了创维分馆。

4. 合作开展图书馆活动

由于图书馆的中介性，图书馆与其他行业机构有着密切的关系，因此，图书馆可以积极与各种机构用户开展合作，开展各种图书馆活动。例如，和图书馆数据库供应商合作开展会议或论坛；和书画协会、民俗文化协会合作办展览会等。

---

① 邱冠华，陈萍. 公共图书馆管理实务[M]. 北京：北京师范大学出版社，2013：292.

第四节　图书馆服务管理的要求

一、图书馆服务的标准化

（一）图书馆服务标准化的要求

提高服务质量，首先，要明确相应的图书馆服务质量标准。一方面，需要采用一些行业内的标准和规范，如《公共图书馆宣言》《多元文化社区：图书馆服务指南》《图书馆视障人士服务规范》《青少年图书馆服务指南》《儿童图书馆服务指南》《公共图书馆服务指南》《公共图书馆服务规范》等。另一方面，图书馆还需要遵循国家相关法规政策。国家对于图书馆、知识信息行业颁布了有关法规政策，指导图书馆工作。执行这些法规政策，有效地管理图书馆事务，很好地为用户服务，是图书馆馆员的基本职责[①]。

其次，图书馆要顺应时代发展趋势，顺应移动化、智能化、数据化、融合化发展趋势，使图书馆工作更具引领性、先进性，更好地体现时代性。通过创新驱动，将标准化工作落到实处。图书馆标准化工作应当鼓励图书馆运用新技术、开发新产品、挖掘新需求、寻找新用户、打造新业态[②]。

最后，图书馆还需要按照一些评估标准的要求提供服务，包括公共图书馆评估标准、高等院校图书馆评估标准、科学院系统图书馆评估标准等。

（二）图书馆服务标准化的路径

推进图书馆服务标准化，应针对图书馆服务标准化监督考核工作中存在的问题，建立多元主体的监督考核机制[③]。首先，要建立服务标准化的内部考评机制，定期对当前的服务进行考察和梳理，找出标准实施过程中出现的问题，不断进行改进。其次，对考核主体进行多元化监督，综合各方力量，推动各界学者、媒体、用户参与监督图书馆服务标准化实施。最后，创新考核监督手段，运用多重平台对图书馆服务标准化进行考核。

推动图书馆服务标准化，要提升图书馆服务标准化工作的自觉性，深化服务标准化理论研究和实践创新[③]。想要提升自觉性，最基础的是要做到转变图书馆馆员的服务观念。首先，需要对图书馆馆员进行服务标准化工作的理论与实践的培训，使其树立清晰的服务标准化的意识。其次，要确保领导参与到图书馆服务标准化工作中，保障服务标准化工作的可行性和科学性，促进服务标准化的顺利实施。最后，通过各种途径对图书馆标准化工作进行宣传，促进用户参与到标准制定过程中，使图书馆服务标准更加符合实际。

---

① 刘兹恒，徐建华，张久珍. 现代图书馆管理[M]. 北京：电子工业出版社，2010：169.
② 王世伟. 图书馆标准化工作的三个着力点[J]. 国家图书馆学刊，2015，24（5）：10-12.
③ 林佶，汪瑞婷. 图书馆服务标准化优化路径[J]. 大众标准化，2021，（2）：4-5.

二、图书馆服务的规范化

（一）图书馆服务规范化的要求

规范就是设计科学的服务流程与服务标准，以便提高整体服务质量。图书馆服务规范化的要求如下。

1. 馆员服务理念的规范

用户服务理念在图书馆战略层面的定位，使馆员进一步深入理解服务的理念，主动创造良好的内部服务环境，确立全心全意为用户服务的态度，变被动服务为主动服务①。馆员要把服务的主观能动性与管理的客观规范化要求相结合，自觉地维护管理规范的严肃性，主动地健全管理规范的系统性与完善性。图书馆的规范有行业道德规范、言行规范、服务流程规范、服务技能规范。图书馆馆员应该具备良好的职业道德素质。图书馆馆员为用户服务时，态度要和蔼亲切，语言应温和中肯。

2. 服务流程规范化

加强图书馆各项规章制度的建设，拟订"图书馆业务工作职责与细则""图书馆工作人员考核办法""图书馆员工考勤管理办法""图书馆服务承诺""数字资源服务规范"等规章制度，实行"承诺制""挂牌上岗""考勤抽查"等管理①。加强用户研究项目的调查研究，注重调查分析用户对信息服务的批评、建议、希望和投诉。用户意见可分为建议、抱怨、对服务人员的评价等。对服务人员的评价，可分为服务态度、服务能力、服务方法等。图书馆根据用户投诉情况，要及时制定改进措施。

3. 服务技能规范化

图书馆将信息检索、阅览、参考咨询、文献典藏集于一室，做到"人在书中、机在人旁"。在日常服务中，应该规定：因为服务技能问题产生服务失误率超过5%的图书馆员，责任自负，并进行适当调整。

（二）图书馆服务规范化的实现路径

1. 明确图书馆服务细则

对图书馆各项服务的流程予以明确的规定，包括具体的行动或动作②。详尽分析每项服务可能遇到的问题，给出具体、可行的解决方案；形成一套完整的、可操作的行动指南或操作手册，用服务规范去指导图书馆开展规范化服务。

---

① 刘兹恒，徐建华，张久珍. 现代图书馆管理[M]. 北京：电子工业出版社，2010：168.
② 刘斌. 图书馆规范化服务初探[J]. 图书馆杂志，2003，22（1）：28-29.

2. 加强对规范化服务的管理

在制定服务规范之后，要组织馆员进行学习和掌握。发动馆员对规范进行探讨，听取馆员的建设性意见，不断补充和完善图书馆服务规范[①]。同时，要建立监管机制，将图书馆服务规范化作为一个长期任务来监管。

三、图书馆服务的人性化

（一）图书馆服务人性化的内涵

人性化是指人与人之间、人与自然之间的友好和谐相处，是通过符合人类基本道德标准的方式对人的关注，对人格尊严与符合人性的生活条件的肯定[②]。图书馆服务人性化的内涵包括以下内容。

1. 图书馆服务人文化

图书馆服务人文化就是在图书馆营造一种人文氛围，弘扬人文精神。图书馆服务人文化的内涵包括良好的学习环境、良好的人文环境、良好的服务环境、良好的后勤服务环境、良好的沟通环境。

2. 图书馆服务个性化

个性化服务是以用户的特点、个人喜好、阅读习惯等为基础，向用户提供一种独特的服务方式。每个用户都具有不同的性格特点，这催生了图书馆的个性化服务。图书馆在提供网络信息导航服务时，可以开展个性化的 Web 页面定制服务，定制个性化的界面设置，如界面颜色、图标、布局、信息栏目和内容模块的选择[③]。数字图书馆提供的"我的图书馆"（My Library）服务就充分体现了个性化的要求。用户通过对系统界面、资源集合、检索工具与检索技术、系统服务等的定制，创建个性化界面，创建与网络资源服务的链接。

3. 图书馆服务情理化

服务情理化是服务人文化的体现。图书馆开展服务要一切为用户着想。例如，图书馆的开放时间要合情合理，保证用户可以方便地利用图书馆；提供各种服务设施、设置各种服务部门以满足各种服务需求。

4. 图书馆服务自助化

图书馆自助服务是用户按照某种程序自行操作的服务。自助服务可以最大限度地给予

---

① 刘兹恒，徐建华，张久珍. 现代图书馆管理[M]. 北京：电子工业出版社，2010：168.
② 乔红丽. 图书馆服务的人性化向度[J]. 现代情报，2008，（5）：134-135，138.
③ 刘兹恒，徐建华，张久珍. 现代图书馆管理[M]. 北京：电子工业出版社，2010：170-171.

用户自由度，满足用户的需要[①]。迅速普及的图书馆 RFID 自助借还机、自助复印机、自助选座机等自助服务系统，将图书馆提供的部分服务交给读者，由读者根据自身条件和需要，自主选择和利用图书馆资源，实现了自我满足。由于用户通常把个人的阅读习惯、阅读兴趣、阅读意向和阅读方式等行为看作私人活动，希望保有私密性，自助服务可以不受他人干扰、不受时间限制，使用户的自主性得到了充分的发挥。

（二）图书馆服务人性化的实现途径

1. 服务周到，体现人文关怀

在网络环境下，用户面对海量信息的可选择性和自主性加强，图书馆要想留住用户，扩大用户群体，必须倾其所能，用其所有，构建一个从线上到线下的立体服务空间，提供全方位、全天候、周到、便捷的服务[②]。

2. 深入用户之中，开展以需求为导向的服务

开展人性化服务，要使图书馆员与用户之间形成平等、融洽的朋友关系，馆员要贴近用户，提供及时、对口的信息服务。学科馆员服务负责为学科用户提供深层次的信息服务，提供与用户所涉及领域相关的信息，满足用户个性化学科信息需求。在提供人性化服务时，要充分考虑用户的需求，合理配置文献资源，合理布局文献资源。

3. 营造体现人文关怀的环境

为用户创建一个富有亲和力、体现人文关怀、舒适的环境，这样不仅能留住用户，更能提升图书馆在用户心中的地位[②]。图书馆的建筑是用户心中对图书馆形象的具象体现，建筑要体现用户至上的原则，并在细节上能够体现图书馆对用户的人文关怀。

4. 提升馆员业务素养

图书馆的人性化服务水准与馆员的业务素养息息相关[③]。现代化的图书馆向馆员提出了更多的要求，这些与传统的服务内容大相径庭，图书馆员需要不断学习，掌握各种设备的操作和信息服务等相关知识，还要有较高的综合和分析信息能力，这样才能更好地开展个性化信息服务，满足用户需求。

---

① 刘兹恒，徐建华，张久珍. 现代图书馆管理[M]. 北京：电子工业出版社，2010：170-171.
② 乔红丽. 图书馆服务的人性化向度[J]. 现代情报，2008，（5）：134-135，138.
③ 张乐. 图书馆人性化服务分析探究[J]. 图书馆工作与研究，2017，（9）：71-74.

第九章　图书馆人力资源管理

第一节　图书馆人力资源管理概述

一、图书馆人力资源管理的概念

（一）人力资源

图书馆的生存与发展依赖于自身的资源，这些资源主要包括三大部分：人力资源、物质资源（馆舍、设备、文献等）、财力资源（经费）。其中，人力资源是第一资源，它使用并支配着其他两大资源。美国图书馆界有这样的说法，在图书馆服务所发挥的作用中，图书馆的建筑占5%，信息资源占20%，而图书馆馆员占75%。在我国，王世伟教授也提出"图书馆员第一"的观点，可见人力资源在图书馆生存与发展中具有不可替代的突出地位和作用[①]。

人力资源是最活跃、最积极、最具主动性的生产要素，是积累和创造物质资本、开发和利用自然资源、促进和发展国民经济、推动和促进社会变革的主要力量。人力资源是指人所具有的对价值创造起贡献作用，并且能够被组织利用的体力和脑力的总和。人力资源作为经济资源中的一个特殊种类，既有质量、时空的属性，也有自然的生理特性。

人力资源具有区别于其他资源的一些特性。

1. 自有性

人力资源属于人自身所有，具有不可剥夺性。虽然在从事雇佣劳动中，人力资源会阶段性地被雇主所使用，但劳动者仍拥有其终极所有权，这是区别于任何其他资源的根本特征。

2. 再生性

人力资源不是一般物理意义上的自然资源，属于可再生性资源，它的存在与发展不仅体现了自然性，更体现了社会性。正是自然性与社会性，特别是社会性的作用下，人力资源才能够通过自我开发不断地从低级向高级水平发展。人力资源再生的机制有与一般生物资源相同的方面，即遗传性和变异性这种所有生物共有的物理化方面的再生，但更重要的是其所独有的再生特性，即人力资源的社会属性方面的再生——人类所拥有一切知识、能力、文化、制度的总和的继承与升华。

---

① 刘贵勤. 图书馆人力资源管理[M]. 合肥：安徽大学出版社，2008：20-21.

3. 生物性

人力资源以身体为天然载体，是一种活的资源，并与人的自然生理特征、基因遗传等紧密相关。一般来说，从事劳动密集型岗位的劳动者对人力资源的体能要求较高，从事技术和智力密集型岗位的劳动者对其智力、情感与经验等要素要求较高。此外，人力资源生物性还表现在从个人和社会角度的人力资源的再生性。这一特点决定了在人力资源使用过程中需要考虑工作环境、工伤风险、时间弹性等非经济或货币因素[①]。

4. 能动性

人是有思想感情和思维的高级动物，具有主观能动性，这是人力资源区别于其他资源的最显著的特点。人力资源的能动性是指人的体能与智能结合在一起所具有的主观能动性，这种能动性具有不断开发和提高的潜能。人力资源可以通过接受教育或自学，使自己的知识存量不断增长，各方面素质不断提高，并能主动把自己的知识和其他资源结合起来推动组织和社会经济的发展。

5. 时效性

人力资源是一种有生命力的资源，它的形成、开发和使用都要受到时间的限制。所以，一方面，在不同的阶段要针对人力资源的消耗状况进行不同的教育和培训；另一方面，要对现有的人力资源进行科学合理的配置，及时利用，讲究时效，否则就会造成人力资源浪费[②]。

6. 持续性

就物质资源而言，人们对其进行一次开发、二次开发后，就形成了相对固定的产品，就此资源和产品而言，开发到此结束。但人力资源不同，除了前述生物学意义上的生产、再生产含义外，人力资源还是个可持续开发的资源，不仅其使用过程是开发的过程，而且，培训、积累、提高、创造的过程也是开发的过程，它是一个可以"多次开发"的资源。对一个具体的人来说，直到他的生命终结以前，或者更准确地说，到他的职业生涯结束以前，人力资源管理就是不断开发这一资源的管理行为。

7. 双重性

人力资源既是投资的结果，同时它又能创造财富。通过人力资本投资这样一种前期消费行为，形成了人力资源，而人力资源作为一种经济性资源，具有高增值性，它所能带来的收益远远大于其他资源所产生的收益。

8. 社会性

从人类社会的经济活动角度看，人类劳动是群体性劳动，不同的劳动者一般都分别处

---

① 刘贵勤. 图书馆人力资源管理[M]. 合肥：安徽大学出版社，2008：2-3.
② 沈光亮，等. 图书馆人力资源管理研究[M]. 北京：中国戏剧出版社，2006：1-4.

于各个劳动集体之中，构成了人力资源社会性的微观基础。从宏观上看，人力资源总是与一定的社会环境相联系。它的形成、配置、开发和使用都是一种社会活动。因此从本质上讲，人力资源是一种社会资源，应当归整个社会所有，而不应仅仅归属于某一个具体的社会经济单位①。

（二）图书馆人力资源管理的内涵

人力资源管理突破了传统狭隘的"人事"管理范畴，把能动的个人作为一种资源，根据组织内每个人的知识结构与能力结构进行合理的组织和分配，根据科学技术和市场变化，对人才结构进行合理的调整，从而促使人才和其他生产要素实现最佳组合，推动组织与个人的共同发展。美国著名图书馆管理学家斯图亚特和伊斯特里克指出，所有的图书馆都包括三个组成部分：①物资设备与供图书馆活动用的成套设备；②资源收藏；③收集和组织资源及检索用户需要的情报的工作人员。在这三个组织部分之中，只有最后一个——工作人员才能给图书馆带来生命，使图书馆有原动力，成为社会服务的重要力量②。由此可见，人力资源是图书馆生存和发展的基本要素，决定了图书馆事业的发展。

不同的研究者对图书馆人力资源管理的概念提出了不同的解释。付立宏和袁琳认为，图书馆人力资源管理是指为了顺利实现既定目标，而对图书馆人力资源的获取、开发、保持、利用进行系统化管理的活动过程②。郑丽娜认为，图书馆人力资源管理就是将现代化管理理念运用于图书馆人力资源管理中，制定出顺应时代的、符合图书馆实际的人力资源管理策略，整合图书馆人力资源，优化组织结构，提升馆员的综合素质，体现馆员的人力资本价值，实现管理目标，推动图书馆事业发展③。图书馆人力资源管理是指图书馆通过各种政策、制度和管理实践，以吸引、保留、激励和开发图书馆员工，调动员工工作积极性，充分发挥员工潜能，进而促进图书馆目标实现的管理活动。简而言之，它是对图书馆人力资源的获取、保持、利用、开发等方面所进行的管理活动。

图书馆人力资源具有以下六个特性。

1. 图书馆人力资源的生物性

图书馆的人力资源即馆内的工作人员，主要工作内容是为到馆的读者提供最方便、快捷的服务。由于图书馆的服务时间远远长于社会的正常工作时间，应依据人的生物性，安排好馆员的工作和休息时间，让适合的馆员去适合的岗位工作。有针对性的人力资源管理才能调动馆员工作热情，达到最佳的工作状态。

2. 图书馆人力资源的环境依附性

图书馆的各部门分类性较强，工作的差异较大，工作的针对性较强，较难形成竞争。

① 刘贵勤. 图书馆人力资源管理[M]. 合肥：安徽大学出版社，2008：4-6.
② 付立宏，袁琳. 图书馆管理学[M]. 武汉：武汉大学出版社，2010：311-312.
③ 郑丽娜. 我国图书馆人力资源管理研究综述[D]. 长春：东北师范大学，2010：6.

这样就导致在整个环境中，馆员间几乎没有竞争压力。久而久之，就会导致馆员工作散漫、效率低下，形成恶性循环。

3. 图书馆人力资源的易流失性

现在，中国的图书馆正处于由传统图书馆向数字图书馆和智慧图书馆转变的时代，大量现代化的智能设备、电子文献等正在替代传统文献和设备。许多馆员的知识技能已经不能适应现代的图书馆，以至于图书馆人力资源在无形中流失。相反，在处于转型阶段的图书馆中有大量人才未能充分发挥才能，而现代咨询业迅速发展，同样也导致了图书馆高级人才的流失。

4. 图书馆人力资源的可再生性

数字经济时代迅猛发展，适时地招聘、吸纳与时代同步的人力资源已成为图书馆人力资源管理必不可少的一环。而图书馆人力资源更要实现自我补偿、自我更新、持续开发，这就要求图书馆人力资源的开发与管理要注重终身教育，加强后期的培训。

5. 图书馆人力资源具有生产者和消费者两重性

当人力资源作为生产要素的一部分进入生产过程后，它在一切活动中处于中心位置，起着主导作用，能够发挥引导、操纵、控制其他资源的功能。人力资源是唯一具有创造性的因素，它能够顺应时代、社会的发展，同时也能够推动创新和发展社会，促进图书馆的进步。图书馆人力资源既是投资的结果，同时也能创造财富，所以图书馆人力资源既是生产者，也是消费者。

图书馆人力资源的质量完全取决于投资的程度，改善馆员的工作环境、加大教育培训力度及对员工生活情感上的关心，尤其是情感上的投资，更容易使馆员产生高度的责任感，全身心地投入到工作中，让馆员在工作过程中为图书馆产生更多的收益[①]。

6. 图书馆人力资源的高增值性

图书馆普遍存在资金不足的状况，要实现设备、文献的不断增值并非一件易事。现代信息社会人力资源的开发与管理对图书馆发展、进步具有举足轻重的作用。如果想要最大限度地让人力资源为图书馆服务，保障图书馆与时俱进，就需要实现人力资源的不断增值。

一方面，重视人才培养的紧迫性，强化成才意识，切实提高业务水平；另一方面，要改革和完善图书馆内部分配制度，充分调动员工劳动的积极性和创造性，激发其内在的动力[②]。

---

① 赵军. 基于绩效评估的图书馆人力资源管理[J]. 农业图书情报学刊，2015，27（2）：195-198.
② 陈丽群. 论图书馆人力资源现状及增值对策[J]. 现代情报，2003，（7）：118-119，122.

二、图书馆人力资源管理的意义

（一）人力资源管理是图书馆改变管理观念的重要途径

长期以来，图书馆的管理重视物质资源（如图书文献、设备资源），图书馆工作围绕着信息资源建设和文献保障展开，组织结构也是围绕着"采—藏—借—阅"流程设计，常常忽视人的价值。虽然有人事管理工作，但更强调简单事务的处理，没有考虑馆员的培训开发、职业价值、服务理念等。通过人力资源管理，可以改变图书馆管理中只重视物而轻视人的理念，实现从"以馆藏为中心"到"以馆员为中心"的转变。

（二）人力资源管理是图书馆留住人才的有效手段

人力资源是图书馆事业发展的基础，人力资源是第一资源，在各种资源中它处于支配地位。然而，图书馆职业地位不高，社会价值认可程度低，工作待遇差，导致图书馆人才流失严重。通过人力资源管理，可以实现以人为本的管理，加强对员工的培训开发和职业生涯规划，有助于员工自我价值的实现；合理绩效考核体系和薪酬体系的建立可以使员工工作得到正确的评价，同时带来个人收入的提高，最终图书馆达到留住人才的目的。

（三）人力资源管理是图书馆获得竞争力的关键

通过图书馆人力资源的管理，建立合理的招聘、培训开发、绩效考核、薪酬管理等机制，增强员工工作能力，增强竞争意识，这样可以有效提高馆员积极性，提高工作效率，更好地满足用户信息需求，发挥图书馆在公共文化服务中的价值，进一步提高图书馆在社会中的地位。

（四）人力资源管理是图书馆获得持续发展的基础

图书馆的社会效益是由场所、设施、信息资源和人力资源等合理而有效地整合而产生的[①]。随着国家对公共文化服务的重视，政府加大对场所、设施和馆藏等的投入，许多地方建设了新馆，购置了先进的技术设备，但却忽视了对图书的人力资源的投入，因而图书馆的整体社会效益没有得到有效提高。通过对图书馆人力资源的开发与管理，可以提升馆员的素质，提高员工工作的质量和效率，进而改善图书馆的社会效益，保障图书馆的可持续性发展。

---

① 李宏秋. 山西省高校图书馆人力资源管理研究[D]. 太原：山西大学，2013：13-14.

三、图书馆人力资源管理的目标与原则

（一）图书馆人力资源管理的目标

图书馆管理由战略管理、全面质量管理、人力资源管理、服务管理、组织文化建设等构成。图书馆人力资源管理作为图书馆管理的子系统，人力资源管理的目标在总体上必然是服务和支撑图书馆的组织。IFLA 和联合国教科文组织的《公共图书馆服务发展指南》中指出："公共图书馆的基本宗旨是通过提供各种形式的资源与服务来满足个人和团体在教育、信息和个人发展，包括娱乐和休闲等方面的需求。它们向个人提供获得广泛多样的知识、思想和见解的途径，为民主社会的发展和维护起到重要的作用。"①因而，图书馆人力资源管理要有效支持社会公众获得教育、信息和知识以及个人发展和社会文化的发展。图书馆人力资源管理的具体目标是：①保证公共图书馆获取满足需要的人力资源；②为图书馆员工工作创造良好的人力资源环境；③保证图书馆员工工作绩效的准确评价；④保障图书馆员工实现合理价值分配②。

（二）图书馆人力资源管理的原则

人力资源管理的目标是实现系统的整体优化，发挥系统的最佳功能，因此，图书馆在进行人力资源管理时，应遵循一定的原则，以求得最佳效果。

1. 能级对应原则

能就是处理事物的本领大小。能量既有大小，那就可以分级，级别构成了管理的"场"和"势"，使管理有规律地运动。图书馆人力资源管理系统可以看作是一个"管理场"。人力资源管理中的每一个岗位都在"管理场"中占据一定的位置，处于一定的能级水平，处在不同岗位或级别的人员要求有不同的能力。一个合理的图书馆人员结构，必须由高、中、初水平的人按一定的比例构成一个完整的结构，并且随着人员才能的发展和变化不断进行合理的调整。只有这样，才能保证人们在各个能级中合理流动，通过各个能级的实践，发现、锻炼和检验人们的才能，使之各展其能，相互配合，实现能级和人才的动态对应，构成和谐的有机整体，发挥最佳的管理效能。

2. 动力原则

图书馆人力资源管理必须有强大的动力，并正确地运用动力，才能使管理活动得以持续而有效地进行。给图书馆员以强大的推动力，主要有三个方面：①物质动力。合理的奖

---

① 菲利普·吉尔领导的工作小组代表公共图书馆专业委员会. 公共图书馆服务发展指南[M]. 上海：上海科技文献出版社，2002：2.

② 董克用. 人力资源管理概论[M]. 北京：中国人民大学出版社，2011：24.

金制度、及时的提级和加薪、工作条件的改善、福利问题的解决、生活上的关心照顾等都是必要的物质动力。②精神动力。社会对图书馆员重要地位的肯定，人们对优秀图书馆员的嘉奖，以及日常的思想政治工作和表彰奖励等，都是精神动力。③信息动力。在信息社会中，信息作为一种动力，有超越物质动力和精神动力的相对独立性。信息是决策的依据，也是行动的推动力。在图书馆中，人力资源管理者需要这三种动力综合协调运用。

3. 责权利统一原则

图书馆在人力资源管理过程中，应按级负责，实行岗位责任制，明确划分各级管理人员和业务人员的职责权力范围，同等的岗位职责赋予同等的权力。有权无责，很容易产生瞎指挥滥用权力的官僚主义。有责无权，就会失去平衡，使工作处处被动、消极、低效。有责有权才能承担任务。任务完成后，必须给予相应的物质或精神鼓励，只有将责、权、利三者有机地结合起来，才能充分发挥每个人的积极性和创造性，保证图书馆各项任务的落实。

4. 动态管理原则

动态管理的实质就是要把握管理对象运动、变化的情况，及时调节管理的各个环节和各种关系，适应变化以达到整体的、长远的目标。图书馆人力资源的科学管理必须考虑多变的因素，调整人力资源管理政策、制度和方法。同时，现代科学技术的迅猛发展要求图书馆不断地调整人员的智力结构。通过调整和协调，使图书馆人力资源管理能适应社会环境的变化，并在动态中平衡发展，以求得最佳功能。

四、图书馆人力资源管理的职能

人力资源管理的基本职能是人力资源管理所承担的各种活动。但在管理职能上，不同类型的图书馆人力资源管理职能具有较大的差异，人力资源管理活动的侧重点会有所区别。不同学者对人力资源管理的基本职能做了不同的划分，付立宏和袁琳把图书馆人力资源管理职能分为：宏观层面和微观层面，宏观层面职能有人力资源战略规划和图书馆馆员职业资格；微观层面职能有馆员甄选与聘用、考核与激励及人力资源开发[①]。李宏秋把高校图书馆人力资源管理的职能分为：人力资源的信息管理、部门设置和岗位分析设计、人力资源计划制订、人力资源的选聘与上岗管理、工作绩效考核、馆员继续教育和职业生涯管理[②]。

综合各种说法，可以把图书馆人力资源管理的基本职能划分为以下几个方面：①职位分析，确定岗位的工作内容和任职资格；②人力资源规划，根据图书馆的战略规划和业务发展，对未来的人力资源需求和人力资源供给做出预测；③员工招聘，根据人力资源规划，通过内部晋升和外部招聘获取图书馆所需要的人力资源；④员工培训与开发，为了使新员工融入岗位以及老员工适应环境的变化，对图书馆员工进行知识和技能的培训学习；⑤职

---

① 付立宏，袁琳. 图书馆管理学[M]. 武汉：武汉大学出版社，2010：312.
② 李宏秋. 山西省高校图书馆人力资源管理研究[D]. 太原：山西大学，2013：12-13.

业生涯规划与管理，为了能长期保留员工，结合组织目标和员工个人特点，图书馆对员工职业发展路径做出安排和采取措施；⑥绩效考核，根据岗位职责和绩效标准，定期地收集员工绩效信息，对其绩效进行科学评价；⑦薪酬激励，根据员工岗位和绩效考核结果，为员工提供薪酬和福利。

第二节　图书馆人力资源招聘

一、图书馆人力资源招聘的概念

招聘是图书馆整个人力资源管理输入机制的起始点，直接决定着员工的素质与质量，也是整个图书馆人力资源管理得以有效运行的重要前提[①]，招聘工作的好坏会影响其他人力资源职能活动。

招聘包括招募、甄选与录用三部分，招募是采取多种措施吸引候选人来申报组织空缺职位的过程；甄选是指采用特定的方法对候选人进行评价，以挑选最合适人选的过程；录用是指做出决策，确定入选人员，并进行初始安置、试用、正式录用的过程。

根据招聘方式的不同，可以将招聘模式分为内部招聘和外部招聘两种，它们各有优缺点，选择招聘方式时要综合考虑招聘人员的性质、层次、类型及组织的规模、人才市场的供求情况等一系列因素[②]。

二、图书馆人力资源招聘的基本程序

组织员工的招聘、录用工作是和人力资源规划工作相联系的，是人力资源规划工作具体实施的后续工作。

（一）确定招聘需求

首先，根据图书馆的发展目标，科学地预测图书馆在未来环境变化中人力资源的供给和需求情况，制定必要的人力资源获取、利用、培训和开发政策及措施，以确保图书馆在需要的时间和需要的岗位获得各种需要的人才。其次，根据人力资源规划，确定明确的选人标准。例如，需要具备专业知识、能力及个性特征等。在技能和个性等方面进行量化分析，制定出岗位所需招聘人员的最佳素质的一系列数据，以此作为馆员筛选的标准[③]。

（二）制订招聘计划

在确定了具体的招聘需求之后，最终的招聘计划要以文件的形式表达出来，以便具体

---

① 董克用. 人力资源管理概论[M]. 3 版. 北京：中国人民大学出版社，2011：193.

② 王益明. 人力资源管理[M]. 济南：山东人民出版社，2002：143.

③ 李朝云. 图书馆人力资源管理探微[M]. 合肥：安徽大学出版社，2011：61.

实施，文件应包括以下主要内容：①招聘职位的种类、名称、数量；②招聘的对象；③招聘的地区分布情况；④招聘的计划，即确定招聘过程组织人员构成、职责分工、经费预算和日程安排等。

（三）招募

招募是指通过各种信息传播渠道，把具有一定能力、对本图书馆感兴趣的人吸引到图书馆来应聘的过程。根据招募方式的不同，可以分为内部招募和外部招募两种。它们各有优缺点。人员招募是招聘系统中的一个重要环节，其目的在于吸引更多的人来应聘，使组织有更大的人员选择余地，以获得具有合适资格的人选。回收应聘者的应聘资料，以便进行下一步的甄选录用。在这个过程中，不只是被动地收取，还应当进行初步筛选，剔除那些明显不符合要求的人员，从而减轻甄选录用的工作量。

（四）甄选

在审查应聘者的简历之后，下一步就是要为职位甄选出最佳应聘者。员工甄选的目的在于实现人和职位的匹配。这就意味着要将完成职位工作所需的那些知识、技能、能力及其他胜任素质与应聘者的知识、技能、能力和胜任素质相匹配[1]。

甄选是人员招聘中最关键的一个环节，甄选质量的高低直接决定选出来的应聘者是否能达到图书馆人力资源的要求。甄选的最终目的是将不符合要求的应聘者淘汰，挑选出符合要求的应聘者供组织进一步筛选。

（五）录用

当应聘者经过几轮的选拔之后，最后一个步骤就是录用与入职。人员录用是指从招聘选拔阶段层层筛选出来的候选人中选择符合组织需要的人，做出最终录用决定，再通知其报到并办理入职手续的过程。虽然不同的组织机构人员录用程序差异很大，但一般来讲，人员录用工作主要包括签订聘用合同、办理报到手续等环节。

在录用原则上，要求公平、竞争、全面、择优、量才，因事择人与因人任职相结合，慎用任职资格条件过高者，保持重工作能力和求职动机优先的原则。

（六）招聘效果的评估

招聘评估是招聘过程中必不可少的一个环节，是对前期工作的总结和今后招聘工作的经验积累的过程。组织中的人力资源管理人员通过各种方式评价招聘人员数量、质量、留用状况、招聘工作效率，如招聘的时间、招聘的成本、应聘比率、录用比率等，总体来讲，招聘评估有利于提高招聘绩效[2]。

① 德斯勒 G. 人力资源管理[M]. 14 版. 刘昕译. 北京：中国人民大学出版社，2017：183.

② 王益明. 人力资源管理[M]. 济南：山东人民出版社，2002：169.

三、图书馆人力资源招募的渠道与方法

招募渠道是获取职位候选人的途径。一般来说，招募渠道可以分为两类：内部招募渠道和外部招募渠道。不同的招募渠道能够满足组织对人才的不同需要，组织在招募的过程中应具体问题具体分析，根据组织的需要确定招募渠道。

（一）图书馆内部

实际上，组织绝大多数工作岗位的空缺是由现有员工填充的，因此组织内部是最大的招聘来源。通常要在组织内部张贴工作告示，其内容包括工作说明书和工作规范中的信息及薪酬情况，说明工作机会的性质、任职资格、工作的时间和待遇标准等相关因素。主要方法有工作职位公告、人员信息记录卡和人才继任计划。

1. 工作职位公告

工作职位公告是最常用的内部选拔方法，是一种向员工通报现有职位空缺的方法。它需要列出工作的特性，如资格要求、工作时间、薪资等级等，并将公告置于员工都可以看到的地方，以便所有相关人员均有机会申请空缺职位。通过工作职位公告这种途径发布的信息，既可以为有才能的员工提供成长发展的机会，同时又能体现公平竞争原则。

2. 人员信息记录卡

人员信息记录卡也称技能清单。随着现代信息技术的普及，许多图书馆的员工信息资料都已经计算机化。人员信息记录卡包括了诸如员工的资格、技能、智力、经历、健康情况、教育背景和培训方面的信息。这些资料是经常更新的，因此能够全面、及时、动态地反映所有员工的最新情况。

3. 人才继任计划

人才继任计划是指在本岗位任职者正常任职的情况下，由组织着力发现并培养本岗位后备人选的行为。人才继任计划实施的直接成果是形成人才梯队，即形成不同层级现任岗位的后备人选名单，它既能保证人才队伍的连续性，又可满足组织业务持续发展和不断扩大时对人才的需求[①]。

（二）外部招募

图书馆作为事业单位，在人员招聘上必然受到《事业单位人事管理条例》的规范和限制——"事业单位新聘用工作人员，应当面向社会公开招聘"。图书馆在进行招聘前，要

---

① 林忠. 人力资源招聘与选拔[M]. 沈阳：辽宁教育出版社，2006：90.

结合人力资源规划制订招聘计划、实际时间、招聘者、费用等，需要公布招聘岗位、资格条件等招聘信息。主要方法有网络招聘和校园招聘。

1. 网络招聘

如今许多图书馆都拥有自己的主页，并将本馆的职位空缺在自己的主页上公布。求职者如果希望到某个图书馆工作，就可以直接访问该图书馆的主页。图书馆也需在主页上提供一份本馆简介，包含所有求职者希望了解的基本情况。

2. 校园招聘

对于图书馆来说，面向校园招聘正式或临时人员是一种非常普遍的方式。大学校园是专业人员与技术人员的重要来源。组织在设计校园招聘活动时，需要考虑学校的选择和应聘者的吸引两个问题。在选择学校时，组织要根据自己的财务预算和所需要的员工类型来进行决策。如果财务预算比较紧张，组织可能只在当地的学校中选择，而实力雄厚的组织通常在全国范围内进行选择。

四、图书馆人力资源甄选的方法

甄选是整个人员招聘中技术性最强的一个环节。在甄选环节，图书馆需要遵循因事择人、公平竞争、任人唯贤的原则。在进行面试之前，图书馆需要进行必要的简历筛选和考试，淘汰一部分应聘者，提高甄选的效率和降低甄选的成本，主要有笔试和面试两种方法。

（一）笔试

笔试是让应试者在试卷上笔答事先拟好的试题，然后由评估人员根据应试者解答的正确程度予以评定成绩的一种测试方法。这种方法可以有效地测量应试者的基本知识、专业知识、管理知识及综合分析能力、文字表达能力等方面的差异。笔试的形式一般有以下两种。

1. 论文形式的笔试

这是让应聘者提供一定篇幅的文章表达对某一问题的看法，以展示其所具有的知识、才能和观念等。其优点在于易于编制，能测验应聘者书面表达能力，易于观察到应聘者的推理能力、创造能力和材料概括能力；其缺点是评分缺乏客观标准，不能测出应聘者的实际操作能力。

2. 测验形式的笔试

它以是非法、选择法、填充法或对比法等来考查应聘者的能力和观点。该方法的优点是一次测验能够出题较多，题目较为全面，对知识、技能和能力考查的信度和效度较高，可以大规模地进行评价，而且费时较少、效率高，对应试者的心理压力小，相对来说更容易发挥正常水平,成绩评定也较为客观;主要缺点在于不能全面地考查应试者的工作态度、品德修养、组织管理能力、口头表达能力和操作技能等。

笔试的目的是选择合适的员工,所以试题设计自始至终要符合测试目标。一般来说,一般知识考试和专业知识考试往往适合采用笔试的方式,专业笔试常作为人员初步筛选的工具[①]。

(二) 面试

面试是指一种在特定的场景下,经过精心设计,通过主考官与应试者双方面对面的观察、交谈等双向沟通方式,了解应聘者的素质特征、能力状况及求职动机等的人员挑选方法。按面试问题的结构化程度不同,招聘面试分为以下三种类型。

1. 结构化面试

结构化面试常常是根据特定职位的素质要求,遵循固定的程序,采用专门的题库、评价标准和评价方法,通过考官小组与应聘者面对面的言语交流方式,对应聘者的胜任素质进行评价的过程和方法。该方法的优点是可靠性和准确性比较高,主持人易于控制局面,面试通常从相同的问题开始。缺点是灵活性不够,如果面试的人比较多,考查内容容易被后来应试者所掌握。这种方法一般适用于应聘者较多且来自不同单位及校园招聘中。行为事件面谈法和情景面试是两种比较有效的、具体的结构化面试的形式。

2. 半结构化面试

半结构化面试只对重要问题提前做出准备并记录在标准化的表格中。这种类型的面试要求面试者制订一些计划,但是允许在提出什么样的问题及如何提问方面保持一定的灵活性。这类面试所获得的信息虽然在一些面试主考官看来可靠性不如结构性面试高,但所获得的信息会更丰富而且可能与工作的相关性更高。

3. 非结构化面试

非结构化面试是漫谈式的,面试者会提出探索性的、无限制的问题鼓励求职者多谈;面试没有应遵循的特别形式,谈话可向各方面展开;可以根据求职者的最后陈述进行追踪提问。这种方法的主要缺点是比较耗费时间,对面试人的技能要求高。这是一种高级面谈,需要主持人有丰富的知识和经验,对招聘的工作岗位非常熟悉,并掌握高水平的谈话技巧。这种方法适用于招聘中高级管理人员[①]。

需要注意的是,通过种种甄选方法,图书馆要挑选与图书馆工作相适合的人员,而不是最优秀的人员,不能只关注应聘者的专业知识与能力,还要考察应聘者的心理素质。

---

① 陈国宏. 人力资源管理[M]. 北京:北京理工大学出版社,2017:99,101.

第三节　图书馆人力资源培训与开发

一、图书馆人力资源培训与开发的概念

培训是指组织有计划地实施有助于提升员工学习与工作相关能力的行为。这些能力包括知识、技能或对工作绩效起关键作用的行为。开发是指为员工今后发展而开展的正规教育、在职体验、人际互动及个性和能力测评等活动。

图书馆人力资源培训与开发是指图书馆通过各种方式使员工具备完成现在或将来工作所需要的知识、技能并改变他们的工作态度，以改善员工在现有或将来职位上的工作业绩，最终实现图书馆整体绩效提升的一种计划性或连续性的活动。

培训和开发的相同点在于都是要通过提高员工的能力来提升员工的工作业绩，进而提高组织的整体绩效；而且实施的主体都是组织，接受者都是组织内部的员工。但是二者也有不同之处：一是从侧重点看，培训重在当前，即使员工绩效短期能够得到改进；开发重在将来，也就是员工在未来承担更多的责任。二是从工作经验的运用来看，培训对工作经验的要求低，而开发则比较高。三是从参与意愿来看，培训一般要求员工必须参加，而开发则是员工自愿参与。

二、图书馆人力资源培训与开发的意义

（一）员工培训与开发是图书馆人力资源开发的重要途径

人力资源开发的主要途径有人力资源合理配置、不断激励人才促进企业发展、加强员工培训与发展等。其中培训是常用的手段之一。图书馆处于新技术、新知识的发源地，服务对象是广大需要获取信息与知识的用户，所接触的是不断增长、创新的新信息与知识。面对馆藏类型多元化、用户需求日趋复杂化的状况，图书馆工作人员的专业知识技能和提供的服务质量面临重大挑战。不同方式的教育培训是使图书馆员工保持活力和创造性的唯一途径。

（二）员工培训与开发能满足图书馆发展对高素质人才的需要

随着科学技术及图书馆技术的发展，图书馆需要大量高素质的人才，包括研究开发人员、管理人员、专业技术人员等。图书馆必须把在职馆员培训作为图书馆与时俱进地进行人力资源建设的重要机制和措施。提供高层次信息服务必须要有知识面广、专业技能强的高素质工作人员，这是做好用户工作的关键，也是图书馆事业可持续发展的保证。

（三）员工培训与开发能满足员工自身发展的需要

根据马斯洛的需要层次理论，尊重和自我实现需要属于高层次的精神需要，而这些需

要的满足是以自身素质提高、提升到一定的管理岗位、工作中发挥个人潜能、工作中干出一番成就为前提的。每个人都需要激励，需要自我激励，需要来自同事、群体、领导和组织方面的激励。组织中的管理工作需要创造并维持一种激励的环境，在此环境中使员工完成组织目标，并促进自身发展[1]。通过培训与开发，可以提高馆员的素质和能力，获得职位的晋升，发挥个人才能，进而获得组织的认可，产生内在激励。

（四）员工培训与开发是图书馆持续发展的保证

对在职工作人员进行继续教育，包括知识技能更新、拓展、提高及完善知识结构，开发其创新思维和创新能力，可使其结合本职工作学习新理论、新方法、新技术、新信息，提高业务能力，培育创造能力，以适应社会、经济、科技的发展，促进图书馆的创新和发展，更好地履行图书馆的各项岗位职责[2]。

三、图书馆人力资源培训与开发的基本过程

图书馆员工的培训与开发是提升人力资源素养的管理活动，需要有计划、有步骤地开展和推进。图书馆需要采用一种合理的培训流程，常用的培训流程是 ADDIE 培训流程模型，它包括最基本的分析（analysis）—设计（design）—开发（develop）—实施（implement）—评估（evaluate）等五个步骤[3]。

（一）分析培训需求

首先应该开展需求调查研究工作，对全馆员工的工作性质及个人成长需求进行评估，明确培训的对象和内容，以及本馆人力资源状况与组织发展目标之间的差距，以此确定培训需求。培训组织部门应通过调研、分析、磋商等方式，明确馆员的素养提升需求及相关问题，如馆员当前的专业技术水平，培训的预期目标与效果，合适的培训内容、教材、方法，培训资金的预算，培训的激励机制等。

（二）设计培训方案

培训方案设计意味着要对培训目标、培训方法及培训方案评估等在内的总体培训方案进行规划。它是从组织的战略出发，在全面、客观的培训需求分析的基础上，做出的对培训时间（when）、培训地点（where）、培训者（who）、培训对象（whom）、培训方式（how）和培训内容（what）等的预先系统设定[2]。在计划制订过程中，首先要明确培训目标是否

① 刘燕，曹会勇. 人力资源管理[M]. 北京：北京理工大学出版社，2019：170.
② 王益明. 人力资源管理[M]. 济南：山东人民出版社，2002：182，203.
③ 德斯勒 G. 人力资源管理[M]. 14 版. 刘昕译. 北京：中国人民大学出版社，2017：264.

与本馆的战略发展目标一致，必须综合考虑主观条件、客观条件，最大限度地确保培训目标的实现；其次是制定相应的措施以保证培训工作的顺利完成。另外，培训计划的制订需要结合馆员现有的知识结构，广泛征求意见，取得共同认识，确保培训方案的科学性和可行性。

（三）制订培训方案

针对培训与开发的需要，设计出合适的培训项目，该项目可以仅包括一门课程，也可以是多门系列课程。教材可以是基于本馆实情的自编讲义，也可以是较为成熟的权威著述。同时，应注意不断地修订与完善，使核心教材与参考资料有机配合。

（四）实施培训方案

培训方案的实施是指把课程计划付诸实践的过程，它是达到预期课程目标的基本途径。具体的培训方法包括：岗前培训、在岗培训、转岗培训、脱产培训等。培训计划能否成功实施，除了有一个完善的培训计划外，培训课程严格认真的实施与科学的管理也都极为重要[①]。明确培训学习的原则，合理选择培训的方法和内容，正式开展培训与教育。有步骤、有重点地落实培训计划，注意处理好馆员的培训教育与图书馆日常业务工作的关系，做到理论与实践相互联系，学习与工作相互促进。

（五）培训效果评估

在今天越来越重视对结果的衡量，因此管理人员对培训计划的实施效果进行评估是十分重要的。在对培训项目进行评估时，有两个基本问题需要解决：一是评估研究方案的设计，特别是要不要进行控制实验；二是应当评估什么，在理想情况下，可以通过将没有接受培训的控制组和经过培训的小组进行平行比较，来对受训者在反应、学习、行为及结果方面的变化进行衡量。培训的目的是提升馆员素养，提高工作业绩。效果评估能够反映其最终成果，也为下一轮的培训开展提供科学、可靠的决策依据[②]。

四、图书馆人力资源培训与开发的方式和内容

（一）图书馆人力资源培训与开发的方式

1. 按职业生涯发展阶段划分

图书馆员的职业生涯围绕着一个或多个工作岗位，不同的阶段对馆员的素养有着不同的要求，培训与开发也应做出相应的调整。

---

① 刘娜欣. 人力资源管理[M]. 北京：北京理工大学出版社，2018：110.
② 德斯勒 G. 人力资源管理[M]. 14 版. 刘昕译. 北京：中国人民大学出版社，2017：291.

（1）岗前培训。其主要针对职业生涯早期阶段的馆员，目的是使其早日融入组织并胜任本职工作。这一时期应首先考察新馆员的志向和特长，以便在日后的工作中用其所长，发挥潜力。同时，开展两大内容的培训：一是本馆的基本情况，如本馆的历史、规章制度、组织文化等，增进新馆员对图书馆的了解；二是工作岗位要求而新馆员尚未具备的专业知识、技能，主要是指图书馆学、情报学专业知识及计算机等现代信息技术，这些使馆员顺利完成角色转换，进入状态，胜任工作。

（2）在岗培训。其主要针对职业生涯中期阶段的馆员，目的是使其在不离开工作岗位的情况下获得追求更高工作绩效所需的知识、技能和意愿。一方面，在这一阶段的馆员需要了解本专业的最新动态，掌握有关的新技术和新方法，使自己拥有较宽的知识面和合理的知识结构；另一方面，针对职称、职位晋升和工作绩效的提升进行目标明确、实效突出的培训。

（3）转岗培训。其主要针对职业生涯晚期阶段的馆员，目的是使因组织结构重组或自身不能胜任现有岗位需求，或个人才能、特长、兴趣与现有岗位不匹配的馆员树立新的职业信心，构建新的从业素养，使其达到新的工作岗位要求。

（4）脱产培训。其主要针对职业生涯转型期阶段的馆员，通过暂时离开岗位到学校或有关机构进行深造，实现学历的提升或技能的更新。从时间维度上可分为短期脱产培训和长期脱产培训，但培训结束后通常需返回原单位，在相同的岗位上从事更高标准和要求的工作。

（5）终身教育。其主要针对涵盖和超越了整个职业生涯阶段的，富有学习意愿的馆员，目的是将正规教育与非正规教育相结合，家庭教育、学校教育与社会教育相结合，利用各种途径和方式进行个人素养的提升。

2. 按学习主体及其诉求划分

不同的馆员群体往往有着不尽相同的学习诉求，对素质培养的提升有着各具特色的需求，因此，从不同的角度能够形成若干培训和教育的模式。

（1）工作性质层面。针对专职人员，除鼓励继续学习和终身学习外，更要注重知识更新教育和信息技术应用能力的培养；针对兼职人员，除图书馆基础业务知识和职业道德外，还要强化咨询服务规范和服务技能的培训，以此提升职业素养和水平。

（2）受训形式层面。团队培训以增强图书馆的凝聚力和塑造图书馆的组织文化为目的，重在协调为达成共同目标而努力工作的不同的个人之间的合作，通过协调所在团队成员的个人绩效来实现组织愿景；自我教育则因不受群体标准和行为规范的约束，所以以非正规学习的方式扩展自身知识结构和提高工作能力，显得更为个性化，更具灵活性。

（3）学习内容层面。一方面，重视基础理论与实用技术的结合，把图书馆学理论与实践的最新成果及时反映到馆员教育中，夯实理论基础，强化应用技能，推动服务水平的提升；另一方面，在进行普适性基础教育的同时，应根据馆员自身的知识结构和岗位需求开展个性化定制教育，针对不同的学科、专业、人员层次做出异质化的调整[①]。

---

① 汪东波. 公共图书馆概论[M]. 北京：国家图书馆出版社，2012：287.

（二）图书馆人力资源培训与开发的内容

1. 图书馆员职业道德准则教育

《中国图书馆员职业道德准则》制定了图书馆员职业道德规范，主要任务是确立职业观念，引导职务行为，从本质上传达的是体现价值观的职业观念，展现的是现代社会图书馆员的形象。因此，教育图书馆员在价值观念上，应具有强烈的社会责任感和执着的事业心；在道德品格上，具有为人民服务的道德精神；在精神状态上，具有接受新事物、追求卓越目标的热情，以及勇于开拓、积极进取、献身于图书馆事业的敬业精神。

2. 专业基础理论知识和相关技能教育培训

图书馆的工作人员必须具备图书馆学、情报学的专业知识。图书馆事业不仅是传统的教育文化事业，还是新兴的信息服务业，其社会职能依然重要。图书馆通过对文献信息的收集、处理、存储和传递开发，服务于社会和经济建设。随着科学技术的发展，图书馆已从过去的传统图书馆向数字图书馆转变，图书馆工作人员必须接受图书情报专业基本理论知识教育，还要掌握现代化技术运用能力、信息处理能力、语言及文字表达能力、管理能力等，才能在现代信息社会充分发挥自己的聪明才智，适应图书馆事业发展的需求。

3. 信息技术操作能力的教育培训

21 世纪是信息化的社会，图书馆员必须全面掌握利用计算机、网络、社交媒体、数据分析等技术，从而获取、利用和存储信息。必须关注国内外先进馆正在开展的前沿业务、行业动态、新出现的技术和理念，开展数据分析、数据挖掘、信息可视化及文献分析所需要的方法与信息检索方法的相关培训课程，如 Python 与 R 语言在图书馆的实践应用，以及照片加工、音视频编辑等社交媒体技能[①]。这些技术都可以及时了解信息来源及其获取方法，促进信息交流和传播，为用户提供准确、实用、增值的知识信息，切实成为知识经济时代的导航员和信息咨询专家。

4. 外语学习与培训

在目前网络时代，网络不仅有中文文献资源，还有大量的外文文献资源，特别是科学技术领域的最新文献绝大部分是用英文出版的。提高与加强在职图书馆工作人员的外语水平，有利于开发网络信息资源，进行深层次的信息服务，开展对外的学术交流，提高专业水平和科研能力。

---

① 李书宁，吕俞萱. 高校图书馆馆员培训需求调查及素质提升策略探究——以北京地区高校图书馆馆员培训需求调查为例[J]. 图书情报工作，2020，64（2）：77-84.

第四节　图书馆人力资源绩效考核

一、图书馆人力资源绩效考核的概念

（一）图书馆人力资源绩效

组织绩效是指组织在某一时期内组织任务完成的数量、质量、效率及盈利情况[①]。组织绩效评价是管理者运用一定的指标体系对组织的整体运营效果做出的概括性评价。通过有效的评价可以揭示组织的运营能力、偿债能力、盈利能力和对社会的贡献，为管理人员和利益相关者提供相关信息，为改善组织绩效指明方向。

组织绩效包含以下三个方面：①整体绩效：产量、盈利、成本、员工满意度、员工成长与发展等；②部门绩效：部门业务指标、客户满意度、部门之间合作性、团队精神等；③人力资源绩效：员工的行为、技能、能力、素质、业务水平等。

图书馆人力资源绩效是指图书馆员工在工作过程中所表现出来的与图书馆目标相关的且能够被评价的工作业绩、工作能力和工作态度，其中工作业绩主要衡量工作的结果，工作能力和工作态度主要衡量工作的行为。

（二）图书馆人力资源绩效考核的定义

图书馆人力资源绩效考核是指图书馆采用科学的方法，对其员工的工作完成情况及在工作中所表现出来的态度、品德、性格、心理素质、工作技能、业务水平、知识素质、对工作的适应性等进行考察的全过程。

二、图书馆人力资源绩效考核的意义

（一）为图书馆制定人力资源管理政策提供依据

图书馆只有全面掌握员工的工作绩效，才能制定出合适的人力资源管理政策。绩效考核收集与积累的丰富实用的数据，是人力资源管理最好的信息库。例如，借助对图书馆员工绩效与技能的考核，能及时发现图书馆人力资源的缺失情况，从而制订出正确的人力资源发展规划、招聘与培训计划。

（二）发现优秀人才，为人才聘用提供参考

绩效考核是识别优秀员工的行之有效的方法。通过绩效考核，图书馆可看出新聘用的

---

① 韩秀景. 人力资源管理新编[M]. 南京：南京师范大学出版社，2017：168.

员工在试用期内的工作状态及思想状态，实现高质量人才的选聘与留用及不合适人才的辞退。在绩效考核过程中，了解新员工是否可适应新的工作环境、工作强度、工作性质，考察其在工作岗位上能力是否得到了完全发挥，其专业、能力与岗位要求是否相匹配。由此可见，通过绩效考核在新员工入职后或处于实习阶段时便可实现对人才的初步筛选，提升人才聘用有效性。同时，通过绩效考核，图书馆还可发现工作中存在不足的员工，有针对性地开展教育、培训工作，开发员工潜力，提高工作效益。

（三）为用人分配提供依据

在对员工进行岗位调整、职位晋升、工作安排等时，图书馆应根据具体的数据或统一评判对员工的工作能力及适合的发展方向展开规划，对绩效考核结果合理利用。在合理的绩效考核制度下，员工的实际状态能够被真实、多元化地展现，使图书馆在岗位安排时更有的放矢，尽可能避免出现高岗低能或低岗高能的情况，让高素质人才挑战能力要求高的岗位，使用人分配更加合理[①]。

（四）培育竞争机制，强化激励机制

通过绩效考核，图书馆可以对员工绩效的优劣进行鉴别，肯定员工的工作成绩、优点与长处，指出员工的不足、差距，明确其今后努力的方向和目标。根据考核结果对员工进行奖惩，会对落后者和优秀者等都起着激励和鼓舞作用，并且能够引导员工在工作方面开展良性竞争。另外对于图书馆人力资源管理来说，制定工作标准时应以员工绩效考核的结果为依据，将员工基本工资和绩效工资相结合，从而达到激励机制的强化作用。

三、图书馆人力资源绩效考核的原则

图书馆人力资源绩效考核需要符合一定的发展规律和原则，才能从根本上提高绩效考核的效率，提高图书馆的整体管理水平。

（一）明确规范原则

图书馆进行人力资源绩效考核时必须有明确的考核标准，并严格根据这些考核标准进行考核工作。另外，绩效考核只有达到规范化的要求，才能保证考核结果的准确性和严密性。

（二）公平公开原则

考核标准的确立，必须能够体现公平性，不能出现考核标准对一些人有利而对其他人

---

① 李茜. 绩效考核在事业单位人力资源管理中的意义分析[J]. 全国流通经济，2019，（31）：96-97.

不利的局面。在考核之前还要将考核标准向图书馆员工进行公示，保证考核标准的公开化和公平性，让员工对考核工作产生信任感。

（三）客观性原则

图书馆的人力资源绩效考核必须严格按照图书馆的考核标准进行，尽可能地减少出现个人主观情感意识掺杂到考核工作之中的情况，保证考核工作的公平。

（四）差别性原则

图书馆在进行人力资源绩效考核的过程中，要在各考核等级之间设置明确的差别界限，对于不同的考核结果，必须要在员工的工资、职位晋升及奖金等方面体现出差别性，这样才能充分发挥人力资源绩效考核的正面激励作用。

（五）全方位原则

为了真实全面地考察工作人员的绩效，防止以偏概全，绩效考核应采取多种方式、通过多种渠道来进行。

（六）反馈原则

图书馆在完成人力资源绩效考核之后，要将考核结果反馈给被考核人，这样才能保证人力资源绩效考核给被考核人形成正面教育及激励的效果[①]。

四、图书馆人力资源绩效考核的过程

（一）制订绩效考核的计划

为保证员工绩效考核顺利进行，图书馆必须事先制订考核计划，明确考核目的、对象、内容、时间、方式、方法及考核的程序。这是图书馆员工绩效考核的政策性文件，也是考核的依据。

（二）做好考核的技术准备工作

考核的技术准备主要包括拟定、审核绩效标准，选择设计考核具体方式方法，培训考核人员等内容。绩效标准是指图书馆期望员工达到的绩效水平，它应该符合图书馆的发展

---

① 王燕歌. 试论企业人力资源绩效考核[J]. 商场现代化，2013，（24）：124-125.

战略、组织文化，应该具有可衡量性、可比较性，应该与被考核人员的工作密切相关，并且能够使被考核人员接受。根据考核的目的，需要具体确定哪些信息，从何处获取这些信息，采用何种方法收集这些信息，这些是选择和设计考核方法需要解决的问题。此外，为了保证考核质量，应对考核人员进行培训，使他们掌握考核原则，熟悉考核标准，掌握考核方法并培养正确的考评态度，避免主观性。

（三）收集考核资料与信息

收集考核资料与信息是指收集员工个人德、能、勤、绩四个方面的考核资料与信息，如员工完成岗位职责任务情况、出勤情况、用户反馈等信息。在收集考核资料与信息时，应注重各种业务指标的收集，如图书分编量、图书加工量、图书借阅册次、接待用户人次等。

（四）分析评价员工绩效状况

分析评价员工绩效状况是指依据考核指标与收集的员工个人绩效实际信息，对员工个人的德、能、勤、绩等方面做出综合性的评价。在分析评价员工绩效过程中，应遵循"三公""四严"的原则，客观公正地对员工绩效给予评价。"三公"是指公平、公开、公正，"四严"是指严明一致的考核标准、严格客观的考核方法、严谨科学的考核制度及严肃认真的考核态度①。

（五）绩效反馈

绩效考核结束后，图书馆领导应就绩效考核结果与工作人员进行沟通，使之明确绩效不足的原因、改进方向及个人特性和优点。绩效反馈是提高员工工作绩效的一个重要环节，只有建立规范的反馈制度，将反馈真正落实下去，绩效考核才能发挥其对员工的激励作用，才能帮助员工找到提高绩效的方法。

五、图书馆人力资源绩效考核的内容与方法

（一）图书馆人力资源绩效考核的内容

绩效考核是对员工的素质、行为及业绩进行考察和评价，它的内容是依据组织性质和工作任务的不同而不同。图书馆人力资源绩效考核的内容主要概括为四个方面：德、能、勤、绩。德主要是指思想品德；能主要是指工作能力；勤主要是指工作态度；绩主要是指工作业绩。

---

① 戴建行. 图书馆员工绩效考核的思考[J]. 江西图书馆学刊，2011，41（1）：113-115.

1. 思想品德

思想品德是从员工的思想政治、工作作风、社会道德和职业道德方面进行考核，任何人都需要有良好的思想品德，图书馆员工也不例外，只有拥有良好的思想品德才能促进员工个人和图书馆的发展。不同的工作岗位，需要有不同性格的员工。图书馆编目工作、分类工作、财务工作需要相对内向的性格，而参考咨询工作、外借流通工作则需要较为外向的性格。因此，个人性格也是绩效考核的一个方面。

2. 工作能力

工作能力的考核是指根据职位或岗位所要求的必要条件，评价、判断工作人员是否有能力胜任该职务并有效地完成工作任务。员工工作能力的考核涉及的内容很多，一般可分为基础能力、业务能力、专业技能、综合能力、人际交往能力等几个方面。

3. 工作态度

工作态度考核的对象是指对员工的业绩有影响的态度和与工作士气有关的态度及自我开发愿望，包括积极性、敬业精神、责任感、服务态度、合作精神等[①]。由于图书馆工作本身具有服务性的特点，工作人员的工作态度十分重要。在图书馆中，关于员工工作态度的考评可以从用户的角度来进行。

4. 工作业绩

工作业绩的考核是所有考核工作的基础，也是图书馆人力资源管理的直接依据。工作业绩主要是指工作的最终结果，包括工作的质量和数量两个方面。对于一般的馆员来说，工作的数量和质量比较好确定，如对于编目人员来说，工作的最终结果是各种款目，数量和质量都是可以客观衡量的；但对于管理人员来说，工作的数量和质量就往往很难用量化的指标来表示。这时，对工作业绩的考察就需要采取其他方法，将无法直接衡量的业绩通过有效的、可以衡量的评估指标反映出来。

（二）图书馆人力资源绩效考核的方法

图书馆的组织特点决定了考核方法的多样性，在设计考核方案的过程中要尽可能遵从客观性和实用性原则。在实践中我们发现，以下几个考核方法对图书馆较为适用。

1. 权重统计法

经过比较研究发现，最为有效的考核管理方法是分值管理的方法，即用分数的形式综合反映出每一个工作人员在一定时期内关于德、勤、能、绩等各方面的表现情况，以累计分值的多少来区分出勤惰、优劣。在具体操作过程中，将各考核组群提供的分值数

---

① 丁仁忠，严寿鬃. 现代企业管理基础[M]. 上海：立信会计出版社，2000：97.

据，按设定的各考核组群的权重比例，用加权平均方法计算出总分，最后按分值高低评定等级。

2. 定量考核法

适用于可以量化的工作部门和岗位的考核，考核过程直观、简便。但在制定定量标准时必须经过反复实践，根据实际情况不断调整，使定量指标逐步趋于合理。这种方法较适合编目、采访及其他有量化可能的岗位，或某一岗位中部分可以定量的工作考核。

3. 目标管理考核法

在实施考核过程中，有许多岗位的工作无法量化，考核标准的制定和考核的操作难度较大，可以借助目标管理手段对馆员进行考核。目标管理法首先强调组织计划的系统性，以此来保证组织活动内部逻辑联系。同时，强调目标制定过程的激励性，使组织成员亲自参加工作目标的制定，实现自我控制，并努力完成工作目标。此种方法较适合项目类岗位，如网页制作与管理、硬件维护和保养等[①]。

4. 书面描述法

书面描述法是一种由评价者按照规范的格式写下员工的工作业绩、实际表现、优缺点、发展潜力等，然后提出改进建议的定性评价方法。该方法简单、快捷，比较适合人数不多、对管理要求不高的组织。但其评价有效与否不仅取决于员工的实际绩效水平，也与评估者的主观看法及写作技能有直接关系。

5. 关键事件法

关键事件是指那些对部门工作产生重大积极或消极影响的行为。在应用这种评价方法时，负责评价的管理者把馆员在完成工作任务时所表现出来的特别能够代表其工作绩效的行为记录下来，形成一份书面报告。它对员工关键事件的行为观察客观准确，能够及时反馈优劣，有利于提高员工的绩效。但评估者需要花费大量的时间记录关键事件，记录耗时耗力，而且由于对关键事件的定义不明确，导致对关键事件的把握和分析可能存在某些偏差[②]。

6. 行为锚定法

行为锚定法是根据关键事件法中记录的关键行为设计考核的量表。行为锚定法实际上是量表法与关键事件法的结合，它将行为描述等级性量化，每一水平的行为均用某一标准行为加以界定，从而将定性的描述性关键事件法和量化的等级评价法的优点结合起来，其考核结果比较明确、客观[③]。该方法通过描述职务工作可能发生的各种典型行为，对行为的不同情况进行度量评分，在此基础上建立锚定评分表，作为员工绩效考评的依据，对

---

① 庄雷. 论图书馆人力资源管理中的绩效考核[J]. 图书馆建设, 2006, (1): 65-68.

② 袁淑清. 员工绩效评估方法研究[J]. 中小企业管理与科技（上旬刊）, 2015, (4): 11-12.

③ 裴宏森. 绩效考核实务[M]. 北京: 机械工业出版社, 2008: 133-134.

员工的实际工作行为进行测评打分。但使用行为锚定法，需要花费较多时间进行评分表的设计，其使用也比较复杂且其对于非关键事件关注较少，不利于全面评价员工工作。

7. 360 度绩效考核

这是近年来发展起来的一种考核方法，要求所有与被考核者有关的人员都参与到考核中去，包括同事、上级、直属下级或与工作有联系的其他人员。这种方法能够综合各方面的意见，反映的事实较为全面，具有群众性、民主性的特点。由于信息来源多，评估结果更为准确、可信，适用范围也更加广泛，如奖励、晋升、个人职业开发等。值得注意的是，由于信息来源过多，有可能会出现信息冲突的现象，因此，如何剔除不客观的信息，就成为一个重要的问题。此外，由于图书馆中各个成员的素质参差不齐也会影响到评估结果，在开展这项工作之前，要对所有成员做好宣传教育工作[①]。

第五节　图书馆人力资源激励

一、图书馆人力资源激励的概念

（一）激励

激励属于心理学上的术语，是指激发人的行为动机的心理过程，即通过各种客观因素的刺激，引发和增强人的行为的内在驱动力，使人达到一种兴奋的状态，从而把外部的刺激转化为个人的自觉行动。从狭义上讲，激励就是一种刺激，是指有促进行为的手段。外部适当的、健康的刺激可以使个人完成目标的行为总是处于高度的激活状态，从而最大限度地发挥人的潜力，去实现组织的目标。激励就是组织通过设计适当的外部奖酬形式和工作环境，以一定的行为规范和惩罚性措施，借助信息沟通，来激发、引导、保持和规划组织成员的行为，从而有效地实现组织及其成员个人目标的系统活动[②]。

（二）图书馆人力资源激励的定义

图书馆人力资源激励是指图书馆管理者通过各种有效的激励手段，激发员工的需要、动机、欲望，形成某一特定目标并在追求这一目标的过程中保持高昂的情绪和持续的积极状态，发挥潜力，达到预期的目标[③]。因此，图书馆人力资源激励过程应该包括目标、追求目标的积极性和能力投入以及激励手段，这三者是密切联系的统一过程且相互依赖。在新的形势下，若要有效地激发图书馆工作人员的劳动积极性，促进工作效率，提高工作质量，搞好图书馆建设，那么良好的激励机制扮演着重要角色。

① 熊丽. 数字时代的图书馆管理[M]. 北京：北京图书馆出版社，2006：152-153.
② 沈光亮，等. 图书馆人力资源管理研究[M]. 北京：中国戏剧出版社，2006：433-434.
③ 吕明，胡争光，吕超. 现代企业管理[M]. 北京：国防工业出版社. 2014：225.

二、图书馆人力资源激励的重要性

（一）图书馆员工的人性本身的需要

从人性的基本需求来说，图书馆员工不仅需要薪金、荣誉，更需要尊重和认可。建立一个健全完善的激励机制，不仅使图书馆员工有个明确的工作目标，激发其工作积极性和创造性，而且也在很大程度上满足了物质利益需要。员工在完成自己工作目标后，除了在物质上得到一定的鼓励和刺激外，心理上也有一定的成就感，这不仅满足馆员的成就需要，而且也使其自我社会价值得到体现，也会提高馆员的工作热情。

（二）图书馆管理的自身发展的需要

促进图书馆事业的发展，离不开竞争，激励有助于形成竞争氛围。诸多实践表明，人们对工作关注更多的是工作本身是否有吸引力，在工作中是否有无穷的乐趣。对一种个体行为的激励，还会间接影响到其周围人，科学的激励机制能够创造良性循环的竞争机制，有利于创建积极的竞争氛围，提高馆员的积极性，实现图书馆工作目标。另外，图书馆员工如果工作积极性不高，务必会给图书馆发展造成很大的阻碍，所以必须充分意识并强调图书馆员工的主观能动性。这需要建立科学、规范的激励机制，将人力资源管理与图书馆发展更好地结合起来。

（三）提高图书馆管理效率的需要

在图书馆的管理中推行激励机制能提高人的自觉性、主动性、创造性和工作热情，从而提高工作绩效。有效的激励可让馆员积极主动而不是消极被动地工作，可以克服消极怠工，甚至劳而无功、劳而有害的行为。人的能力在执行某项任务的过程中一般是相对稳定不变的，而激励程度的变化对馆员的影响却是很大的，所以激发馆员的动机就是图书馆管理的关键。

（四）图书馆组织文化建设的需要

图书馆作为社会文献信息中心，是开展思想教育、传播知识文化的有力工具，也是丰富人民群众生活和文化建设的重要平台。图书馆员工作为"人类灵魂的工程师"，应该大力提倡弘扬"图书馆精神"，因此，图书馆要通过激励机制，激励馆员的工作热忱、激发其创造性和积极性，使馆员都能在各自的岗位上坚持职守，积极对待工作任务，这样不仅让馆员充分发挥其专业特长及才能，也增强了馆员之间的凝聚力，稳定了图书馆人才队伍，保证图书馆最大限度地发挥其服务职能[①]，这样才能促进图书馆事业的持续和长久的健康发展。

---

① 李胜平. 图书馆人力资源管理中激励机制的必要性[J]. 科技传播, 2010,（21）: 45-46.

三、图书馆人力资源激励的原则

为了使图书馆管理使用的激励方法更加科学、规范，充分发挥其积极作用，防止或减少消极作用，我们必须遵循以下四个激励管理的原则。

（一）公平公正原则

公平公正是激励管理中最重要的原则。只有公平的激励机制才能激发员工的工作热情。如果员工感到不公平，会产生失望的情绪，不再努力工作甚至有跳槽的可能。因此，需要在广泛征求员工意见的基础上制定大多数人认可的激励制度，并且把它及时公布，在实际中按照制度执行；对做出成绩的馆员给予奖励，对不遵守制度的馆员要按章处罚。同时，制度的制定还要体现科学性，要建立严格的考核指标体系，系统地分析、搜集与激励有关的信息，使所有规定都能得到及时体现。要用公正的激励机制达到奖勤罚懒的目的，激发员工的竞争意识，使这种外部的推动力量转化成自我努力工作的动力，充分发挥出人的潜能[①]。

（二）实事求是原则

这里所说的实事求是就是指员工的实际需要和图书馆的实际情况。例如，有些同志喜欢富有挑战性的工作，有的想进修提高，有的想改变工作环境或岗位，有的干出了成绩希望得到公开的肯定，有的需要解决生活中的困难等。所以，一方面，图书馆管理者在实际激励操作过程中，要根据员工的需要，施以相应的刺激和鼓励，才能真正既肯定又满足员工的合理需求，从而调动员工的积极性[②]；另一方面，图书馆要在政策制度允许的范围内，制定符合图书馆实际情况的薪酬标准和奖励制度，避免物质激励超出图书馆可以承受的范围，从而保障激励机制的持久性和图书馆事业的可持续发展。

（三）综合性原则

物质利益是人们从事一切社会活动的物质动因，在奖励时重视它无疑是十分重要；而精神需要是人们的高层次需要，精神利益的满足是促进人们自身能力发展完善的重要动力。因此，只有物质激励与精神激励相结合才能发挥激励的最佳效果。另外，奖励和惩罚都是激励实施中不可或缺的手段，对人的成长与发展有积极作用。我们既要善于发现和强化馆员的长处与优点，也要善于把他们身上的消极因素转变为积极因素，并以奖励为主，惩罚为辅，两种激励方法配合使用相互补充，同时正确引导图书馆工作人员的思想态度和

① 白云. 谈图书馆人力资源管理中激励机制的建立[J]. 大学图书情报学刊, 2006, 21（1）: 34-36.
② 魏承兰. 图书馆人力资源开发中的激励问题[J]. 图书馆论坛, 2004, 24（5）: 43-45, 53.

工作方法。因此，无论是从物质激励和精神激励，还是从奖励和惩罚来看，图书馆人力资源激励都需遵循综合性的原则，这样才能更好地发挥出激励作用。

（四）适时适度原则

适时适度原则是指在激励过程中要把握好最佳时机，掌握好分寸，恰到好处，从而提高激励效益。如果不能把握正确的激励时机和程度，往往会使行为主体因得不到恰当而及时的鼓励而热望跌落，甚至产生不满和消极情绪[①]。因为激励不仅是对人的行为的"等价值报酬"，而且有着承上启下的作用。

四、图书馆人力资源激励机制的构成

（一）物质激励

按照马斯洛需要层次理论，物质需求是人的基本生活需求。物质激励就是运用物质的手段使受激励者得到物质上的满足，从而进一步调动其积极性、主动性和创造性。图书馆物质激励的内容包括工资、奖金、津贴、福利等。图书馆管理者应依据各部门的工作特点及馆员岗位贡献的实际差异，实行科学合理的差别工资制，适当拉开薪酬差距。

此外，图书馆管理者还应努力在有限的资源条件下，为馆员提供更多的奖金和福利，如额外的加班奖金和交通补贴等。需要指出的是，物质激励的有效实施必须以科学的绩效考核指标为前提。图书馆管理者应从个人自评、部室考察、用户评价和馆内综合考核四个维度，对考核对象的工作内容及责任要求进行量化统计和数据分析，从而确保对考核对象的准确评价[②]。

（二）精神激励

精神激励是从满足人们的精神需求出发，通过对人们的心理状态的影响来达到激励的目的。精神方面的需求是位于物质需求之上的。因此，在图书馆管理中更应充分利用精神激励法，从而达到调动馆员积极性的目的。

1. 情感激励

情感激励是指图书馆管理者以平等的态度同馆员建立起真挚的情感。图书馆管理中各种形式的情感激励，有利于缓和组织冲突，协调组织矛盾，对组织成员之间彼此和睦友善的人际关系有着极其重要的维系作用。图书馆管理员可以通过思想沟通、排忧解难、慰问家访等方式对馆员进行精神方面的无形激励，从而满足馆员的心理需要。

---

① 魏承兰. 图书馆人力资源开发中的激励问题[J]. 图书馆论坛，2004，（5）：43-45，53.
② 蒋凌，周楠. 激励机制在现代图书馆中的运用[J]. 中国集体经济，2010，（25）：45-46.

2. 荣誉激励

根据马斯洛需要层次理论，荣誉感是个体渴望受到组织认可和尊重的集中反映。它有利于激发人们努力拼搏，以实际行动争取荣誉，这种力量是无形的，一旦形成，就会自觉地珍惜荣誉。荣誉激励的充分运用可以极大地激发图书馆员工的工作热情。在实际的图书馆工作中，管理者可以对工作突出的馆员进行晋升和表彰，建立先进工作者荣誉档案、授予荣誉称号，从而传递对馆员信任、认可和褒奖的信息。

3. 信任激励

信任是加速人自信力爆发的催化剂，自信比努力更为重要。图书馆领导者与员工之间相互理解和信任是一种强大的精神力量，它有助于图书馆内的和谐，有助于团队精神和凝聚力的形成。首先，员工的私人感情与他们的日常工作息息相关，图书馆领导者对待他们的态度必然会影响他们的工作情绪。其次，当员工感知到图书馆领导者对自己的信任时，他们的自律和自尊就会加强，工作效率就会提高，员工对图书馆的忠诚度也会与日俱增。图书馆领导者对员工的信任体现在相信员工、依靠员工、视员工为图书馆主人翁，以及尊重员工的劳动、职权与意见等方面[①]。

（三）工作激励

工作激励是以赫兹伯格的双因素理论为依据的，使工作本身成为激励因素，能给员工以很大程度的激励作用，产生工作满意感，有助于充分、有效、持久地调动员工工作的积极性。主要包括：工作上的成就感、工作中得到认可与奖赏、工作本身具有挑战性、工作具有发展前途及个人成长晋升机会等。

图书馆可以通过工作的丰富化和扩大化的激励方式来满足馆员这方面的需要。例如，增加工作的多样性和变化，加入更多需要负责和具有挑战性的活动；在工作中扩展个人成就，增加表彰机会，提供个人晋升成长的机会[②]等从而激发图书馆员工的责任感、主动性和工作热情。

（四）综合激励

1. 目标激励

目标激励就是确定适当的目标，诱发人的动机和行为，达到调动人的积极性的目的。恰当的目标对人的行为具有一定的导向、调控和激励功能。在图书馆工作中，可以为馆员设置合适的工作目标和职业生涯目标，可以激发馆员的斗志，激励他们更出色地完成工作，最大限度地挖掘其内在潜力。

① 葛晓燕. 图书馆员工精神激励策略探索[J]. 河北科技图苑, 2010, 23 (2): 92-94.

② 孙健. 经理人必备经营与管理知识[M]. 北京：新世界出版社, 2008: 148.

2. 培训激励

随着工作方式和工作内容的极大转变,图书馆员原有的知识结构和专业技能已经根本无法适应工作的要求。图书馆员强烈的危机意识,迫使他们渴望通过培训、继续教育、考察访问等形式进行学习,进一步完善知识体系,提升专业技能,提高综合服务能力。图书馆管理者可以以将国内外领先水平的理论、技能和服务内容作为培训的要点,建立完备的培训体系,实行图书馆事业可持续发展的战略改革。

3. 危机激励

危机激励是为了更好地激发人们的主观能动性,减少人的惰性的一种方法,它可以对图书馆员工形成一定的约束力。图书馆可通过不断地向员工灌输危机观念,让员工明白生存环境的艰难,以及由此可能对员工自身工作、生活带来的不利影响,进而激发员工自发努力工作。

4. 环境激励

环境激励是指组织改善政治环境、工作环境、生活环境和人际环境,使员工在工作过程中心情舒畅、精神饱满。环境的极大改善有利于充分调动图书馆员工的积极性和创造性,还有利于营造良好的组织氛围和工作关系。图书馆环境的设计和建设必须体现审美价值与社会功能的统一,并注重对员工工作情绪和工作效率的培养。

第六节 图书馆员职业生涯规划与管理

一、图书馆员职业生涯规划与管理的概念

(一)图书馆员职业生涯规划与管理的定义

职业生涯是一个人与工作相关的整个人生历程。广义的职业生涯包括职业目标的确定、职业能力的取得、职业兴趣的培养、择业、就业,直至最后完全退出职业劳动这样一个完整的发展链。图书馆员职业生涯规划侧重于个体职业生涯的内在方面,是馆员通过对自身情况和客观环境的分析,确定职业目标,为实现职业目标而制订行动计划和行动方案。图书馆员职业生涯管理侧重于图书馆对员工的职业生涯管理,指的是图书馆为了更好实现员工的职业理想和职业追求,寻求组织利益和个人职业成功最大限度一致化,而对员工的职业历程和职业发展所采取的计划、组织、领导、控制等一系列手段[①]。

(二)职业生涯发展阶梯结构

职业生涯发展阶梯的结构可以从三个方面来考察:职业生涯阶梯的宽度、职业生涯阶梯的速度和职业生涯阶梯的高度。

---

① 董克用. 人力资源管理概论[M]. 北京:中国人民大学出版社,2011:233.

1. 职业生涯阶梯的宽度

职业生涯阶梯的宽度是员工可以晋升的部门或职位的范围。根据组织的类型和工作的类型，职业生涯阶梯的宽度会有所不同。宽阶梯的工作对员工的综合能力和综合素质要求较高，而窄阶梯的工作对员工的专业技能和专业经验的要求较高，一般而言纯技术类岗位的宽度相对于管理类岗位的晋升宽度略窄。

2. 职业生涯阶梯的速度

职业生涯阶梯的速度是指员工晋升时间的长短，它决定了员工晋升的快慢。根据员工能力和业绩的不同，会有快慢的区别，但不管是正常晋升还是破格提升，都应该有政策依据。

3. 职业生涯阶梯的高度

职业生涯阶梯的高度是员工晋升层级的时间，它决定了员工在组织中可能晋升的高度对于员工的发展和潜能的发挥有重要影响。

科学、清晰的职业生涯阶梯设置可以满足员工长期职业生涯发展的需求，也能够满足组织高层次工作清晰化、专业化的需求。另外，有明确的职业生涯阶梯设置，对于优秀的员工来说也是一种吸引力，因为他们有比较明确的职业发展通道和清晰的晋升感[①]。

二、图书馆员职业生涯规划与管理的必要性

（一）传统图书馆员职业发展模式及缺陷

传统图书馆的职业发展模式基本上是一种垂直运动。在这种发展模式中，馆员能否在组织中的职务、职称阶梯里向上提升是评判成功的普遍标准。现在国内图书馆共设有四级职称，即助理馆员、馆员、副研究馆员、研究馆员。由于高级职称要求学历高，研究成果要达到一定的数量，大部分图书馆员感到可望而不可即。而一些图书馆员为了得到学历，攻读一些与图书馆工作毫无关系的学位使图书馆的继续教育产生偏差，既容易使人才外流又浪费了图书馆的人力和财力。传统图书馆职业发展模式体现下列特点：①个人发展目标——职称、职务晋升和加薪；②职业运动方向——垂直运动；③心理契约——工作安全感；④管理责任——组织承担；⑤个人能力发展——靠组织提供的教育培训机会[②]。

可以看出，传统图书馆的职业发展道路是有较大的弊端的，目前图书馆职业存在以下缺陷。

1. 图书馆员的职业发展模式单一

由于管理层人数有限，依靠职务晋升的馆员普遍感到上升空间狭小，使职业不满度增

① 魏迎霞，李华. 人力资源管理[M]. 开封：河南大学出版社，2017：158.
② 贺子岳. 图书馆职业开发系统研究[J]. 图书馆论坛，2006，（3）：54-56.

大。在业务职称方面，职称提升也是图书馆员的发展模式之一。目前我国图书馆共设有四级职称，其中初级和中级比较容易达到，而高级职称要求学历高，研究成果要达到一定的数量和质量，难度较大。

2. 图书馆员的职业停滞问题

职业停滞是指员工已不太可能再得到职务晋升机会或承担更多的责任，处于职业停滞的员工可能已达到职业的顶峰。通常来说，到达职业顶峰的员工工作绩效可能会降低。当员工因个人发展受到阻碍而达到职业顶峰时，情绪就会变得异常，同时职业受挫感将会导致员工工作态度恶劣，工作绩效不佳。当前图书馆员工的职业停滞问题比较严重。例如，一般情况下，大学毕业生一年后就可转正为助理馆员，四年至六年后就可晋升为馆员，如果各方面不出现大的问题，大约 35 岁至 40 岁就可以晋升为副研究馆员，而如果一个图书馆员 40 岁左右在职业发展中就没有了上升空间，那么其工作积极性就难以长久保持。因此，组织在设计员工的职业道路时，应尽量避免员工进入职业停滞。

3. 人才流失

图书馆是人才流失率较高的单位。图书馆人才流失通常是指人才基于一定的动因，从一个图书馆游离到其他行业或者从一个图书馆到另一个图书馆的过程或现象。图书馆人才流失的原因主要体现在以下三点：一是为寻求更大的发展机会，实现自身的价值。一方面，部分图书馆员较易到达职业高原，且其社会地位相对较低，职业声望不高，因此会挫伤员工积极进取的精神；另一方面，由于图书馆职位空缺的机会较少，馆员职务升迁的机会少，尤其是青年人才在得不到相应的待遇和成长发展机会后，就会选择改行或者谋求更高的发展以期获得重新选择的机会。二是图书馆待遇不高，为寻求较高的收入。图书馆提供的薪资和福利待遇无法满足人才的要求，因此导致职工不满足于现状，加上日常工作非常烦琐，进修和提升的机会很少。三是为寻求较好的工作环境。图书馆管理体制相对僵化，缺乏自我调节和自我完善机制，无法充分挖掘员工的潜能，不能有效激发员工的积极性，另外图书馆的文化氛围缺乏创新性和活力且其科研环境也较为不佳，这在某种程度上限制了图书馆员工创造力的发挥[①]。

(二) 职业生涯规划与管理的意义

1. 职业生涯规划与管理是图书馆事业发展和图书馆队伍建设的需要

当代社会信息化、网络化发展迅速，对从事用户服务及信息服务的工作人员的专业素质、综合能力的要求不断提高，高水平图书馆人才明显不足。随着图书馆的采访、分类、编目、典籍等工作的现代化，图书馆所需人力大大减少。反之，随着数字图书馆的建立，信息检索、参考咨询业务的不断扩大，图书馆需要大量高素质、高学历的人才，特别是能整体了解图书馆运作，既懂计算机技术又懂图书馆业务的复合型人才，而这些人才由于图

---

① 杨利超. 图书馆人才流失的预警机制实践研究[J]. 河南图书馆学刊，2017，37（8）：89-90.

书馆收入不高等原因，在短时间内不可能迅速补充。因此，通过有组织的职业生涯开发，可以使一部分图书馆工作人员实现人才转型，成为图书馆发展的急需人才，加强图书馆队伍建设，以适应图书馆事业发展的需要。

2. 职业生涯规划与管理是图书馆留住人才的有效手段

图书馆属于事业型、服务型机构，其经济效益不高，带给个人的社会声望也不大。因此，人力资源流动没有给图书馆带来活力，而高层次人才在某种程度上的流失，制约了图书馆事业的发展。因此，图书馆事业要想求得生存权、发展权就必须开辟出一条宽阔的职业生涯发展道路，根据每个从业人员的专业、学历、兴趣、技能等，为个人设计合理的发展道路，提供相应的学习、培训、锻炼的机会，尽可能发挥每一位从业人员的潜能，使之在经济利益方面不能得到的东西，在自我实现方面得到一定的满足与补偿。图书馆要帮助馆员更好地掌握自我成才与发展的方法和技能，使他们看到自己在这个行业内发展的希望，增加员工工作的满意度，留住人才和吸引人才，从而达到稳定馆员队伍的目的。

3. 职业生涯规划与管理是图书馆内部人力资源得以有效开发的保证

职业生涯规划与管理有效激活了图书馆的人力资源。借助系统的职业开发，能融合个人职业生涯需求与图书馆组织目标，将枯燥单调的图书馆工作转变为充满挑战性的工作环境，为馆员创造更多的职业机会和良好的工作氛围。图书馆可依据每个工作人员的具体情况为其设计职业生涯道路，最大限度地发挥每一位员工的个人潜能。通过职业生涯规划与管理，图书馆员工致力于自身的职业发展、自身素质的整体提高，图书馆人力资源结构也得以改善。

4. 职业生涯规划与管理是图书馆其他资源得到合理运用的保障

图书馆具有人才、资金、文献、设备等多项资源。在这些资源中，人才这一资源是唯一能动的主体，而其他资源都是被人才所利用的被动客体。其他资源能否得到充分利用取决于人才资源的开发和利用程度。职业生涯规划与管理不仅会使图书馆人力资源得到最大限度的利用，而且能够保障图书馆其他有限资源的合理使用，提高图书馆的整体能力和效益。

三、图书馆员职业生涯管理

（一）个人的职业生涯管理①

1. 职业准备阶段

图书馆员在选择进入图书馆之前，应该对这一职业有个基本的了解和清楚的认识。认识是建立在详细分析图书馆职业的优劣势及内外部环境的基础之上的，要明白图书馆的职

① 徐建华. 图书馆职业特征与图书馆员职业生涯规划[R]. 武汉，2017.

业特征，在图书馆不可能获得较高的社会名声，而更多的是专业知名度。具备了这种清楚和正确的认识，就不会在进馆以后，在心理上产生很大的偏差和落差。当今图书馆界普遍自我评价较低，其主要原因之一是职业准备阶段的准备不足。

2. 进入组织和职业生涯初期

该时期是易变型职业期，更需要职业自觉。图书馆员要确立职业生涯规划意识，明确自己的目标和方向，学习与强化图书馆意识，掌握图书馆工作的方法和技能。最好能有一个擅长的专业领域，或对某些领域具有持续的兴趣，自己的个人目标与图书馆的组织目标尽可能地一致，接受图书馆职业生涯管理的指导并为之持续努力。另外，还要适应图书馆文化，为更好地实现自我职业目标和提升职业能力打下良好基础。

3. 职业生涯中期

在个人职业生涯规划已经确立的前提下，图书馆员要保持持续不断的努力，以实现自己的职业目标。在该阶段，图书馆员的个人职业生涯中期管理的任务主要是保持积极进取的精神和乐观的心态；面临新的职业与职业角色选择决策；成为一名良师，担负起言传身教的责任；维护职业工作、家庭生活和自我发展三者间的均衡；注意身心保健。另外，馆员还需要适当考虑降低职业生涯目标，树立终身学习的理念。

4. 职业生涯后期

大多图书馆员进入后期后，他们的进取心、竞争力和职业能力明显下降，不安全感增加。因此适时调整心态和个人职业生涯目标十分重要。当处在上升状态，达到个人事业巅峰时，应向指导、帮助他人职业生涯规划和管理方向调整；处于停滞或下降状态时，则要调整心态，保持继续学习新事物的热情。任何图书馆的改革，处于职业生涯后期的员工受到的影响是最大的，要想不被边缘化，就得调整心态，继续学习，在职业生涯后期再上一个职业高峰。

（二）组织的职业生涯管理①

1. 职业准备阶段

这一时期，由于个人还没有进入图书馆，图书馆还不能对之进行直接管理。但是，人们会在这一时期形成工作选择观，图书馆应通过持续不断的工作与努力，塑造现代图书馆明晰的形象，并利用一切途径，开展各种活动，向社会与公众广泛宣传和展示，以吸引处于职业准备阶段的合适人才。图书馆做好本馆的人力资源规划，明确员工职业生涯管理的具体措施，做好招聘工作，选拔合适的人员进入图书馆。

2. 进入组织

在这一时期，图书馆的主要任务是做好招聘工作，选拔合适的人员进入图书馆，并在

---

① 徐建华. 现代图书馆管理[M]. 天津：南开大学出版社，2003：239-240.

招募时提供较为现实的未来工作展望。新员工入馆后，图书馆要做好培训，除了与实际工作有关的技能培训外，还要加强图书馆组织文化方面的教育，使新员工能够尽快地融入组织中来；为新员工挑选好第一任上司，帮助其适应岗位。同时，图书馆要向新员工灌输职业生涯规划和管理的意识，设定职业生涯目标。

3. 职业生涯初期

这一时期是图书馆与新员工相互了解的时期。图书馆注意观察和考察他们所承担的每一项工作，以了解他们的实际能力，尽可能分配带有挑战性的工作。这样，既能让新员工全面展现自己的能力，也能在此基础上对他的实际状况做出分析，确定其今后职业生涯的发展方向。针对易变型职业生涯特点，图书馆要指导和帮助他们做好自身的职业生涯规划，明确自身的职业目标。

4. 职业生涯中期

在这个时期，图书馆在职业生涯管理中要树立共赢的原则。在员工明确职业生涯发展方向的基础上，图书馆提供不间断的培训，努力搭建一个能够帮助他们实现职业生涯目标的平台，并提供一切便利，使之能够保持在这一领域中的优势，能够不断地得到发展，帮助员工尽早实现自身的职业生涯目标。图书馆要加强与员工之间的沟通，按照员工不同的需求，开辟不同的、畅通的职业生涯通道，以防止职业生涯中期的危机。

5. 职业生涯后期

由于中老年员工在图书馆工作多年，积累了丰富的经验，可以指导他人完成工作，图书馆应为他们提供条件，使之成为一名良师益友。同时，对于处于停滞或下降状态的员工，图书馆应帮助他们适时调整心态，重新明确目标，使之在职业生涯后期，能够再上一个高峰。这样做，不仅是对他们负责，同时，也是对年轻同志的昭示，以赢得他们对图书馆事业的忠诚。

四、图书馆员职业生涯管理的方法

（一）建立有效的职业生涯管理体系

一个有效的职业生涯管理体系是员工个人发展目标与组织需求相互匹配的过程。员工应明确工作意愿、能力倾向；组织应了解员工业绩水平、发展潜力，在此基础上双方不断沟通，制订出符合双方利益的员工职业生涯发展计划，为员工实施职业生涯发展提供机会。职业生涯管理的规划实施需要员工、组织共同参与，在图书馆内部建立责任共享的职业生涯管理文化。

（二）开辟多重职业发展道路

图书馆员的职业发展途径不应仅仅是垂直式晋升的途径，而应在此基础上采取多种形式的结合。因此，为了给馆员提供更多的发展机会，有更多的晋升道路，应针对图书馆目前的人力资源状况，为图书馆员设计多重职业发展道路，从而打破当前传统的垂直式发展道路。在图书馆员的多重职业发展道路中，馆员将有更多的机会获得成就感：一是业务发展道路；二是管理职业道路；三是业务和管理并行的职业道路。比如，一些馆员虽然不能走传统的从部主任到副馆长到馆长这条职业道路，但有机会在项目、发展委员会等方面获得充分的成就感。

（三）采用工作轮换方式

用工作轮岗的方式使员工处于经常性的挑战中，避免长期处于同一岗位带来的厌倦和发展停滞，增加其成就感。图书馆鼓励馆员接受交叉培训并学会完成各种任务，以便让他们能进行"职务轮换"，适应多种岗位和工作。"职务轮换"增强了馆员受聘能力和职业发展机会，使员工得到发展新技能的机会，为图书馆人员配置提供了方便。同时，也加强了员工对不同岗位的了解，有利于不同工作环节之间互相沟通与合作。

（四）建立多项流动机制

对于图书馆的员工，应允许多项流动。一方面，图书馆人力资源的开发应树立"大人才观"，应允许员工尤其是高层次人才多项流动；另一方面，还应允许馆员流向其喜欢从事的非图书馆岗位，特别是一些在性格、兴趣上不适合从事图书馆工作的员工，图书馆要鼓励他们参加图书馆外的竞争，鼓励并帮助他们向外流动，以便腾出更多的编制引进图书馆需求的人才，使图书馆人力资源的进出机制竞争化、市场化，使图书馆人力资源的建设成为一潭活水[①]。

（五）工作丰富化与工作扩大化设计

工作丰富化是指在工作中赋予员工更多的责任、自主权和控制权，它是以员工为中心的工作再设计，是指纵向上的工作的深化，是工作内容和责任层次上的改变。工作丰富化能让图书馆工作人员更加完整、更加有责任心地去进行工作，使他们得到工作本身的激励和成就感。工作扩大化是指工作范围的扩大或工作多样性，从而给员工增加了工作种类和工作强度。它要求图书馆员工掌握更多的知识和技能，从而提高他们的工作兴趣。通过工作丰富化和工作扩大化的设计，图书馆员工会承担更多重要的任务、更大的责任，他们也会有更大的自主权和更高程度的自我管理，还有对工作绩效的反馈。

（六）制定并实施有效的员工培训机制

当今时代，高新技术的发展日新月异，图书馆的工作方式和工作手段也在不断地发生

① 郭静牧. 论图书馆员的职业生涯规划[J]. 职业时空，2012，8（7）：88-89.

变化。图书馆是一个学习型的机构，因此更需要强化对馆员的培训，从而更好地实现员工的职业理想和职业追求。以往的图书馆员培训方式过于强调馆员的岗位培训或是脱产学习，现在除了继续进行传统的短期进修、参加学术交流活动、相关学科知识和业务知识的继续教育之外，必须赋予馆员终身学习的理念，其目的就在于使馆员的专业知识能够跟得上社会发展的步伐[①]。因此，在馆员的培训过程中，要注意把当前工作需要和未来发展要求结合，把专门培训与馆员自主学习相结合，这实际上也是一种通过持续的人力资源开发来提升图书馆人力资源价值的方法。

（七）扫除图书馆员职业生涯道路上的障碍

图书馆职业生涯道路上的障碍来自两方面：一是自身工作能力的老化、欠缺、无法胜任当前或未来高一级别的工作，无法实现职业生涯的再发展；二是非工作因素，如由于需要照顾家庭而无法在工作中投入更多的精力等[②]。图书馆在对员工职业生涯要全方位考虑这些因素，首先要加强对员工的培训教育；其次要关心员工的个人生活，为他们解决实际生活困难，免除他们的后顾之忧，使他们能够全身心投入到工作中。

---

① 梁列怡. 浅论图书馆员的职业生涯规划管理[J]. 科技情报开发与经济，2012，22（15）：58-59.

② 牛红亮，霍彩玲. 关于图书馆员职业生涯的探讨[J]. 情报资料工作，2005，（6）：71-74.

第十章　图书馆组织文化

2003 年美国《图书馆管理》曾连续刊登 B. L. 莫里斯（B. L. Maurice）的《管理沉思》系列文章，指出图书馆管理中出现的一系列问题①。近年来，图书馆管理存在的许多问题仍未解决，使得图书馆管理的发展遇到了瓶颈。随着管理学理论的不断发展，管理实践逐渐从科学管理走向文化管理。20 世纪 80 年代兴起企业文化这一理论，引发了各界学者的持续关注，企业文化理论提出了不同于科学管理的思想和方法，成为世界管理的一大趋势。管理学理论的变革引起了图书馆界的重视，学者通过对企业文化理论的创新，将组织文化理论引入图书馆，并对提升图书馆管理的水平、推动图书馆发展都起着重要作用。本章将从图书馆组织文化概述、核心价值和组织文化建设这三个方面去介绍在图书馆管理中涉及组织文化的相关内容和现状。

第一节　图书馆组织文化概述

一、组织文化的产生与发展

组织文化源于企业管理领域，最初被称为企业文化。在 20 世纪 80 年代，企业文化研究进入学界的视野，这一理论源于日本经济对美国的挑战。在 20 世纪 60 年代，国土面积狭小的日本经济水平开始腾飞，到了 20 世纪 80 年代其经济水平已经到达了可以与美国相抗衡的高度②。面对这一局面，美国学者开始分析日本经济，总结经验。日本企业的文化特征促进企业发展的现象，引发了许多学者开始对日本企业的管理进行研究，并由此引发对企业文化的研究。通过美国和日本比较管理学的研究，美国学者发现，企业文化在促进企业发展中具有重要作用，从此企业文化研究开始兴起。

1985 年，美国麻省理工斯隆学院教授埃德加·H. 沙因（Edgar H. Schein）综合前人对文化或组织文化的研究成果，从文化的本质出发，对文化的形成、文化的演化过程提出了独创的见解，率先提出了组织文化的概念。随着企业文化理论的不断创新与发展，企业文化已经突破了企业的管理范围，扩展至各个领域中的组织文化研究。图书馆文化、图书馆组织文化的研究开始提上日程。为了应对图书馆管理在社会环境、技术环境与利益相关者等方面带来的全方位挑战，图书馆组织文化建设成为图书馆发展的战略要求①。在管理学大趋势下，图书馆组织文化研究成为图书馆管理的必然趋势。

---

① 柯平. 从科学管理到文化管理——关于图书馆组织文化的战略思考[J]. 大学图书馆学报，2013，31（3）：44-49，63.

② 刘兹恒，徐建华，张久珍. 现代图书馆管理[M]. 北京：电子工业出版社，2010.

二、图书馆组织文化的概念及内涵

（一）图书馆组织文化的概念

对于组织文化的概念界定，不同的学者有不同的看法。英国管理学家安德鲁·W. 佩蒂格鲁（Andrew W. Pettigrew）在《管理科学季刊》上第一次提出"组织文化"这一词时，就将其定义为组织象征；威廉·大内（Willian Ouchi）将组织文化看作一种价值观和信念；迪尔（Deal）和肯尼迪（Kennedy）将组织文化分为五种要素，即价值观、仪式风俗、企业环境、英雄人物、文化纲领；沙因将组织文化划分为表面层、应然层和实然层三个层次，表面层是指组织中最表层的、最容易被观察到的表面现象，应然层是指组织的价值观，实然层则指的是一种更深层次的没有被意识到的假设、信仰、价值观等，指导着组织成员的各种行动并引导着组织成员的观察和思考[1]。国外最普遍认同的就是沙因的观点。

国内对于组织文化的研究相对较晚，并且受国外学者的影响较多。管益忻认为，组织文化包含精神、价值观、道德规范、行为准则、经营战略和经营意识[2]。陈春花则是从广义和狭义两个角度去理解组织文化，狭义的组织文化是指组织发展过程中形成的道德规范和行为准则及组织中的精神与凝聚力。广义上还加上了组织成员的文化行为、文化素养和文化建设上的相关制度、措施和标准[3]。朱筠笙认为组织文化既是一种感知又是一种描述[4]。

虽然不同的理论对组织文化的诠释不同，但都在一定程度上概括了组织文化的内涵、特征或作用，并且都强调了思维和精神因素是组织文化的重要组成部分。因此，组织文化可以理解为：组织为了生存和发展，在适应外部环境和维持内部整合的过程中，逐渐形成组织所特有的并由组织成员所认同的目标、传统、信念、价值、意识、规则、思想与行动的综合体[5]。

图书馆不仅具备一般组织中的管理主体、管理客体、组织环境及组织目的要素，而且更因其拥有庞大的信息资源、悠久历史传统与文化底蕴，可以将其视为一种带有文化表征的特殊组织。柯平教授将图书馆组织文化界定为作为一个组织所建立的行为规范以及图书馆全体成员所表现出的信念与价值观，前者是图书馆组织文化的外显或外在层面，后者是图书馆组织文化的内隐或核心层面[6]。因此，将企业组织文化中的相关原理运用到图书馆管理方面，从图书馆管理的角度，将图书馆组织文化理解为：图书馆在自身发展过程中所形成的并被全体馆员认同的目标、价值观念、思维方式、行为规范、职业道德、形象意识及精神风貌等多种文化要素综合体，并在此基础上构成以价值为核心的独特的文化管理模式[5]。

① 李唐周. 国外组织文化研究综述[J]. 心理学动态，1996，（1）：42-45，7.
② 管益忻，郭廷建. 企业文化概论[M]. 北京：人民出版社，1990：36-38.
③ 陈春花. 企业文化的改造与创新[J]. 北京大学学报（哲学社会科学版），1999，（3）：52-57.
④ 朱筠笙. 跨文化管理：碰撞中的协同[M]. 广州：广东经济出版社，2000.
⑤ 丁玉霞，顾英. 图书馆组织文化建设与管理创新解读[J]. 图书馆工作与研究，2015，（1）：40-43.
⑥ 柯平. 从科学管理到文化管理——关于图书馆组织文化的战略思考[J]. 大学图书馆学报，2013，31（3）：44-49，63.

（二）图书馆组织文化的内涵

组织文化究其内涵来说是一种理念、价值观和组织中人的行为准则。它无时不在，无处不在，占据组织运行的一切时间和空间，体现在组织中人的一切行为之中。对于图书馆这一组织来说，按照美国学者沙因提出的组织文化构成模型，图书馆组织文化的内涵可分为以下三个层次。

第一层次是组织文化的物质层面。对图书馆来说，是由图书馆建筑、设备、装饰和环境等创造出来的反映图书馆物质方面的文化，它是一种表层的、显而易见的文化[①]。图书馆中的物质文化内容十分丰富，它与图书馆精神文化和谐共生，共同营造了图书馆作为文化组织的鲜明特色。从古至今人们都非常看重图书馆的建筑，事实上，人们所关注的不是图书馆建筑本身，而是透过其外表所彰显的文化底蕴和内涵[②]。每一个国家、每一个民族都在设计其图书馆建筑时融入了对文化的向往和尊重。例如，法国国家图书馆由四座玻璃大厦组成，这四座大厦形状如同四本打开的图书。其外形具有很强的标志性，这四本打开的书就像城市的航标，鲜明地划定了图书馆在巴黎的位置，它似乎在遥远的地方与读者对话。上海图书馆的建筑则体现了"天地书人的融合"。其建筑外墙上的 23 种语言文字昭示了中国数千年的文明史。

第二层次是制度文化，是标榜价值观的中观层面的文化。图书馆制度文化是图书馆为了实现其社会目标所制定的行为规范，即一种人为制定的程序化、标准化的行为模式和运行方式[①]。它规定在图书馆这一组织中哪些行为应受到肯定和赞扬，哪些行为应被禁止和批评，带有鲜明的强制性。图书馆的规章制度实际上是图书馆组织文化规范性的反映，也是图书馆组织文化得以强化和发展的重要保证。

图书馆制度文化包括两方面内容：一是针对员工所制定的工作规范；二是读者所遵守的行为规范。图书馆员工所遵循的工作规范包括每一个员工的岗位职责、其所从事业务工作的操作规范，主要涵盖文献工作的采、编、藏、阅、咨询等相关制度，以及情报服务、技术服务等相关规则；而读者所遵守的行为规范则体现了一个读者在利用社会资源时所具备的知识素养和人文精神。实际上，图书馆工作作风是否具有活力、是否严谨，精神风貌是否高昂，人际关系是否和谐，员工文明程度是否得到提高等，无不与图书馆制度文化的保障作用有关。

第三层次是组织文化的核心，是一种以意识为形态的深层次文化，反映追求志向和决心及行为的总体倾向。第三层次的文化是精神文化，相对于图书馆文化的其他层次来说，图书馆精神文化是最深层次的文化，它处于图书馆文化系统的核心，既是其他文化层次的结晶和升华，又是其他文化层次的支撑。任何一个组织都有其独特的价值理念，即精神文化，图书馆也不例外。从古代只为少数人服务的藏书楼到现代具有开放、公平特征为所有公众提供无差别服务的图书馆，图书馆一直在传承人类文明，在提供信息服务方面追寻着自己的理想。

① 贺子岳. 图书馆组织文化论[J]. 中国图书馆学报，2004，（1）：16-20.

② 王群，褚艳秋. 图书馆组织文化研究[J]. 图书馆建设，2005，（4）：40-42.

三、图书馆组织文化特点

(一) 稳定性

组织文化是图书馆在长期发展过程中形成的，这个过程是一个循序渐进的过程，组织文化在形成之后，具有稳定性。图书馆组织文化在图书馆发展过程中是其中流砥柱，随着社会环境的变化，图书馆组织文化想要适应，需要一定的变革。但其变革是一个长期的过程，需要领导层面的大力推动和长期坚持，才能进行创新和发展。

(二) 开放性

图书馆的组织文化不是一成不变的，随着图书馆所处的社会环境的变化，与图书馆组织文化息息相关的社会文化、社会观念也发生了变化。要想适应环境，图书馆就要树立开放型的组织文化，不断吸取其他先进文化的养分，保持自身的生命力和活力，使组织文化在与时代潮流的持续磨合中，历经适应、变革、创新等过程，积极适应不断变化着的社会环境。

(三) 整体性

图书馆组织文化是面向各个方面的，它体现在图书馆的全体成员、全部活动中。组织文化是全体工作人员共同认同的价值观念、共同倡导的道德准则、共同遵守的行为规范。作为工作人员，要想得到图书馆或用户的认同，就需要采取与组织一致的价值观念。组织文化不仅影响组织的表面形象和活动，还影响着组织的根本价值观。

(四) 独特性

每个组织的历史、类型、性质、规模、人员素质等因素的不同，导致每个组织在历史发展过程中都会形成独特的价值观念、道德准则、行为规范等。每个组织的组织文化都具有其独特性。例如，企业与图书馆的组织文化具有本质区别。图书馆是不以营利为目的的公共文化服务机构，具有促进信息交流和开展社会教育的职能，其宗旨是为最广大人民服务。因此，图书馆的组织文化不同于以营利为目的的企业，每个图书馆由于其类型、服务对象、规模、地域上的差别，不同图书馆的组织文化也不尽相同，且图书馆组织文化的独特性越强，凝聚力越高。

(五) 继承性

继承性体现在两个方面，一是指组织文化对社会文化的继承，组织处于一定的地域范围内，组织文化受当地社会文化的影响，对社会文化具有一定的继承性；二是指每个组织成员对文化的继承。组织文化是所有成员的行为规范和准则，每个组织内的工作人员要不断学习组织文化来帮助其在组织中的发展。新的组织成员不断学习组织文化，使得文化一代代传承下去。

四、图书馆组织文化建设的意义

当前，我国图书馆进行组织文化建设具有十分重要的现实意义和战略意义，可归纳为以下几个方面。

（一）改善管理结构，提升管理水平

图书馆管理的理念陈旧，管理模式落后。组织文化管理是一种新的管理，摒弃了经验管理"人治"的窒碍，也避免了科学管理"法治"的弊端。虽然新的管理理念不断被带入图书馆中进行实践。例如，我国图书馆不断推行法人治理结构的实施，但现实是很多图书馆存在经验管理，并依赖馆长的个人能力或是强行引进科学管理，僵硬地套用，严重限制了图书馆事业的发展，尤其是在网络环境下，传统的管理模式已经很难为图书馆带来有效的发展。大多数图书馆引入并实施科学管理过程后，出现了许多问题。例如，实行定量管理后常常以牺牲质量为代价；实施责任制以后导致责任和权利的不统一；引入末位淘汰制让员工长期处于紧张状态而直接影响工作；过分地对员工实行惩罚管理不仅达不到目的，甚至起到反作用[①]。只有在科学管理的基础上进行组织文化建设，实现财务管理、信息资源管理、人力资源管理、危机管理与战略管理和组织文化的协同，才能彻底改变分散管理和管理落后的局面，提高管理的整体层次和水平，为图书馆事业带去活力。

（二）突出以人为中心的管理，有利于提高图书馆效率

在图书馆界"以用户为中心"的服务为导向的同时，在管理上受人本管理的影响，人力资源管理和知识管理成为图书馆管理研究的热点。从理论看，当代图书馆管理体系的发展开始形成三大层面：一是业务管理；二是人力资源与创新管理；三是战略管理与文化管理。我国图书馆管理正在从低层面的管理向高层面迈进，虽然越是高层面难度越大，却是管理发展的必由之路。

进行组织文化建设，可以根治图书馆人员管理中职业倦怠、职称评审矛盾、压力过大等诸多问题，更好地将激励管理与职业素养相结合，将个体能动性与组织能动性相结合，充分调动图书馆每一个员工的积极性和创造性，创建团队文化。

组织文化建设要求图书馆优化组织结构，改变落后的领导方式。在传统图书馆管理中

① 柯平. 从科学管理到文化管理——关于图书馆组织文化的战略思考[J]. 大学图书馆学报，2013，31（3）：44-49，63.

过分强调领导权威，导致存在专制主义和权力滥用现象，而建立新的组织文化要求以民主型取代权威型、以分权式取代集权式[①]。

图书馆组织文化不仅可以最大限度地有效利用人力资源，通过强调以人为本，关心人、理解人、尊重人、培养人，充分满足员工需要层次的提高，最大限度地调动人的积极性，而且可以将图书馆的人力优势变成人才和智力优势，通过文化影响组织群体行为，增强组织凝聚力，提高组织效力。

（三）决定组织发展战略的制订与实施，有利于提升图书馆的核心竞争力

近几年战略规划制订呼唤图书馆战略管理理论的指导。图书馆组织文化建设对图书馆战略规划制订与实施起着决定性作用，将会影响到图书馆工作的方方面面，如图书馆的发展方向、读者目标群的选定、文献资源的建设、服务项目的开展、内部人力资源的管理与领导工作的开展等[①]。组织文化建设带来信息化、知识化、效益化、绿色化、人文化、和谐化等一系列新观念，有利于增强图书馆的战略意识，确立图书馆的使命和目标，形成图书馆的长期战略，也直接影响图书馆发展战略的实施，有利于实现制订与实施的衔接及目标和行动的统一。组织文化建设着眼于整体与未来，将组织的业务与管理提升到更高和更长远的层面，直接关系到增强和发展图书馆的核心竞争力。

（四）提升图书馆社会形象

组织形象是组织文化的外在表现。通过对图书馆的类似标语、馆歌、标志等外在形象进行宣传，传播自己的价值观，提升图书馆的社会形象。这样，使用户更为直观、形象地去了解到图书馆组织文化中的内容，增强图书馆与社会的联系，提升用户对图书馆的信任度，从而影响用户对图书馆的利用，进而提升图书馆的社会价值和社会地位。此外，通过对图书馆进行组织文化建设，有利于优化图书馆的管理结构，增强图书馆的竞争力，从而达到更完美的"为用户服务"的理念，也有助于提升图书馆社会形象。

第二节　图书馆核心价值

一、图书馆核心价值概述

（一）核心价值的基本内涵

组织文化由表及里可分为三个层次：由物质设施、组织产品等构成的表层物质文化；由规章制度、行为规范等构成的中层制度文化；由价值观、使命等构成的深层精神文化。其中，价值观是核心，影响和决定着组织文化的其他要素，从根本上决定着图书馆的组织

① 柯平. 从科学管理到文化管理——关于图书馆组织文化的战略思考[J]. 大学图书馆学报，2013，31（3）：44-49，63.

文化取向①。树立科学的价值观是明确图书馆核心价值的基础。核心价值是组织的灵魂与中心，它根植于组织文化中，渗透组织发展的整个过程和任何层次，影响组织的发展结果，同时，核心价值是组织核心能力和核心竞争优势形成的基础与决定性因素。

核心价值术语提出者柯林斯和波勒斯认为，核心价值是指组织长盛不衰的根本信条，即少数几条的指导原则，不能与特定的文化战略规划或作业方法混为一谈，也不能为了财务利益或短期权益而自毁立场。也就是说，核心价值是组织的中心与永久原则②。从核心价值的含义中，我们可以引出图书馆核心价值的概念，就是紧紧围绕图书馆发展中最重要且核心的信条。

（二）各国图书馆的核心价值表述

世界上特别发达国家的图书馆学者大力研究图书馆核心价值，为建立图书馆核心价值体系进行着不懈的探索。研究与建立图书馆核心价值体系已经成为一种趋势。目前，IFLA、ALA 等图书馆组织很多都有自己的核心价值，还有些国家有了依据核心价值形成的服务的宣言、声明及自我约束的职业准则等文件。美国的很多州立图书馆和大学图书馆也在通过核心价值体系宣布了自己的职业理念和服务目标。下面介绍一些具有代表性的图书馆核心价值。

国外对于图书馆的核心价值的研究相对较早，其中美国又最具代表性。曾任 ALA 主席的迈克尔·戈尔曼（Michael Gorman）是图书馆核心价值的最狂热鼓吹者。2000 年，他在《我们永恒的价值：21 世纪的图书馆员职业》一文中，系统地论述了图书馆职业的核心价值问题。他总结出图书馆职业 8 个方面的核心价值是：知识保存与传递职能；对个人、集体、社会的服务；维护知识自由；理性地处理图书馆业务；支持知识和学习；保障知识和信息的公平获取；尊重利用者的隐私权；支持民主社会③。2004 年，ALA 在通过决议，明确了图书馆核心价值的内容是"使用（access）、私密（confidentiality privacy）、民主（democracy）、差异性（diversity）、教育与终身学习（education and life-long learning）、知识自由（intellectual freedom）、保存（preservation）、公共利益（the public good）、专业化（professionalism）、服务（service）、社会责任（social responsibility）"这 11 个方面④。

IFLA 2003 年发布了 IFLA 核心价值，主要有以下的内容：①自由获取信息、思想、想象力作品的原则，以及表达自由的原则；②人们相信，为了他们的社会、教育、文化、民主和经济的健康发展，社区和组织需要普遍而平等地获取信息、思想、想象力作品；③提高质量的图书馆和信息服务能确保其有效获取；④承诺使所有参与 IFLA 的成员参与并从中获益，而不论其公民身份、残疾、种族、性别、地理、语言、政治哲学、种族或宗教⑤。之后 IFLA 又在《2006—2009 年战略规划》中提出："认可信息、思想、作品

① 刘兹恒，徐建华，张久珍. 现代图书馆管理[M]. 北京：电子工业出版社，2010：236.

② 柯林斯 J，波勒斯 J. 基业长青[M]. 真如译. 北京：中信出版社，2002：94.

③ 宋剑祥. 近十年来国内外图书馆核心价值内涵研究综述[J]. 图书情报工作，2009，53（15）：53，37.

④ Ford B. ALA president's message：visions，values，and opportunities[J]. American Libraries，1998，29（1）：54.

⑤ 黄德建. 国内外图书馆价值与图书馆核心价值研究进展[J]. 图书馆建设，2008，（12）：116-119.

获取自由的原则"，以及"人类、社团、组织出于社会、教育、文化、民主、经济等方面的目的和需求需要广泛和公平地获取信息、思想和作品的信仰"等。

澳大利亚图书馆和信息协会（Australian Library and Information Association，ALIA）2002 年公布了其核心价值为：①保证自由开放获取知识的记录、信息、创作；②促进人们的思想交流；③致力于提高人们的信息素质和提供学习资料；④尊重读者的多样性与个性；⑤保存人类记录；⑥为我们的成员提供杰出的专业化服务①。

加拿大图书馆协会（Canadian Library Association，CLA）坚持图书馆思想自由的原则，提出以下核心价值：①图书馆思想自由的原则、普遍获取信息和自由是一个开放民主的社会的重要组成部分；②多样性是我们协会的一个重要部分；③知情、知识化其成员是图书馆和信息中心的政策目标；④图书馆和信息服务的功能是基于认识社会、文化、政治和历史背景的有效的宣传；⑤图书馆协会成员都有个人和集体的责任。这是已成体系的认知，还有许多图书馆制定了自己的更为具体的核心价值，如苏格兰国家图书馆、俄亥俄大学图书馆等。

国内对于图书馆核心价值的研究相对较少，始于 20 世纪初。宋显彪将核心价值分为四个方面：①保存人类文明成果，提供给用户使用；②连接用户思想；③保证用户自由、平等获取信息；④对馆员进行继续教育和终身教育②。蒋永福、毕红秋将图书馆的核心价值落在了维护用户知识自由的权力上③④。李青将图书馆核心价值的总体定位在保障读者自由利用知识信息的公益性上，免费、优质、高效服务是图书馆的永恒主题，同时也是图书馆的核心价值⑤。盛小平和刘泳洁认为，图书馆职业核心价值应包括：精致服务、保存知识、取用平等、引领学习、开展教育、竭诚合作、尊重隐私、倡导宽容和合理使用⑥。国内学者在谈及图书馆核心价值的时候，还会提到"图书馆职业核心价值"或是"图书馆员的核心价值"，从内容上来看并没有区别，本书就将几种说法作为相同概念。

国内外对于图书馆核心价值的表述虽有所不同，但可以从各个观点中发现共同点，都将核心价值从人文角度出发，牢牢把握住"以用户为核心"的理念，充分考虑用户的权益，重视平等和自由。

二、确立图书馆核心价值的意义

（一）树立图书馆员职业信念，提高职业认同感

图书馆一直承担着"公共信息中心"的职能，但随着信息技术的发展，图书馆受到多方面产业的冲击，逐渐产生边缘化的现象，图书馆员对自身职业的定位也出现了混乱。确

---

① 黄晓曼. 图书馆核心价值的探索和意义[J]. 图书与情报，2007，（3）：6-9，14.
② 宋显彪. 试论图书馆员职业的核心价值[J]. 图书馆杂志，2002，（9）：3-5.
③ 蒋永福. 维护知识自由：图书馆职业的核心价值[J]. 图书馆，2003，（6）：1-4.
④ 毕红秋. 信息自由：图书馆价值的核心概念[J]. 图书馆论坛，2005，（4）：12-14，87.
⑤ 李青. 现代图书馆核心价值的定位及其实现[J]. 图书馆论坛，2006，（4）：46-48，15.
⑥ 盛小平，刘泳洁. 我国图书馆职业核心价值研究[J]. 图书馆杂志，2008，（4）：2-6，33.

立图书馆核心价值的过程，也是图书馆员认清自身职业价值的过程，树立馆员的职业理念，提高图书馆人对自我职业的认同感，从内心深处树立起对图书馆这一行业的自信，使馆员自觉产生起维护和发展图书馆的决心，提升自身技能，加强与其他专业的合作，利用新技术提高图书馆行业的竞争力，推动图书馆事业的发展。

（二）明确图书馆的定位，向社会公众表明图书馆的作用

随着互联网技术的不断深入，数字资源丰富了起来。有更多的信息服务商大量进入信息服务市场，严重冲击了图书馆的地位。用户在足不出户的情况下就可以得到自己想要的资源，图书馆不再是获取信息资源的唯一渠道。社会对图书馆的认知也开始迷茫，很多人都开始考虑图书馆存在的必要性。但即使是在网络信息服务十分发达的现在，图书馆也有其存在的价值。这就需要图书馆通过核心价值，向社会公众传达出图书馆的作用。

"数字鸿沟"的出现，使公众认识到信息服务商提供服务的缺失，图书馆核心价值紧紧围绕用户自由平等使用信息的权利，图书馆维护了公民的信息权利。在这种情况下，图书馆要加强数字图书馆的建设，提高用户的覆盖率和使用体验，使更多的公民认识到图书馆的价值，提升图书馆在社会的认知度。

（三）明确图书馆发展方向，指引图书馆前进道路

核心价值是组织发展的根本信条，是指导原则。图书馆作为一个组织，自然也是要牢牢把握住核心价值。只有在真正知道什么是图书馆无可替代的部分，图书工作的必要基础时，才能更好地发展图书馆事业。图书馆事业的发展需要核心价值的指引，才能使馆员保证清醒的头脑和正确的方向，从而指引他们的职业活动与社会地位、职能、权利、义务保持一致。只有对核心价值的研究能为图书馆事业的良性运行提供精神动力和思想条件，推动事业在"知识自由"社会的理性发展[①]。

三、图书馆核心价值的主要内容

图书馆的核心价值一般具有以下特点：第一，通过一组理念来阐述核心价值，并将核心价值构成一个体系；第二，图书馆核心价值既有一些普遍的、为世界图书馆界公认的价值，也有一些针对本国本地区制定的特殊价值；第三，图书馆的核心价值紧扣着图书馆在现代社会的基本使命。学界认同较为一致的图书馆核心价值包括以下内容[①]。

（一）保存资源和提供服务

图书馆最初存在的意义就是保存馆藏文献，后来才开始提供读者阅览和交流服务的，

---

① 黄晓曼. 图书馆核心价值的探索和意义[J]. 图书与情报，2007，（3）：6-9，14.

可以说这一项职能已经成为图书馆的使命。图书馆作为一种社会机构，既不是权力机构，也不是营利机构，而是从事知识组织与知识活动的公共服务机构。这两项是图书馆最基本的职能，也是最永恒的使命，因此在图书馆核心价值的内容中，都是把这两项放在一个重要而必需的位置①。ALA、IFLA 和加拿大图书馆协会等都提到了这两项核心价值。可见无论是大型的图书馆组织还是专业化的社区图书馆，保存资源和为社会提供服务这两个价值都是最基础的，也是最不能被忽略的。

（二）知识自由

图书馆存在的价值是保障公民获取、接受、利用图书馆中知识或信息的权利。这些是图书馆的基本使命，是图书馆核心价值的核心。这一价值表现为维护知识自由或平等获取信息。知识自由是指维护知识自由和保障公民平等地获取信息。ALA 和美国图书馆界所提到的图书馆核心价值包括了知识自由、信息自由等内容。IFLA 对知识自由相关核心价值的表述为"信息的普遍获取与平等获取"。由此可见维护公民的信息权利也成为图书馆存在和发展的意义。

维护公民的知识自由权利是现代图书馆制度的最高使命，而其他核心价值均可看作实现这一最高使命所需的手段或要求①。将图书馆价值的核心定位在维护公民的知识自由权利，能够阐明公共图书馆的形成、发展及历史使命。知识自由是其他核心价值的起点和归宿，其他核心价值都是从知识自由延伸而来，如教育、读者权利、服务等，它们同时也作为实现知识自由的必要手段和方法而存在。

（三）平等获取

为了消除信息鸿沟，促进信息的平等获取至关重要。互联网及各种新兴技术正处于高速发展的时期，这势必会造成使用方面的不平衡。图书馆作为公民信息和知识平等获取的保障，理应把图书馆平等获取作为图书馆的核心价值。ALA 提到了获取这一图书馆核心价值。ALIA 提出了"对记录知识、信息和创作品的开放获取"，CLA 将核心价值表述为"知识自由和信息的自由普遍获取"。这些组织无一例外地都把平等获取看作行业的职责和使命，并上升为图书馆的核心价值。

（四）教育和学习

图书馆是现代社会的科学研究、文化、教育和学习的基地，其教育与学习的功能，对于一个社会的发展，对一个民族的强大，有着极为深远的意义。图书馆责任之一就是为用户的继续教育与终身学习提供一个优良的平台。ALA、IFLA、CLA 等组织都提到了图书

---

① 黄晓曼. 图书馆核心价值的探索和意义[J]. 图书与情报，2007，（3）：6-9，14.

馆的核心价值包括教育与学习。图书馆核心价值再次证明了图书馆是为了满足国民对知识需求的最低保障而存在的，是为发展教育和传播信息服务的[①]。

（五）尊重用户的隐私

隐私一般指的是个人不愿他人干涉与侵入的私人领域，与人的私密方面相关。隐私分为躯体隐私、空间隐私和信息隐私。图书馆的借阅记录和个人信息等都属于用户的信息隐私，需要得到尊重与保护。ALA 提到图书馆应保护用户的机密、隐私和差异性；IFLA 认为图书馆必须致力于为所有成员馆服务，不论公民是否残疾及其种族、性别、地域、语言、政治哲学或宗教。ALIA 也明确规定图书馆要尊重用户的多样性和个性。可见保障用户隐私权在图书馆核心价值中较为常见。

第三节　基于 CIS 理论的图书馆组织文化建设

一、图书馆形象的概念

（一）形象

形象是人们大脑中所形成的对某个对象的综合评价，它包括自然形象和社会形象两部分内容。就组织而言，其自然形象主要通过它的属性、职能、行业、规模、产出范围、所在地域等要素综合体现出来；社会形象是指公众对某个组织的客观状态的概括而又抽象的反映，是公众对它进行综合评价后所形成的总体印象[②]。社会形象具有客观性、主观性、相对性和稳定性等特征，一般包括实力形象、人才形象、文化形象、品牌形象等。

（二）图书馆形象

图书馆形象指的是图书馆在读者和社会大众心目中相对稳定的地位与整体印象，具体表现为读者和社会大众对图书馆的全部看法、评价和整套要求及标准，是对图书馆的形象状况的全面衡量和揭示[③]。在特定情况下，这种评价或衡量表现为社会媒体对图书馆的整体评价，即体现为社会媒体视野中的形象。图书馆形象是图书馆的外在表征，这种表征是由图书馆的内在质量所决定的，因此，图书馆形象是图书馆的总体素质的反映，是图书馆素质信息的自我表现与传递[④]。

图书馆形象的来源其实是不同主体、不同视角观察的综合，站在读者和公众的角度来

① 黄晓曼. 图书馆核心价值的探索和意义[J]. 图书与情报, 2007, (3): 6-9, 14.

② 周九常, 等. 图书馆社会形象定位与发展[M]. 武汉: 武汉大学出版社, 2016: 1-2.

③ 周九常. 公共图书馆社会形象体系模型构建[J]. 图书馆理论与实践, 2013, (5): 11-15.

④ 刘兹恒, 徐建华, 张久珍. 现代图书馆管理[M]. 北京: 电子工业出版社, 2010: 241.

看，图书馆形象是他们对图书馆的主观认识和评价，是他们对图书馆的一种印象；站在图书馆和图书馆人的立场上看，这是一个有意识的塑造过程，即主动设定社会形象目标并努力实现的过程；站在媒体的立场上看，图书馆形象通过新闻报道传达出来，是一种"客观呈现"，这是一个事物的三个侧面①。

（三）图书馆形象的构成要素②

图书馆形象由许多因素或子形象构成，各因素或子形象之间相互联系，形成一个有机整体，即总体形象。

（1）建筑形象。这是图书馆展现在公众视野中的第一形象或最初形象，是有形的物理形象。对于常去图书馆的读者来说，建筑形象会在心目中渐渐淡化、弱化；对于没有去过或不常去图书馆的人们来说，建筑形象就是他们心目中最鲜明的形象。

（2）服务形象。服务形象即读者和公众心目中有关图书馆服务实践的一种比较稳定的印象。一般来说，图书馆的整体形象在一定程度上直接来源于其服务形象。服务形象与馆员形象直接相关，也与图书馆职能的履行相关，而且服务形象还能折射出图书馆的文化形象。此外，服务形象好，无形中会美化图书馆的建筑形象。

（3）馆员形象。它是有关馆员的内在气质、专业素养、职业道德、外在形象、服务态度等的一种综合形象。馆员形象在一定程度上反映了其服务形象，反之亦然，因为馆员形象主要是在服务中形成的；馆员形象也影响图书馆的管理形象，一个图书馆的馆员，如果在服务中都衣冠整齐，热情、周到、细心，长此以往，不仅表明其管理搞得好，而且馆员形象也很好。

（4）管理形象。管理形象即读者和公众对图书馆在管理上的整体看法和评价，特别表现在其如何适应环境变化，满足新型需求，应对突发事件，处理对外公共关系等方面。就具体图书馆来说，是否有明确的管理目标和计划，管理人员的素质如何，管理措施、制度是否完善，管理技术和方法是否先进、适用，管理资源投入是否到位等直接影响其管理形象。

（5）文化形象。在图书馆社会形象的构成中，文化形象是构成其总体形象的不可或缺的要素之一，因为图书馆是一个社会文化存在。文化形象也时常体现在图书馆的招贴作品、馆标、楼层标识、警示标语、励志标语、图书分类标识牌、图书馆整体布置、网页设计等文化渲染和形象设计中，体现在内外的雕塑、雕像中，当然还体现在图书馆的制度中。

（6）知识资源形象。其简称为资源形象，即图书馆的知识（信息）资源的保障水平给人们留下的总体印象。资源保障的水平高，意味着知识（信息）资源丰富多彩，类型多样，结构优良，并与本地其他类型图书馆优势互补。

（7）基础设施形象。其简称为设施形象，是读者和公众对图书馆办馆条件的评价和印象。基础设施关系到读者利用图书馆的便利性、舒适性，也间接影响服务形象。

---

① 周九常，等. 图书馆社会形象定位与发展[M]. 武汉：武汉大学出版社，2016：1-2.
② 周九常. 公共图书馆社会形象体系模型构建[J]. 图书馆理论与实践，2013，（5）：11-15.

（8）总体形象。它是读者和公众对一个图书馆的总体印象，或者是对某个公共图书馆、区域公共图书馆和一个国家公共图书馆整体的概观，通常可以简单地用"好"或"一般"和"不好"等词语来表达，比起前面那些社会形象，它显得不那么清晰。这种形象完全脱离了图书馆的某个具体的方面，具有概括性和模糊性。

二、CIS 理论

随着信息技术的不断发展，市场经济的不断繁荣，图书馆的地位受到了严重的冲击，不断涌入的信息服务商争夺着用户群体。在这个竞争环境中，图书馆要想把握住自己的用户，就必须塑造一个良好的图书馆形象，以赢得读者的信赖。通过利用 CIS 系统，提升图书馆社会形象，推动图书馆组织文化的建设。

（一）CIS 的起源和发展

CIS（corporate identity system，企业形象识别系统）的雏形源于 20 世纪上半期的西欧，开始于德国 ACE 公司的企业标志 ACE 的三个字母形象的图案。CIS 作为一种新颖的竞争战略始于 20 世纪 50 年代。当时的美国，交通业迅速发展，高速公路密布，很多企业通过在高速公路设立宣传板、广告牌来宣传自己的产品，利用简单明了的色彩或图形来吸引驾驶员的注意，像比较典型的就是麦当劳。在这一时期最具代表性的 CIS 设计就是保罗·兰德为 IBM（International Business Machines Corporation，国际商业机器公司）所设计的作品，整个设计以公司英文首字母缩写 IBM 为核心，结合公司自身的特点，创造出了极具美感的造型，同时激发了员工的士气，赢得了公众的信任。此后，塑造企业形象通过设计系统来进行的经营技术就被称为 CIS。

CIS 的系统化风行于日本，具体表现为设计内容的系统化、设计主体的系统化和设计程序的系统化。设计内容的系统化是指 CIS 设计必须考虑并确立三大要素，第一要素是企业理念；第二要素是企业的结构和行动；第三要素是企业的视觉表现。在这一阶段，已经明确地意识到：任何一个企业的 CIS 设计，其主体不能只是专业设计公司，最主要的是这个企业的领导和全体员工，是企业内部全体工作人员和外部专业设计人员同心协力构成的设计系统。设计主体的系统化是设计内容系统化的必然要求。随着设计内容的系统化，设计程序也逐步明确化、规范化、系统化。这一时期的代表作是 1978 年日本东京银座的松屋百货店做的设计，使 CIS 得到广泛运用、补充及完善。

20 世纪 80 年代，随着中国的改革开放，CIS 的理念和模式运作才逐渐传入我国并得到重视。直至 1987 年，我国出现了第一家企业全面、系统地导入 CIS——武汉油脂化工厂，以生产"一枝花"洗衣粉为主要产品，在当时引起了强烈的反响。随后，"太阳神""乐百氏""小天鹅""科隆"等名牌企业开始导入 CIS 战略体系，形成塑造品牌的系统工程。至 21 世纪初，CIS 战略已越来越被企业所重视，并渐渐被企业之外的其他行业所借鉴运用。

（二）CIS 的内容

CIS 是指企业在行业结构和社会结构中的特定地位或个性化特征，是通过不同的传播方式方法使企业在公众心目中产生认同或共有价值观的结果[①]。

CIS 作为一个复杂的系统工程，由企业理念识别（mind identify，MI）、行为识别（behavior identify，BI）和视觉识别（visual identify，VI）三个子系统构成。

1. 理念识别

理念识别是从理论上说，企业的经营理念是企业的灵魂，是企业哲学、企业精神的集中表现，是当代企业识别系统的核心，它不仅是一家企业经营的宗旨与方针，还包括了一种鲜明的文化价值观[①]。对外它是企业识别的尺度，对内它是企业内在的凝聚力。完整的企业识别系统的建立，首先有赖于企业经营理念的确立。理念识别系统具体包括以下内容。

（1）企业使命是指企业依据什么样的使命在开展各种经营活动。企业使命是构成企业理念识别的出发点，也是企业行动的原动力。没有这个原动力，企业将会处在瘫痪状态，企业即使在营运，也将是没有生气的，将会走向破产的边缘。对于企业而言，企业使命至少有二层含义：一是功利性的、物质的要求，也就是说，企业为了自身的生存和发展，必然要以实现一定的经济效益为目的。如果企业丧失了这一使命，就失去了发展的动力，最后逐步萎缩下去直至破产。二是企业对社会的责任。因为企业作为社会的一个构成、一个细胞、一个组成部分，它必须担负着社会赋予它的使命。企业如果只知道经济效益、追求利润，而逃避社会责任，必然会遭到社会的报复，直至被社会所抛弃。

（2）经营宗旨是指企业经营活动的主要目的和意图，是为企业经营活动的方向、性质、责任所下的定义。它集中反映了企业的任务和目标，表达了企业的社会态度和行为准则。

（3）企业价值观是指企业及员工对其行为意义的认识体系，它决定着企业、员工的行为取向和是非善恶判断的标准。

（4）企业精神是指企业全体或多数员工共同一致，彼此共鸣的内心态度、意志状况和思想境界。它可以激发企业员工的积极性，增强企业的活力。企业精神作为企业内部员工群体心理定式的主导意识，是企业经营宗旨、价值准则、管理信条的集中体现，它构成了企业文化的基石。

2. 行为识别

行为识别的要旨是企业应该在内部协调和对外交往中有一种规范性准则。这种准则具体体现在全体员工上下一致的日常行为中，也就是说，员工们的一招一式都应该是一种企业行为，能反映出企业的经营理念和价值取向，而不是独立的、随心所欲的个人行为。行为识别是企业理念诉诸计划的行为方式，在组织制度、管理培训、行为规范、公共关系、营销活动中会表现出来。

行为识别一般分为对内的企业行为和对外的企业行为两大部分，对内的企业行为主要包括企业的经营管理思想、管理制度和管理方法，组织机构的建设，对员工的激励、沟通和行为规范，员工福利与培养，工作环境，企业文化活动的策划等。对外的企业行为主要包括市场营销、公共关系活动、社会公益活动等[①]，其内容具体表现为企业内的各种制度规范。

3. 视觉识别

视觉识别是指将企业的一切可视事物进行统一的视觉识别表现并使其标准化、专有化，是将企业理念与价值观通过静态的、具体化的视觉传播形式，有组织有计划地传达给社会，树立企业统一性的识别形象，是企业形象最直接也最直观的表现。

视觉识别系统又可分为两大主要方面：一是基础系统，包括企业名称、品牌标志、标准字体、印刷字体、标准图形、标准色彩、宣传口号、经营报告书和产品说明书等八大要素；二是应用系统，它至少包括十大要素，即产品及其包装、生产环境和设备、展示场所和器具、交通运输工具、办公设备和用品、工作服及其饰物、广告设施和视听资料、公关用品和礼物、厂旗和厂徽、指示标识和路牌等。

三、图书馆形象识别系统

（一）图书馆形象识别系统的概念

图书馆形象识别系统（library identity system，LIS）把风靡西方的 CIS 理论引入到图书馆管理之中。LIS 是指图书馆在读者心目中的位置，即图书馆的馆标馆训、馆风馆纪、馆容馆貌、藏书质量和规模、服务质量和公共关系等围绕图书馆展开的一系列活动及其成果，在读者心中留下的印象和获得的评价，为图书馆进行卓有成效的战略管理和职能管理，提供一种全新的思考角度和有效的管理技巧与方法。具体来说，是一个图书馆区别于其他图书馆的标志和特征所形成的系统，是图书馆对组织的理念、行为和视觉形象等进行系统化、标准化、规范化设计所形成的科学管理体系，是图书馆为了塑造出一个现代、规范、系统和灵活的良好形象的方式方法[②]。

图书馆引入 LIS 是十分必要的，是新时期图书馆改革的需要，是图书馆吸引读者、更好地实现图书馆的社会价值的需要，也是图书馆留住人才、招揽人才的需要，更是宣传图书馆自身，使图书馆得到社会认可的需要。

（二）LIS

LIS 涵盖三个方面，即图书馆理念识别（library mind identity，LMI）、图书馆行为识

---

① 樊志育. 广告学原理[M]. 上海：上海人民出版社，1994：38.

② 苏云，张庆来. 基于 CIS 理论的图书馆形象塑造与传播研究[J]. 兰州大学学报（社会科学版），2014，42（3）：157-163.

别（library behavior identity，LBI）和图书馆视觉识别（library visual identity，LVI）。

1. 图书馆理念识别

LMI 是图书馆本质特征、运行机制、价值取向等不同层面的观念集合。LMI 包括图书馆管理理念、使命、价值观、道德观、信念等。这些是图书馆理念系统的根本指导思想，只有确立好这部分内容，才能指导好后面的实施计划。在理念的选择上，既要考虑战略性，也要考虑个性化；既要立足现实，面向社会，也要考虑自身的特点，不同的图书馆要充分考虑自己馆的优势，从而树立独特的理念，给予社会公众深刻的印象。

2. 图书馆行为识别

LBI 是一套图书馆全体员工对内、对外活动的行为规范和准则，是诉诸计划和行动的行为方式。它分为两部分：对内行为识别和对外行为识别。对内行为识别有职工教育、规范确立、工作环境、内部运作等；对外行为识别是图书馆对公众开展各项活动的行为识别，如公众调查、服务扩大、公益活动、服务质量与承诺等。

在对内的行为识别上，要统一行为规范，展现图书馆的形象优势。可以建立行之有效的约束机制，包括建立图书馆借阅制度、员工的行为守则、惩戒制度等一系列的规章制度，来约束图书馆员与用户的行为；加强图书馆队伍的建设，加强员工的培训活动，提升馆员专业素养和职业道德，提高馆员责任心，使其更好地投身于用户服务和图书馆建设中去。随着时代的发展与科技的进步，越来越多的图书馆引进了自动化管理系统，开始从传统图书馆向数字图书馆转变。这一转变对馆员的业务水平有了更高的要求，这要求图书馆员不仅具备传统图书馆业务知识还要具备计算机相应的技能。要加强图书馆的馆藏建设，图书馆最基本的还是馆藏，最终能呈现给用户多少取决于资源的多少。

3. 图书馆视觉识别

LVI 是一套将图书馆理念和行为进行传播的可感知的要素，是图书馆理念及整体形象的静态形式和表征符号，是图书馆的可视化形象，主要是指直观、形象性的人和事物，是通过最直接的感觉形象体现出图书馆的理念和内在特质[①]。LVI 分为基本要素和应用要素。基本要素包括图书馆名称、标识、专用和标准的字体（中文、英文、数字等）、标准色彩、构图组合规范，以及图书馆建筑和环境设计等；应用要素就是将基本要素的设计具体应用到图书馆的各个方面，包括馆内布局（如图书馆的家具、导向识别系统、环境布置等）、图书馆办公和事务性用品、制服、图书馆网站等。

提出口号或宣传语，充分反映出图书馆的理念。例如，上海图书馆提出了"要信息，到图书馆"的口号，可以给公众提供一个最直接的印象，将资源与用户连在一起。还可以为图书馆设计一个标志，如馆徽、馆旗等。图书馆的标志就是用特定的图案或造型，配以

---

① 苏云，张庆来. 基于 CIS 理论的图书馆形象塑造与传播研究[J]. 兰州大学学报（社会科学版），2014，42（3）：157-163.

合适的颜色或文字来表达图书馆的理念和精神。图书馆的标志是图书馆的象征，是浓缩了图书馆组织文化的符号。图书馆的标志既要代表本馆的风格和特色，也要有图书馆的存在特性。图书馆记载了人类文化的传承，在设计的时候还要体现文化的印记。

建立一个与图书馆服务理念与行为规范相统一的视觉识别系统，加强对图书馆的宣传，这将会提升图书馆的形象，增加识别度，使公众对图书馆及其服务产生统一的认同感和价值观。从基本要素角度出发，最直接的就是图书馆的建筑，这是公众对图书馆的最直接的印象来源。因此，必须要重视图书馆建筑的设计，其不仅要有设计感，能给公众一个冲击点或印象点，还要符合图书馆馆藏的要求，最后还要人性化，要有实用性，能满足用户的使用需求。

站在应用要素的角度，图书馆网站作为一种虚拟的视觉形象引起了人们重视。图书馆门户网站也成为用户了解和使用图书馆服务的重要窗口，图书馆网站的形象在很大程度上决定了一部分用户对图书馆的印象。因此，图书馆网站的设计不容小视，将视觉识别系统引入到图书馆网站就变得尤为重要。通过视觉识别系统，将图书馆的理念和服务传达给用户，潜移默化地影响着用户的使用，帮助用户更好地了解图书馆，宣传图书馆，实现其社会效益。

在诸多视觉传达媒体中，办公用品的扩散面广，传播率高，渗透力强，不管对于任何组织都是应具备的传达工具。办公用品看似很细微，似乎没什么影响力，却是图书馆形象宣传的重要实体，在图书馆的业务往来中，树立了图书馆自身的形象。

四、图书馆形象识别系统与组织文化建设

（一）LIS 与组织文化的关系

从内容上看，LIS 由 LMI、LBI 和 LVI 三个子系统组成的。图书馆组织文化也是由内而外的三个层次组成的，即深层的精神文化、中层的制度文化和表层的物质文化。从理论上说，LIS 与组织文化在内容结构上具有同质的吻合性[①]。LIS 中的理念识别与图书馆组织文化的精神文化一致，价值观、道德观、理念等是 LMI 的主体部分；行为识别则为组织文化中的制度文化所包容，LBI 的具体活动也是制度文化的全部内容；视觉识别与组织文化中的物质文化相通。培育优秀的组织文化必须通过各种载体来实现，而 CIS 的导入是促进和推动图书馆组织文化建设的必要手段，因此，二者在创造图书馆价值的目的上不谋而合。

（二）运用 LIS 建设图书馆组织文化

1. 基于 LMI 理论的精神文化建设

LMI 中的理念、价值观、道德理念等属于图书馆组织文化的精神文化范畴，是组织文化的核心和基础，是组织文化的灵魂。LMI 设计是一项复杂的系统工程，需在图书馆

---

① 侯婧，孟建锋. 企业文化与 CIS 一体化[J]. 中国市场，2009，（5）：62-63.

馆长的亲自主持下完成。应根据图书馆的核心价值，在遵循图书馆文化特质内核要求的情况下，找出图书馆的核心价值观，确定图书馆使命和管理理念，如平等获取信息的权利、以用户为中心和以馆员为中心等，凝聚组织文化，塑造个性化的理念形象。能否为图书馆设计出一套行之有效、具有自身特色的价值观和管理理念，是对图书馆领导人在管理上的理论修养和实务能力的考验。

2. 基于 LBI 理论的制度文化建设

LBI 设计对内的目的的集中表现为创造团结和谐的良好氛围，具体内容包括员工教育培训、制度建立和完善、部门关系协调、福利制度等。首先，重视员工的全面发展，图书馆要把员工看作最重要的组织资源，以人为本，强调尊重人、理解人、关心人、爱护人，让每一个员工都能够处在舒适环境中工作；其次，重视福利制度和保障制度的建设，为员工提供住宿、交通补贴、节日福利等一系列服务性保障，竭力为员工创造一种安全感，增强员工对图书馆的忠诚度[①]。

LBI 设计对外的首要目的是通过图书馆行为塑造独特良好的外部形象，具体内容包括需求调研、宣传推广、公共关系等。一方面，图书馆要重视用户，把用户的良好体验摆在首位，向用户提供优质的信息服务，同时加强用户服务反馈；另一方面，图书馆在服务过程中，要强调人性化和个性化服务，体现出对用户的尊重和重视。此外，图书馆要加强与利用同相关者的合作，为图书馆发展获得更多支持。

3. 基于 LVI 理论的物质文化建设

LVI 理论设计具有最直观、最生动、最具冲击力等特点，在组织文化的物质文化建设中，最核心最重要的部分就是视觉识别理论的导入。LVI 就是将图书馆的价值观、精神、理念等主体性内容进行视觉外化，使用户和社会公众掌握图书馆的信息，并产生认同感，达到识别的目的。LVI 设计需要遵循的原则有：坚持以图书馆精神文化为灵魂导向的原则，坚持民族化和国际化相统一的原则，坚持设计风格统一性的原则，遵循美学和审美的规则[②]。通过图书馆建筑、图书馆标志、图书馆布局、图书馆办公用品、图书馆员制服、图书馆网站等方式，传递图书馆的组织文化，使每个人感受到图书馆组织文化的独特性，展现图书馆形象，发挥组织文化的凝聚、导向、激励等功能。

---

① 郑媚丹，龙小伟. 基于 CIS 理论的企业文化载体建设[J]. 重庆理工大学学报（社会科学），2010，24（9）：57-60.
② 柯平. 图书馆组织文化：CIS、形象设计与文化建设[M]. 北京：国家图书馆出版社，2017：57.

第十一章　图书馆危机管理

第一节　图书馆危机管理概述

一、图书馆危机的概念

（一）危机

国内外关于危机有很多不同的定义，其中具有代表性的观点主要有以下几种。

查尔斯 F. 赫尔曼（Charles F. Hermann）从危机的特点出发，认为危机是一种情景状态，即决策主体的根本目标受到威胁，用于做出决策的反应时间很有限，其发生也在决策主体的意料之外。这一概念主要强调的是危机的突发性与紧迫性的特征[①]。

罗森塔尔（Rosenthal）等人从政府公共危机管理的角度出发，认为危机是指对社会系统的基本价值及行为准则产生威胁，并在极短的时间和极不确定的环境下，急需做出关键决策的事件[②]。

劳伦斯·巴顿（Laurence Barton）从企业危机管理角度出发，认为危机是一个会引起潜在负面影响的具有不确定性的大事件，这种事件及其后果可能对组织及其人员、产品、服务、资产和声誉造成巨大的损害[②]。

清华大学公共管理学院的薛澜教授认为，危机通常是指在决策者的核心价值观念受到严重威胁或挑战，有关信息很不充分，事态发展具有高度不确定性和需要迅捷决策等不利情境的汇聚[③]。

朱德武认为："危机是事情由于量变的积累，导致事物内在矛盾的激化，事物即将发生质变和质变已经发生但未稳定的状态，这种质变给组织或个人带来了严重的损害。"[④]

本书采用刘兹恒给出的定义，"危机，指对个人、组织、系统造成严重威胁或破坏，需要危机主体立即反应的高度震荡状态"。[⑤]这个定义强调了危机的影响范围、危机带来的后果、危机的主体及危机的紧迫性等。

（二）图书馆危机

随着危机事件的频频爆发，危机管理的理念开始引起各国政府和人民的关注，图书馆

---

① Hermann C F. International Crises: Insights From Behavioral Research[M]. New York: Free Press, 1972.

② 希斯 R. 危机管理[M]. 王成译. 北京: 中信出版社, 2001.

③ 薛澜, 张强, 钟开斌. 危机管理: 转型期中国面临的挑战[M]. 北京: 清华大学出版社, 2003: 25.

④ 朱德武. 危机管理: 面对突发事件的抉择[M]. 广州: 广东经济出版社, 2002.

⑤ 刘兹恒. 图书馆危机管理手册[M]. 北京: 国家图书馆出版社, 2010.

危机也成了国内图书馆学者的关注热点。目前来看，图书馆危机的概念多借助其他学科中对危机的定义，缺少较为直接的定义。刘兹恒认为：“图书馆危机，是对图书馆系统造成严重威胁或破坏、需要图书馆人立即反应的高度震荡状态以及对图书馆工作产生干扰或破坏，进而影响到图书馆发展、需要图书馆人持续关注的高度不确定性状态。”[①]这个定义强调图书馆危机反应的主体不仅仅是图书馆决策者，还应该是所有的图书馆人。另外，考虑到常态性问题积累可能会产生新的危机，所以将“对图书馆各项服务活动及其支持性业务和技术工作产生干扰和威胁，进而影响到图书馆持续健康发展的非正常状态”也作为图书馆危机定义的一部分。

二、图书馆危机的特点

一般意义上的危机特征有突发性、紧急性、高度不确定性、强破坏性、公共性等，图书馆作为特定的社会文化机构，图书馆危机的特殊性包括以下内容。

1. 潜伏性

图书馆危机的破坏性更多地在隐性层面，不易被察觉，具有潜伏性。图书馆危机包括人才危机、服务危机、资源危机等，其中大部分危机都属于内生性危机，需要经过长时间的累积，才会逐日显现出来。另外，图书馆作为社会公益性组织，相比于企业，图书馆体制稳定，面临的竞争比较间接，图书馆内部的危机意识相对较弱，难以引起图书馆工作者对危机的重视，这些在一定程度上也增加了图书馆危机的潜伏周期。

2. 复杂性

在数字时代，实体图书馆和数字图书馆并存。图书馆危机难免会涉及资源（纸质资源和电子资源）、服务（线上服务和线下服务）、网络信息系统等方面，通常会间接地导致版权问题、技术问题甚至是法律问题，这些由图书馆危机带来的复杂问题也是需要图书馆面对和解决的。

3. 难恢复性

文献信息资源是图书馆区别于其他组织机构的特色资源。文献信息资源包括电子文献、纸质文献、缩微文献等，大部分的文献信息资源受损是很难恢复的甚至是不可恢复的。很多图书馆收藏的有孤本、善本等具有高价值的文献，一旦受损即永久地失去。即使对于可修复的文献信息资源，实现修复工作也需要投入大量的人力、物力、财力。另外，馆藏中有很多文献可能是多年前购买的，即使有资金的支持，未必可以购买到，这对于图书馆馆藏来说将会是不可弥补的损失。

---

① 刘兹恒. 图书馆危机管理手册[M]. 北京：国家图书馆出版社，2010.

三、图书馆危机的类型

关于危机的类型，学者依据不同的分类标准给出了不同的答案。参考危机的分类，国内不少图书馆学者也对图书馆危机的类型进行了探讨。

庞恩旭将我国图书馆危机分为十类，即财政危机、人才危机、资源危机、社会危机、心理危机、管理危机、服务危机、形象危机、安全危机、突发事件危机[①]。

朱华琴将图书馆危机分为六类，即人才危机、资源危机、经费危机、心理危机、安全危机、服务危机[②]。

刘兹恒分别以危机诱因、危机发生领域、危机中主体的一致性态度等为依据，对图书馆危机进行更加具体的分类，如按照危机发生的发展特点，分为突发型、一波三折型、缓慢型[③]。

周金龙分别按照危机的爆发时间与表现形态、危机产生的根源、图书馆规模对数字时代图书馆危机进行分类，如按图书馆规模划分为大型图书馆危机、中小型图书馆危机[④]。

在本书中，我们将图书馆危机分为外生型危机、内生型危机和内外双生型危机。其中外生型危机是指由自然灾害、社会事故、政策、竞争等因素引起的危机；内生型危机是指由管理危机、财政危机、资源危机、服务危机、人才危机等内部原因造成的危机；内外双生型危机是指由内外双重原因造成的危机，如表 11-1 所示。

表 11-1　图书馆危机管理的类型

危机类型		内容
外生型危机	自然灾害	包括由火灾、飓风、地震等引发的危机
	社会事故	包括由社会动乱、疾病肆虐、国际战争等引发的危机
	政策	包括由国内政策法律法规环境变化引发的危机
	竞争	包括由其他信息服务商或相关企业的竞争引发的危机
内生型危机	管理危机	包括领导者能力不足、组织结构不合理、战略规划不适用等
	财政危机	包括投入过少影响正常运转、预算不足等
	资源危机	包括资源不足、资源结构不合理、资源保护不足等
	服务危机	包括服务态度不端正、服务制度不合理等
	人才危机	包括缺少专业人才、人才外流等
内外双生型危机		由内外双重原因造成的危机

---

① 庞恩旭. 试论我国图书馆的危机与危机管理[J]. 现代情报, 2005, (2): 109-111.

② 朱华琴. 危机管理: 现代图书馆必须面对的新课题[J]. 兰台世界, 2006, (3): 68-70.

③ 刘兹恒. 图书馆危机管理手册[M]. 北京: 国家图书馆出版社, 2010.

④ 周金龙. 数字时代图书馆危机管理[M]. 北京: 海洋出版社, 2012.

四、图书馆危机管理的概念

（一）危机管理定义

1915 年，莱特纳在《企业危机论》中正式提出了危机管理这一概念，目前已有一百多年的研究历史。作为管理学的一个重要方面，国内外学者对危机管理的概念进行了多角度的探讨。其中具有代表性观点如下所示。

罗伯特·希斯提出，从最广泛的意义上说，危机管理包含对危机事前、事中、事后所有方面的管理[①]。

朱德武认为，危机管理是指个人或组织为了预防危机的发生，减轻危机发生所造成的损害，尽早从危机中恢复过来，或者为了某种目的以在有控制的情况下让危机发生，针对可能发生的危机和危机采取的管理行为[②]。

吴建中认为，危机管理是指针对可能发生的危机和正在发生的危机进行事先预测预防、事后妥善解决的一种战略管理方式[③]。

我们认为，危机管理是对个人、组织、系统运转中出现的危机因子和危机事件进行预防、监测及处理的管理理论与管理实践。

（二）图书馆危机管理定义

图书馆危机管理的概念尚未达到统一，其中比较具有代表性的如下所示。

贾彩莲和孔维维认为，图书馆危机管理是为了规避图书馆各种危机的发生或危机发生后尽量减少损失、保护图书馆及馆藏资源、保障图书馆服务和业务连续性及图书馆事业可持续发展，而由图书馆管理系统各管理层面系统实施的一系列管理活动[④]。

刘兹恒提出，图书馆危机管理就是对图书馆运转中出现的危机因子和危机事件从生到死全程全面监控处理的管理理论与管理实践[⑤]。

周金龙认为，图书馆危机管理，是针对图书馆发展演化过程中可能面临的各种危机制订各种危机管理预案，并对图书馆运行中出现的危机因子和危机事件从发生到消亡全程全面监控处理的管理理论与管理实践[⑥]。

我们认为，图书馆危机管理是对图书馆运转中出现的危机因子和危机事件进行预防、监测及处理的管理理论与管理实践。

---

① 希斯 R. 危机管理[M]. 王成译. 北京：中信出版社，2001.
② 朱德武. 危机管理：面对突发事件的抉择[M]. 广州：广东经济出版社，2002.
③ 吴建中. 战略思考：图书馆管理的 10 个热门话题[M]. 上海：上海科学技术文献出版社，2005.
④ 贾彩莲，孔维维. 图书馆危机管理[M]. 北京：国防工业出版社，2014.
⑤ 刘兹恒. 图书馆危机管理手册[M]. 北京：国家图书馆出版社，2010.
⑥ 周金龙. 数字时代图书馆危机管理[M]. 北京：海洋出版社，2012.

第二节　图书馆危机管理的内容

一、图书馆危机管理的基础

（一）树立正确的危机观和危机管理意识

危机观是对危机的基本认识和总体看法，正确的危机观才能引导正确的行为模式。首先，危机是一种社会常态，是社会演进、组织变革的一种方式。危机的影响不只有坏的一面，危机具有正负二重性，可以通过预防、控制、管理等方式，将危机转危为安。应对图书馆管理危机，图书馆工作人员也要有正确的危机管理意识。

1. 防微杜渐、未雨绸缪的危机意识

危机管理虽然无法将危机避免，但是有助于图书馆高效地应对危机的发生。图书馆应该具有防微杜渐、未雨绸缪的危机意识，在危机发生之前，做好充分的应对准备，这样在危机发生时才能从容面对，减少危机发生带来的损失。

2. 积极主动的学习态度

危机事件频发，影响大且损失惨重，越来越多的行业开始重视危机管理，相比于具有成熟危机管理水平的组织机构，图书馆危机管理还有很多需要探索和完善的地方，图书馆应该保持积极主动的学习态度，积极学习其他机构或部门的好的管理实践，结合自身的情况，弥补不足，提高危机管理水平。

（二）危机管理的组织架构

一个设计合理、运转灵活的危机管理组织架构，是有效实现危机管理的前提条件和基本保障。将图书馆危机管理组织按照职能的不同分为战略层面和执行层面，图书馆危机管理人员一般也分为危机管理战略领导人员和危机管理操作执行人员。在大多数的图书馆组织结构中通常包括一个图书馆办公室（馆长办公室），负责协调全馆工作。战略层面的危机管理工作主要由危机管理战略领导人员负责，包括图书馆领导、各部门负责人、用户代表、上级业务主管部门的相关领导等。执行层面的危机管理工作主要由危机管理操作执行人员负责，包括业务部门的技术人员和服务人员、咨询顾问人员、公共关系专业人员、行政后勤支持人员等。

二、图书馆危机管理的原则

（一）战略先行、制度保障的原则

图书馆危机管理首先是一个战略规划和战略意识的问题，必须先培养起员工的危机管

理意识，制订出全馆的危机管理计划，建立完善的危机管理制度保障体系，为图书馆危机管理工作提供支持。

（二）预防为主、补救为辅的原则

最好的图书馆危机管理方法是做好预防[①]。图书馆体制相对稳定，不少危机需要经过长时间的潜伏和累积才能得以显现，图书馆管理者要清楚图书馆管理危机所具有的特殊性，将潜在的危机挖掘出来，积极做好防范工作，争取在危机发生之前将其平息。危机事件可以预防，却无法完全避免，一旦危机事件发生，图书馆首先要正视问题，并积极采取补救措施。

（三）坦诚合作、积极主动的原则

首先是图书馆部门间的合作，图书馆危机可能出现在某个部门，但危机处理可能涉及多个部门，出现危机的部门应该主动承认错误，积极解决问题；其次是馆间互助，产生危机的图书馆可以积极主动地向同行寻求帮助，整合行业的力量共同应对危机，最大化减轻危机对图书馆人员、馆藏、建筑等造成的损害。

（四）标本兼治、内外兼修的原则

引发图书馆危机的原因有很多，可能是单纯的管理问题、基础设施问题等，或是多种原因综合导致的。在图书馆危机管理过程中要深度挖掘造成危机发生的核心问题所在，从根源上发现问题、解决问题，达到治标又治本的目的。图书馆危机管理一方面需要管理人员具有较高的洞察力和解决问题的能力；另一方面也需要借助必要的工具来提供基础保障。

（五）与时俱进、不断学习的原则

数字时代，图书馆危机涉及更多的是与管理、网络、技术相关的问题，图书馆应该想办法提高管理人员与图书馆馆员的能力，不断学习，跟上时代的发展[②]。只有与时俱进，不断学习，才能提高图书馆危机管理水平。

三、图书馆日常危机管理

图书馆日常危机管理是指在图书馆日常工作中对潜在的危险因子进行管理，以预防危

---

① 孙静. 图书馆危机管理的原则[J]. 图书与情报，2007，（2）：38-41.
② 周金龙. 数字时代图书馆危机管理[M]. 北京：海洋出版社，2012.

机的发生，并建立危机反应和预防方案，以减小危机事件给图书馆造成的损失，提高图书馆的危机恢复能力[①]。刘兹恒指出图书馆日常危机管理的内容主要包括：指定负责人员、调查评估危险因子、建立危机反应和恢复预案、开展培训演练、建立危机预警系统、进行危机预控等[②]。

（1）指定负责人员。指定图书馆的一个高层管理者负责图书馆危机管理，可以灵活调度工作人员。

（2）调查评估危险因子。调查图书馆有哪些潜在的危险因子，对这些危险因子发生概率及其可能造成的局面进行评估。

（3）建立危机反应和恢复预案。危机预案编制可以参考国家发布的《国家突发公共事件总体应急预案》，恢复预案要确定危机恢复对象并进行重要性排序。

（4）开展培训演练。通过培训演练增强人们应对危机的能力，并且可以检验危机预案中的不足。

（5）建立危机预警系统。危机预警系统可以在危机发生之前尽早发现危机的来临，通过感应、检测、预警及时提醒组织或个人采取行动。

（6）进行危机预控。危机预控是为了在危机发生前或将要发生时对危机进行处理，及时排除危险因子，尽量阻止危机发生，减少损失。

四、图书馆危机事件管理

图书馆危机事件管理是指图书馆危机事件发生时对危机所进行的管理，它包括对图书馆危机事件的控制、处理、恢复[②]。

（一）对图书馆危机事件的控制

对图书馆危机事件的控制是指图书馆采取紧急行动将危机的发生和发展控制在一定的范围之内。一方面是尽可能地防止危机的发生；另一方面是控制危机的蔓延，尽可能地减少危机所带来的损失。当图书馆感知到危机或接到危机警报时，迅速地对危机情况做出判断。如果危机可以阻止，尽快采取行动，如果危机不能阻止，尽量为做好危机应对准备，争取时间。危机一旦发生，图书馆必须要迅速地做出反应——成立危机反应小组，积极主动地开展危机应对工作。防止危机的蔓延也是图书馆危机事件控制工作的重要内容，危机爆发后的一段时间内，图书馆必须采取措施，控制危机范围的扩大，防止产生连锁反应，防止危机蔓延。

（二）对图书馆危机事件的处理

控制只是图书馆危机事件处理的第一步，如何高效地解决图书馆危机事件才是图书馆危机事件管理的关键所在。首先，对图书馆危机事件进行评估，了解危机爆发的原因、影

① 李敏. 公共图书馆危机管理及策略[J]. 农业图书情报学刊，2009，21（8）：202-204，210.
② 刘兹恒. 图书馆危机管理手册[M]. 北京：国家图书馆出版社，2010.

响及危机爆发的过程等，准确的评估可以为危机事件的处理提供思路，帮助尽快选择或制订合适的危机管理计划。其次，在危机管理计划方案的指导下，图书馆工作人员要充分展现自己的知识技能，有重点地、有针对性地采取行动。对于那些情况比较紧急的危机事件，要进行重点处理。另外，图书馆一定要向外界表明应对危机的积极态度，稳定局面。

（三）图书馆危机事件的恢复

经过危机事件的处理使得危机告一段落，图书馆需要时间进行危机过后的恢复工作。首先，要恢复图书馆的正常开馆和各项服务；其次，积极地采取行动消除由危机事件带来的负面影响，重建受损的图书馆形象。危机事件会为图书馆带来更多的关注，图书馆要积极耐心地处理公众、新闻媒体、图书馆利益相关者等因图书馆危机事件而产生的疑问。

第三节　图书馆危机管理过程

一、危机的生命周期与危机管理的基本任务

危机从产生到消除需要一个长期过程。Steven Fink[1]对应"疾病"将危机分为"征兆期""发作期""慢性延续期""痊愈期"四个阶段；罗伯特·希斯在定义危机管理包含对危机事前、事中、事后所有方面的管理的基础上提出危机管理"4R"模型[2]；刘兹恒认为危机的过程包括：危机潜伏发展阶段、危机爆发扩散阶段、危机恢复痊愈阶段、转机阶段四个阶段，并结合罗伯特·希斯的观点构建了危机生命周期与危机管理各个阶段的对应关系[3]，如图 11-1 所示。其中，危机事前管理包括危机预警、危机管理准备；危机事中管理包括危机控制、危机处理；危机事后管理包括危机善后、危机管理评估、总结学习。

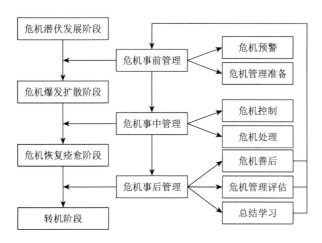

图 11-1　危机生命周期与危机管理各个阶段的对应关系

① Fink S. Crisis Management：Planning for the Inevitable[M]. Seattle：Amacom，1986.

② 希斯 R. 危机管理[M]. 王成译. 北京：中信出版社，2001.

③ 刘兹恒. 图书馆危机管理手册[M]. 北京：国家图书馆出版社，2010.

二、图书馆危机事前管理

（一）危机管理准备

提前做好应对图书馆危机事件的准备，对有效地应对图书馆危机是非常必要的。图书馆可以从以下三个方面入手，做好应对危机事件的准备。

1. 加强日常管理

一方面是加强日常基础设施的管理，做好防火、防水、防盗、防虫等设备建设，同时，要根据相应的标准，加强技术防范措施；另一方面要加强人员管理，实行责任追究制度，明确各个负责人的职责及奖惩制度，对工作突出者提出表扬和奖励，对工作失职者进行相应的责任追究和惩罚。

2. 编制应急预案，预备应急物资

图书馆应该对于较高概率发生的危机事件有清楚的认识，根据其类型、影响等编制相应的应急预案，预案的编制可以参考其他表现比较突出的机构或部门，结合自身情况在实践中进行完善。图书馆需要提前准备应急物资，如消防物品、卫生消毒物品等。另外，要准备硬盘、光盘等计算机系统硬件和必要的计算机软件工具，而且选择合适的应急系统和备份方式也是需要提前做好的准备工作。

3. 普及安全知识和应急常识，开展培训和演习

图书馆应该定期对工作人员和读者进行安全培训，建议采用讲座、宣传片、图片等比较能吸引大家注意力的方式。有条件的图书馆可以定期进行安全危机模拟演习，既能查到漏洞，又能检验应急预案的可行性。

（二）危机预警

图书馆危机预警是指对图书馆内外环境及工作过程进行监测，根据图书馆外部环境及内部条件的变化，对图书馆未来的不利事件或风险进行预测和报警[①]。通过构建图书馆危机预警系统实现图书馆危机事前管理，帮助图书馆做好危机防范，最大限度地降低危机发生的概率和损失。图书馆危机预警系统主要包括图书馆危机监测子系统、图书馆危机评估子系统和图书馆危机预报子系统三个部分[②]。

1. 图书馆危机监测子系统

危机监测子系统的主体职能包括分析风险信息、监测危机动态、处理辅助信息三个方

---

① 徐冰. 图书馆危机预警机制的构建[J]. 图书与情报，2007，（2）：42-45.
② 刘兹恒. 图书馆危机管理手册[M]. 北京：国家图书馆出版社，2010.

面。其中，分析风险信息主要是为了准确评判风险产生的根源和转化成危机的诱因，以形成预警方案、明确应对思路，同时深入反思图书馆的不足，总结经验，冷静面对危机变数。图书馆对危机动态的监测主要是为了敏锐地发现风险征兆、监测危机发展速度和影响程度及利益相关者的态度与行为等。辅助信息是指有利于图书馆正确把握危机管理活动的方向的信息，比如，相关单位类似危机的应对案例与历史记录、上级主管部门的法规政策与管理规章等。

2. 图书馆危机评估子系统

简单来说，危机评估主要有两个步骤：一是评估指标的设置；二是评估结论的形成。危机监测子系统围绕预警指标对图书馆进行全方位的监测，并把监测结果反馈给危机评估子系统，危机评估子系统主要是根据事先设置的评估标准对这些指标数据进行分析和诊断。图书馆危机评估结论是制定危机管理策略的根本依据，对危机管理的成败起决定性作用，一般而言，危机评估结论至少应包括三方面的内容，一是对危机事件的起因、过程、扩散等进行分析；二是客观评估危机的危害程度；三是化解危机的可行性报告。

3. 图书馆危机预报子系统

在对危机信息进行监测和对危机状态进行评估后，要尽快地向图书馆内外的利益相关者发出有关危机来临、危机发展及其危害的警报，从而唤起其注意，并采取预控措施。为了保证预报的有效性，图书馆可以从危机预报主体的权威性与可信性、传播手段的时效性、危机预报的可被接受性等方面着手部署。

三、图书馆危机事中管理

（一）危机控制

首先，要根据危机的具体情况确定应对策略，将危机影响范围和危机损害程度控制到最小，并防止危机进一步扩散升级。危机控制阶段必须要遵循以人为本和取舍的原则，在保障危机现场人员安全的情况下，优先对图书馆全局利益关系最为密切的部分采取保护措施。突发性危机事件一旦发生，应该立即启用图书馆危机管理机构，一方面对危机事件进行分析，选择合适的预备方案进行应对；另一方面由专门从事危机控制工作的人员对危机事件进行处理，其他人继续工作，尽量保证图书馆服务的正常进行。

（二）危机处理

有效的图书馆危机控制可以防止危机的进一步恶化。图书馆危机处理阶段的主要工作任务有以下几个方面。

1. 工作部署的实施决策

对于图书馆管理者来说，必须要对危机进行快速判断、快速决策、快速做出反应，并对相关的工作做出及时的部署。

2. 资源的迅速调度

其中，人力资源的调度最为关键。一方面需要有相关人员出面维持局面，取得社会及公众的信任与支持；另一方面要充分发挥图书馆人员的智慧和力量，帮助解决危机。迅速调度财力、物力也是图书馆危机处理阶段的重要内容。

3. 与受危机影响群体的有效信息沟通

有效的信息沟通，一方面要避免误会和恐慌的产生，选择性地控制、引导危机信息的传播；另一方面可以利用新闻媒体和网络的传播优势，将图书馆处理危机的相关信息及时、准确地传播给公众。

四、图书馆危机事后管理

（一）危机善后

做好危机善后工作，总结经验教训。首先，及时做出准确、科学的评估，向上级领导汇报危机处理情况及在危机处理过程中遇到的问题和难题，寻找解决办法，尽快使图书馆恢复正常运作。做好危机善后工作，减轻危机给图书馆带来的损失。对读者进行心理辅导，帮助读者克服危机造成的恐惧心理，向受害者家属提供帮助和心理引导等。做好危机善后工作，向社会公众提供真实可靠的信息。例如，图书馆藏受损信息、伤亡信息等，一是可以帮助上层领导做出科学、果断的善后决策；二是使公众掌握真实的情况，避免混乱和恐慌。

（二）危机管理评估

图书馆危机处理活动结束以后，应对危机管理成效进行全面评估，包括危机影响分析，危机管理成本分析及危机处理结果分析等。开展图书馆的工作人员、馆藏、设备等损失统计，危机前后图书馆使用情况对比分析，读者调查等工作。

（三）总结学习

危机的爆发或多或少能反映出图书馆管理中存在的不足，根据图书馆危机管理评估，对图书馆危机管理成效进行一个初步的评判，总结成功和不足之处，从而对图书馆危机管理制度和组织体系进行改善，为后续的管理运营工作提供指导。另外，成功的图书馆危机管理最终还应当从危机中赢得转机，把握时机，并加强利益相关者之间的合作。

第四节　图书馆危机管理策略

传统的图书馆危机管理主要关注的是某个图书馆因自然灾害、管理、财政、资源、服务、人才等因素造成的危机，较少关注在某个重大危机事件中，如公共卫生事件，图书馆作为应急管理体系中的一环，应如何应对其所带来的危机。现有研究中的危机管理策略多是针对前者提出的，多是强调图书馆管理的改革创新、建立危机管理系统等方面，缺少针对后者的图书馆危机管理策略，尤其像新冠疫情、SARS疫情等重大突发公共卫生事件，是对图书馆危机管理策略的重大考验与检验。图书馆作为公共文化机构，既要应对危机事件为自身运转带来的危机，又要发挥专业优势、承担社会责任，为整个应急管理体系贡献自己的力量。本书论述的图书馆危机管理策略主要是指图书馆在应对某个重大危机事件中的管理策略。

（一）创新组织结构，建立制度规范

面对社会环境的变化，唯有顺应变革才能为图书馆危机管理注入新的生命力。图书馆组织机构必须适应社会的发展，进行组织结构创新。创新组织结构是一项整体的、全局的系统工程，不是在原有的基础上进行调整，而是从现状出发，满足多层次、多元化的组织需求，设置适用的职能机构，设计管理工作流程，明确责任权利。比如，设置危机领导组织，在图书馆危机管理中发挥统筹领导的作用，集合跨部门力量共同应对危机；建立危机管理制度，进行危机全程管理及图书馆人员危机培训工作；制定"突发事件应急预案"，各馆需要根据实际情况，因地制宜。

（二）打破传统管理理念，强调主动、联动

图书馆作为应急管理体系中的一环，在某个重大危机发生时，要积极参与到应对危机的队伍中去，为社会的良性循环贡献力量。应对危机时，图书馆管理需要更新旧有的管理理念，打破守旧的管理制度，建立科学合理的考核制度，在特殊时期，给图书馆工作人员提供动力及施加压力，给予其表现的机会并充分调动其工作的积极性。应对危机时，图书馆要强调主动、联动，有效提高危机管理的效率。图书馆，尤其是公共图书馆，主动、联动是其积极应对危机事件的重要态度和措施。除了国内外的图书馆联动、省份间的图书馆联动，还需与党政机关、社区、防控中心、学术组织等联动，实现管理制度、危机预案、信息资源的共享，注重信息平台的建立，提高图书馆在危机预防、准备、反应、恢复方面的水平[①]。

---

① 杨思洛，郑梦雪，王启云. 突发公共卫生事件中的公共图书馆危机管理[J]. 图书馆论坛，2020，40（11）：155-160.

（三）协作应对，延伸服务

在危机管理过程中，图书馆之间需要协作应对。无论是物资上的援助，还是相互间的经验传递与信息共享，图书馆之间都需要建立协作关系，共渡难关。另外，各个图书馆的危机管理水平不一，图书馆可在中国图书馆学会、各级图书馆协会的领导的指导下，协作形成合力，建立应对危机的管理平台，整合危机预案、预案模板、指南手册、组织制度、实时信息、管理理论等各类型资源[①]，积极参与到危机应对的队伍中去。

通常，危机事件的发生会大大减小图书馆的线下服务空间，可通过延伸服务来发挥图书馆的社会职能，做到闭馆不打烊，发展数字化服务。一方面可通过丰富线上资料集群来延伸服务，梳理出图书馆的数字馆藏资料，与各大平台联合为社会成员提供数字资源；另一方面是发挥图书馆的智库作用，充分发挥其情报搜集能力，搜集、整合、分析各类型政策文件、服务指南、学术资源等，开展信息咨询参考服务，为危机受害者、处理者、参与者提供支持服务[①]。另外，图书馆也可以通过官方网站、微信公众号等及时推送危机防控相关信息，积极参与到危机防控的公众信息服务中。

（四）加强馆员业务技能培训，整治馆内外环境

应对危机需要图书馆员提高其业务服务能力，督促馆员加强学习，必要时需要对馆员进行专门的业务技能培训；支持馆员开展业务研究，创新服务[②]。做好开馆准备工作，严格控制入馆检查，如设置红外线体温检测卡、消毒洗手液等；统一延长图书归还期限，做好回流书籍的消毒，设置自助图书消毒机等设施。

（五）完备预案，有序恢复

预案具有重要的指导作用，能为危机在各个阶段实施的应对措施提供基础保障。在日常培训工作中，图书馆应该注重对危机事件的培训，可与相关部门联合制定预案模板。在图书馆危机恢复阶段，各个图书馆要因地制宜地落实工作，完备预案。

图书馆可通过线上线下结合的方式传递最新信息，线上可通过官方网站、微信公众号等途径，线下可通过在馆门口张贴告示等方式，及时传递相关信息；图书馆可根据自身场馆面积，展开限流工作，实施座位定点；以有效防控为基础，考虑读者的需求，分步、分区、分时段开放馆内区域；增强图书馆员危机意识，与相关疾控部门联合，明确发现异常情况时的处置方法、流程、各区负责人等[①]。危机结束之后，应该对表现良好的图书馆以及工作突出的图书馆工作人员进行表彰；图书馆可以通过制定阅读书单、赠送阅读书籍等方式为危机中的受害者、参与者提供针对性服务，帮助他们缓解危机过后的心理问题。

---

① 杨思洛，郑梦雪，王启云. 突发公共卫生事件中的公共图书馆危机管理[J]. 图书馆论坛，2020，40（11）：155-160.
② 井水，周妮. 陕西省高校图书馆危机管理策略与反思[J]. 高校图书馆工作，2020，40（3）：22-28，36.

第十二章　图书馆营销管理

第一节　图书馆营销管理的概述

一、市场营销的概念

（一）市场营销的定义

随着社会的发展，市场营销的概念也在不断发展。其中最典型的市场营销的概念主要有以下几点。

现代营销学之父菲利普·科特勒（Philip Kotler）在其著作《市场营销原理》（第13版）中有关于市场营销的广义定义是"通过创造和交换产品及价值，从而使个人或组织满足欲望和需要的社会和管理过程"；从企业的角度来讲，狭义的定义则是"企业为了从顾客身上获得利益回报，创造顾客价值和建立牢固顾客关系的过程"[①]。

1985年美国市场营销学会（American Marketing Association，AMA）对1960年关于市场营销的定义给予了修正："市场营销是对思想、货物和劳务的构想、定价、促销和分销的计划和执行过程，以创造达到个人和组织目标的交换。"这个定义较前者有了很大的进步：一是市场营销的客体从唯一的产品提升到了思想、货物和劳务，为营销理念迅速普及提供了最直接的条件；二是从系统论的角度指出市场营销是一个计划与执行的系统；三是将交换定为市场营销系统服务的终极目标。可以看出，美国市场营销学会对市场营销定义的修正是以企业界广泛接受的科学管理思想和确立的现代企业制度为基础的[②]。

美国营销学学者杰罗姆·麦卡锡（Jerome McCarthy）在《市场营销学基础》中将营销分为微观营销和宏观营销。微观营销是指实施一系列行动，通过预测消费者或客户需求，并引导满足需求的商品和服务从生产商流向消费者或客户，寻求实现组织的目标。宏观营销是指引导经济体的物品和服务从生产者流向消费者的一个社会过程，它通过有效地平衡供求来实现社会的目标[③]。

总的来说，以上定义侧重点不同，各有特点。但菲利普·科特勒的定义是贯穿始终、并被普遍认可的。

它较为全面、客观地反映了现代营销的本质，即以交换为中心，以顾客为导向，协调各种营销活动，通过顾客满意来实现组织目标；同时强调了营销活动一种管理过程。市场

---

① 科特勒 P，阿姆斯特朗 G. 市场营销原理[M]. 13 版. 郭国庆译. 北京：清华大学出版社，2013：6-7.
② 张永清. 从市场营销定义的重新演绎谈营销实践的理性化思考[J]. 四川行政学院学报，2002，（6）：51-55.
③ 佩罗 W D，坎农 J P，麦卡锡 E J. 市场营销学基础[M]. 孙瑾译. 北京：中国人民大学出版社，2012：4-6.

营销就是理解市场及顾客的需要和欲望，为顾客创造价值和建立顾客关系，最后通过交换和交易，从顾客那里获取价值作为回报的过程[①]。

（二）市场营销的核心概念

市场营销的核心概念有需要、欲望和需求，产品，价值与满意，交换、交易和关系，市场和营销者[①]。

1. 需要、欲望和需求

需要是指人类没有得到某些基本满足的感受状态。需要是人类与生俱来的、维持个体生命和种族延续所必需的条件以及相应社会生活的反映。当存在具体的商品来满足需要的时候，需要就转变成欲望了。欲望是想得到基本需要的具体满足物的愿望。欲望往往受特定的社会所制约。营销者不可能创造需要，需要优先于营销者而存在[②]。不过，营销者和其他社会因素共同对人们的欲望产生影响。需求是有支付能力购买具体的商品来满足的欲望。可见，消费者的欲望在有购买力做后盾时就变成为需求。市场营销者不仅要了解有多少消费者有欲望，还要了解他们是否有能力购买。

2. 产品

产品是指用来满足顾客需求和欲望的物品。产品可以分为有形产品和无形产品。产品可以是有形的物品，如汽车、手机等，也可以是无形的服务、组织、观念、信息、思想及它们的组合。

3. 价值与满意

顾客是在不同的产品之间做出选择的，而选择的基础就是哪一种可以给他们带来最大的价值。价值是顾客所感知到的有形利益、无形利益与成本的综合反映，可以看作质量、服务和价格的某种组合。满意反映的是顾客对产品的实际表现与自己的期望所进行的比较[②]。如果产品的实际表现低于期望，顾客就是不满意的；如果相等，顾客就是满意的；如果超出了期望，顾客就会非常高兴。

4. 交换、交易和关系

交换是市场营销的核心概念，交换是指以某种物品作为回报，从他人那里取得所需物品的行为和过程。当人们通过交换来满足欲望和需求时，就产生了营销。交易是交换的基本组成部分。交易是指买卖双方价值的交换，它是以货币为媒介的；而交换不一定以货币为媒介，它可以是物物交换。交换是一个过程，一旦交换成功，就产生了交易。交易涉及

---

① 张浩如. 图书馆营销研究[M]. 北京：国家图书馆出版社，2017：37-40.
② 科特勒 P，凯勒 K L. 营销管理[M]. 王永贵，等译. 北京：中国人民大学出版社，2012：11-12.

几个方面，即两件有价值的物品，双方同意的条件、时间、地点，还有来维护和迫使交易双方执行承诺的法律制度。在营销活动中，除了进行短期交易之外，企业为了在交易过程中获得更多的利益，还致力于与顾客、分销商、经销商建立并保持长期和良好的关系，除了吸引新顾客和创造新的交易，还需要维持与老顾客的关系，促成再次或多次交易，也就是关系营销。

5. 市场和营销者

市场由一切有特定需求或欲望并且愿意和可能从事交换来使需求和欲望得到满足的潜在顾客所组成。一般来说，市场是买卖双方进行交换的场所。但从市场营销学角度看，卖方组成行业，买方组成市场。行业和市场构成了简单的市场营销系统。

营销者是那些从潜在顾客那里寻求响应的人。如果双方都在积极寻求把自己的产品（服务）卖给对方，那么就把他们都称为营销者[1]。营销者可以是卖方，也可以是买方。谁更积极、主动寻求交换，谁就是营销者。

营销的目标就是识别特定市场的需要和欲望，并选择出能提供最佳服务的市场。营销者往往很难满足市场上每个人的需要。营销者首要工作就是对市场进行细分。通过分析顾客的人口统计信息、心理特征信息和行为差异信息，可以识别出具有不同产品与服务需求的不同顾客群体。

二、图书馆营销管理的概念

（一）图书馆营销和营销管理

国内外的研究者鲜有对图书馆营销和营销管理给出明确定义。ALA 在《ALA 图书馆与信息学词典》（*The ALA Glossary of Library and Information Science*）中将图书馆营销（library service marketing）定义为：图书馆和信息服务的提供者针对服务的实际用户和潜在用户而进行的一系列有目的的活动，其范围涉及提供的产品、服务成本、服务方式和服务推广的技巧[2]。格雷纳（Greiner）将营销的 4P（product，产品；price，价格；promotion，推广；place，渠道）理论应用到图书馆领域，公共图书馆的产品是图书馆为用户提供的活动计划、资源和服务；价格是用户群体为保证正常运作所需支付的成本；地点与图书馆资源和服务的提供方式有关；推广是指图书馆应使用户群体了解其提供的资源和服务[2]。IFLA 在《公共图书馆服务指南》（2010 年）中提到，营销不仅仅是广告、销售、说服或促销；营销是一个根据用户的需求和欲望设计产品和服务、以用户满意为目的的可靠的和真正的系统方法[3]。

在国内，肖永英认为，有效的营销将有助于图书馆满足用户的需求，并实现图书馆为

---

① 科特勒 P，凯勒 K L. 营销管理[M]. 王永贵，等译. 北京：中国人民大学出版社，2012：8.
② 肖永英. 论图书馆数字参考服务的营销策略[J]. 情报资料工作，2006，（6）：84-87.
③ 张浩如. 图书馆营销研究[M]. 北京：国家图书馆出版社，2017：41-42.

用户服务的宗旨，它实际上是一种使图书馆和用户实现双赢的过程①；王启云等认为，公共图书馆营销是根据读者的需求来进行图书馆资源建设，通过营销手段，了解、发现、激发用户需求，并想方设法满足目标用户群体的需求，把能满足读者需求的产品和服务以适当的方式和方法提供给读者②；王雁行提到图书馆营销的内涵是：挖掘信息资源，分析用户需求，实现信息资源和信息产品的内在价值，从而比竞争对手更快捷准确地预测并满足用户需求的一种管理运行方式③；沈清波和谢小军将图书馆营销管理定义为：通过应用市场营销的理论与方法，调动图书馆内所有的成员与部门，引导和促进图书馆资源和图书馆服务从图书馆到用户所进行的一切组织活动过程④。

综上所述，可以看到图书馆营销和营销管理的定义借鉴市场营销的概念进行界定，国外的定义更接近市场营销概念的本质，国内的更多加进了研究者的理解。科特勒和凯勒将营销管理看作艺术和科学的结合，即选择目标市场，并通过创造、交付和传播优质的顾客价值来获得顾客、挽留顾客和提升顾客的科学与艺术⑤。在此基础上，可以认为：图书馆营销管理是根据用户的需要，图书馆创造和交换用户价值与管理用户关系的组织活动。在概念中，突出了交换，强调以用户为导向，满足用户的需要。

（二）图书馆营销管理的核心概念

图书馆是公益性的非营利组织，在产品、服务、用户、市场等方面与企业还存在许多不同之处，因此放在图书馆语境下对营销管理的核心概念进行阐释⑥。

1. 图书馆环境下用户的需要、欲望和需求

图书馆是一个收集、整理、传播文献并提供利用的机构，其主要功能是保存人类文化遗产、开展社会教育、传递科学情报、开发智力资源、提供文化娱乐等，并不能满足人类的所有需求。图书馆能够满足用户的需求和欲望往往和科学、文化、教育有关，或者利用图书馆的设备和资源可以实现的相关服务需求，这些需求通常来自人的较高层次的需要，这些需要可产生希望接受教育、学习、科研、获取信息、文化娱乐等的欲望和需求。

因此，图书馆需要了解用户的需要，利用图书馆的资源等优势影响用户的欲望和需求，进而满足其需求，是图书馆实现成功营销的关键。

2. 图书馆产品

图书馆产品可以分为有形产品和无形产品。有形产品包括不同介质的文献资源，如纸质文献、电子文献、缩微品等，以及通过对这些资源进行加工而产生的二次和三次文献，如文摘、索引、目录、专题述评、综述、指南等。无形产品指图书馆以文献资源和设备为

---

① 肖永英. 论图书馆数字参考服务的营销策略[J]. 情报资料工作，2006，（6）：84-87.

② 王启云，黄跃进，黎汉杰，等. 江苏省公共图书馆营销管理调查与分析[J]. 图书情报知识，2014，（4）：68-79.

③ 王雁行. 全媒体时代的我国图书馆营销现状与发展对策[J]. 图书与情报，2016，（4）：77-82.

④ 沈清波，谢小军. 图书馆营销管理研究[J]. 图书与情报，2016，（4）：77-82.

⑤ 科特勒 P，凯勒 K L. 营销管理[M]. 王永贵，等译. 北京：中国人民大学出版社，2012：6.

⑥ 张浩如. 图书馆营销研究[M]. 北京：国家图书馆出版社，2017：42-46.

基础，向用户提供各类无形的服务、举办的讲座、培训等，如流通服务、阅览服务、阅读推广活动等。

3. 价值与满意

图书馆的公益性决定了用户消费图书馆产品时并不需要直接付出金钱来购买，但用户为了能够消费其产品，需要付出时间、精力以及间接地付出金钱。随着网络环境的普及，图书馆不是用户获取信息的首选渠道，免费服务对用户的吸引力下降，用户是否会选择图书馆服务，取决于用户接受图书馆服务时所付出成本和所得利益与从其他途径获得相同服务时的成本和利益进行比较的结果，用户会根据自己的理论来判断哪种服务更具有价值。

一旦用户认为图书馆产品更有价值，用户就会选择图书馆产品，产品效能与用户期望相符甚至超过用户期望，用户的满意度就会高。用户的满意度决定着用户以后是否还会选择图书馆。

4. 图书馆交换、交易和关系

由于图书馆是公益性组织，用户在使用图书馆产品或者享受图书馆服务时，不用直接支付金钱，但用户需要付出时间、精力或间接付出金钱。用户一旦使用了图书馆产品或者享受了图书馆服务，就表明交换成功，图书馆与用户之间就发生了交易。交易是双方价值的交换，在图书馆环境中，用户得到的价值是图书馆提供满足其需求的产品或服务，图书馆获得的价值是用户的反映（如图书馆有用）和用户建立的初步关系。当到馆用户越来越多时，会提高图书馆的社会效益和社会认可度，这正是图书馆营销的终极目标。图书馆与用户建立并保持长期和良好的关系，是图书馆营销重要的一环，这有赖于图书馆不断发现和满足用户的需求，同时提高服务质量。

5. 市场和市场营销者

图书馆市场是指图书馆服务半径或者其行政区域内的常住、暂住和流动人口，包括儿童、青少年和老年人口以及各类组织机构。由于图书馆的公益性这个特性，图书馆市场是不能选择的。对于图书馆来说，除了现有用户，其服务辖区内的其余人群都是其潜在用户。这样，图书馆是积极、主动地寻求交换的一方，图书馆就是营销者。

三、图书馆营销管理的特点[①]

（一）市场的不可选择性

图书馆的公益性决定了图书馆的市场是不可选择的。广义来说，任何合法的公民和组织都有权享受图书馆的服务。不同类型的图书馆在服务对象和服务范围上是有差异的。在图书馆的发展过程中，为了体现自身的社会价值，图书馆在力所能及的范围内一直试图扩

---

① 张浩如. 图书馆营销研究[M]. 北京：国家图书馆出版社，2017：46-51.

大服务范围,这是由其公益性和所承担的社会职能所决定的。由于图书馆市场范围的扩大,需要进行市场细分,更容易分析和了解用户的欲望和需求,制定相应的市场营销策略。

(二)用户和图书馆获益不明显

与非营利机构相比,用户使用图书馆产品后,在大多数情况下并不能明显感受到产品的价值或仅仅感受到产品的部分价值,这在一定程度上增加了图书馆营销的难度。例如,用户去图书馆阅读一本书,虽然用户知晓阅读的诸多好处,但一次阅读并不能让用户感受到其带来的直接价值,阅读的价值需要经过一个相对漫长的过程才能体现出来。另外,除非用户特别需要,图书馆产品和服务并不是大多数用户急需或必需的。

在图书馆的营销过程中,不仅仅是用户获益不明显,对于图书馆的工作人员来说,为新用户提供服务后,并不能像营利性机构一样很快就获得收入,其收益仅表现为与用户建立了初次的关系以及用户对服务的满意程度和再次使用服务的可能性。当这些收益不断地累积,会使图书馆得到社会认可,获得政府更多的支持和民间的捐赠。

(三)行业内缺乏竞争

竞争有利于激发组织的活力和创造力,能使人振奋精神,奋发进取,是市场营销活动的重要因素之一。图书馆行业与替代行业间的竞争主要是指图书馆与能够提供相似信息服务的机构间的竞争,如互联网、数据库服务商等。图书馆与替代行业间的竞争加剧,为图书馆事业的发展提供了机遇和挑战,促进了图书馆营销活动的开展。

在图书馆行业内,更多的是协作,由于多种原因未形成全面的馆与馆之间的竞争。图书馆服务的地域范围决定了一个图书馆并不需要与其他图书馆争夺用户群体,为本区域用户提供服务依然是当前图书馆的主要任务。由于行业内竞争的缺乏,图书馆在服务和产品的设计上更多地聚焦于替代行业服务的差异化,在营销战略的制订上并没有突出本图书馆的特色,这不利于图书馆服务和产品的丰富和多样性。在图书馆营销活动中,一方面告诉用户本馆有什么,能为用户带来什么价值;另一方面告诉用户本馆与其他馆的区别是什么,有哪些特色。

(四)产品以无形的服务为主

图书馆的产品以无形的服务为主,在很多情况下,图书馆实际上是在营销一种理念、思想、认识以及基于图书馆文献资源和设备而提供的各类服务活动,包括了馆员、设备、地点、组织、信息、观念、思想等元素。服务不同于企业的实体产品,图书馆在服务营销中要突出服务的特征。在核心理念上强调,通过提供优质服务,持续提高用户的满意度和忠诚度。通过各种营销手段传播和推广图书馆的服务,让用户熟知图书馆的服务理念、服务内容和服务模式,吸引更多的用户了解图书馆和使用图书馆[1]。

---

① 李海英. 图书馆服务管理[M]. 北京:国家图书馆出版社,2011:127-128.

第二节　图书馆营销管理的程序

在图书馆营销管理的程序上，目前学界和业界并没有统一的说法。在《学术和研究型图书馆的战略营销：参与者手册》中，ACRL 和雷诺兹（Reynolds）提出了四个基本的营销规划步骤：用户和市场研究、战略图书馆规划、图书馆促销和提供产品或服务[①]。按照营销理论，营销的一般流程包括环境扫描、确定营销对象、制定营销目标、确定营销策略、营销成果评估[②]。因此，我们可将图书馆营销管理的流程分为：环境分析、市场细分与定位、营销目标的确定、营销组合策略的制定和营销评估。

一、图书馆营销环境分析

图书馆营销环境分析是营销管理的重要环节。通过运用各种调查研究方法，对图书馆所面临的外部环境和内部环境进行系统分析，以发现图书馆营销的机会以及潜在的风险。外部环境分析主要是图书馆面临的机会和风险，内部环境分析则是图书馆营销资源的优势和劣势。环境分析的方法多种多样，如 PEST、SWOT、五力模型等。PEST 方法和五力模型在图书馆战略管理中有较多介绍，在这里主要介绍一下SWOT 方法[③]。

S（strengths）优势：图书馆内部的有利因素，如充足的经费来源、雄厚的技术力量、良好的社会形象、专业优势等。

W（weaknesses）劣势：图书馆内部的不利因素，如资金短缺、设备老化、管理不善、缺少关键技术和专业人员、服务能力差、对用户需求不能做出快速反应等。

O（opportunities）机会：图书馆所处的外部环境如人口环境、经济环境、技术环境、政治法律环境等对图书馆开展服务、设计和营销产品有利的因素，如互联网技术的发展带来的新的用户需求、政府对教育和文化事业的支持、公众图书馆意识的提高等。

T（threats）威胁：图书馆所处的外部环境中的不利因素，如经济不景气导致的图书馆经费缩减、搜索引擎对图书馆的替代、社会公众对图书馆的刻板印象等。

通过图书馆营销环境的分析，梳理并识别图书馆面临的机会与威胁、优势与劣势，发现未来发展机会，为营销目标的确定提供依据。在分析这些因素时，不仅要考察和分析现状，还要预测未来的发展趋势问题。在实践中，针对图书馆整体环境的分析较多，但缺少对营销项目的环境分析，需要在整体环境分析的基础上增强对具体营销项目的环境分析。

---

① Garoufallou E，Siatri R，Zafeiriou G，et al. The Use of Marketing Concepts in Library Services：A Literature Review[J]. Library Review，2013，62（4/5）：312-334.

② 张靖，任佳艺. 战略规划中的公共图书馆营销[J]. 图书馆论坛，2022，（2）：1-13.

③ 张浩如. 图书馆营销研究[M]. 北京：国家图书馆出版社，2017：68.

二、图书馆营销市场细分与定位①

（一）市场细分

图书馆营销市场细分就是用户细分，按照用户欲望与需求把总体市场划分成若干具有共同特征的子市场，以便有针对性地对有相同或相似需求的用户设计市场和提供服务。市场细分需要通过各种调查方法获得用户需求和欲望信息，汇总后按一定的划分标准进行细分。常用的调查方法有问卷调查和用户访谈法。图书馆市场细分的标准，通常有年龄、社会阶层、健康状况、地理位置、经济收入、生活方式、宗教信仰、文化语言等。在选择细分标准时，可以采取单一标准，但更多的时候会采用多项标准的组合。例如，对于公共图书馆，可以按年龄将用户分为儿童、青少年、成年人和老年读者，在成年人读者中还可以按不同的教育程度进行更进一步的细分。

图书馆市场具有不可选择性。图书馆在细分市场后，可以先把当前最有能力创造最大用户价值和最优潜力的市场作为主要目标市场，等这部分市场成熟稳定之后，再重点培育其他部分市场。也就是说，通过市场细分，图书馆可以确定出当前一段时期内的主要目标市场和次要目标市场。只有综合各种标准，了解用户在图书馆获取、使用上的差异，才能设计营销策略以满足各类用户的需求。

（二）市场定位

图书馆一旦选择了目标市场，就要在目标市场上进行产品的市场定位。市场定位的过程就是寻找、识别和显示与竞争对手产品和服务的差异化过程。图书馆的市场定位可以通过以下步骤完成：首先，识别潜在的竞争优势。在了解竞争对手产品定位的基础上，明确目标市场上用户需求和欲望满足的情况，确定针对竞争对手的市场定位和潜在的用户需求和欲望，图书馆应该及能够提供的产品和服务。其次，确定相对竞争优势。通过与竞争对手在资源、产品差异、服务差异等方面比较，找出图书馆可以创造的相对竞争优势。最后，传播市场定位。通过一系列的宣传促销等活动，与目标市场进行有效的沟通，将其定位观念传播给潜在用户。

三、图书馆营销目标的确定

营销目标是在本计划期内所要达到的目标，对营销策略和营销评估具有指导和约束作用。根据对图书馆的市场状况分析，在当前和未来图书馆的优势和劣势、机会与威胁的分析和预测的基础上，确定图书馆营销的目标①。营销目标是要由图书馆营销部门和其他部门共同参与制定的，并且具有可行性。

---

① 张浩如. 图书馆营销研究[M]. 北京：国家图书馆出版社，2017：58-61，68.

　　从战略层面，图书馆营销目标大致可分为五类。一是扩大宣传认识，提升图书馆影响；二是建立图书馆品牌；三是注重图书馆资源、服务营销；四是加强交流合作；五是重视图书馆营销渠道[①]。营销是一个图书馆树立形象、彰显价值的有效途径，将营销目标纳入图书馆战略规划顶层设计，既可以明确营销在图书馆中的地位，又指引了图书馆进行营销的方向、策略与具体行动。

四、图书馆营销组合策略的制定

　　图书馆在确立了营销目标、选定了目标市场并进行市场定位之后，就必须通过设定最佳的营销组合来实现营销目标。营销组合是企业根据用户的需求和企业的营销目标来确定可控营销因素的最佳组合，是营销的工具和手段。杰罗姆·麦卡锡将企业的营销要素归纳为四个基本策略的组合，创立了经典的 4Ps 营销理论，即产品（product）、价格（price）、渠道（place）、促销（promotion）和策略（strategy），简称 4Ps，成为营销管理的基础性理论[②]。随着社会经济的发展和营销实践的丰富，专家和学者不断对 4Ps 理论进行扩展与修订，先后出现了 6Ps、7Ps、10Ps、11Ps 及 4Cs、4Rs 等理论。在这里主要介绍 4Ps 营销组合策略[①]。

（一）产品策略

　　产品指图书馆可以提供满足需求的任何有形或无形的产品和服务。图书馆依赖其产品而存在。在馆藏方面，提供世界上主要的知识和文献，包括本社区的文献，是图书馆独特的社会贡献，且现在仍是其非常重要的功能；在服务方面，服务是图书馆的永恒主题，坚持服务是图书馆的终极目标、根本目的、一切工作的出发点和归宿；坚持服务是图书馆一切工作的中心；在人力资源方面，在数字化和网络化环境中，员工队伍素质和专业人员能力的高低已经成为当今图书馆事业发展的重要因素。在空间方面，有图书无馆舍，则不能称之为图书馆，即使是数字图书馆，也有虚拟的空间，空间资源是图书馆不可或缺的重要资源。

　　图书馆作为一个服务行业，其产品最终都是面向用户的，需要为合适的用户提供适合的产品，正如图书馆提倡的"为人找书，为书找人"。因此，需要深入挖掘用户需求，提供个性化产品，无论是提供用户正在找的信息、想要学习的知识，精准的阅读推荐，还是与用户性格匹配的人工或自主服务，或者一个符合用户需求和心情的空间。利用网络技术、人工智能，提供个性化产品，构建一个用户自己的图书馆，从而增加用户黏性，让用户进入图书馆、习惯使用图书馆、爱上图书馆。数字化有效地支撑了产品的个性化，大数据、云计算、物联网等技术使为每个用户提供个性化图书馆产品成为可能。

---

① 张靖，任佳艺. 战略规划中的公共图书馆营销[J]. 图书馆论坛，2022，（2）：1-13.
② 张浩如. 图书馆营销研究[M]. 北京：国家图书馆出版社，2017：61.

（二）价格策略

由于图书馆是公益性机构，不以营利为目的，用户使用其主要产品和服务时并不需要付出货币，因此价格是指用户使用图书馆的成本，如时间、精力和隐私权等。少数的收费项目，其价格需要获得上级部门的批准或经过公示。如何使用户尽可能地付出最小的成本而获益最大，是制定价格策略时要考虑的问题[①]。

以用户为中心是图书馆立馆之本、发展之基。只有真正站在用户角度思考，才能发现图书馆现存问题，并加以改进，进而减少用户花费，打破用户走进、使用图书馆的阻碍。以用户为中心减少用户花费的营销策略基于对用户的充分了解。需要事前进行用户调查，分析影响用户满意的因素、用户的期望、喜好及行为，以此为基础制定营销策略，并邀请用户参与策略制定、征求用户意见，及时调整策略实施，最终让用户没有阻碍地使用图书馆。图书馆可以利用互联网和新媒体技术帮助用户足不出户即可在终端上获得所需信息，大大降低费用成本，缩短用户等待信息服务的时间，提高获取信息的效率[②]。

（三）渠道策略

渠道指图书馆的产品和服务可供使用和获取的方式，如馆舍、服务网点、书车、网页浏览等。图书馆一直致力于拓展其营销渠道，为用户打造可随时随地获取、使用的图书馆。图书馆依据馆情、项目需要，制定拓展图书馆疆域的营销策略，如图书馆走进咖啡店、引入网上直播等，为更多人提供图书馆产品。随时随地获取使用图书馆，让图书馆没有围墙，既能扩大图书馆影响范围、扩展用户群体，又是实现图书馆平等自由价值的有效路径。

数据图书馆技术的发展对图书馆营销渠道产生了重要影响，自助服务亭、自助办证设备等已在多所公共图书馆应用，扩大了图书馆的实体疆域。为提供多渠道访问、使用，增加营销路径，线上营销渠道的建立、拓展成为必然。例如，拓展数字图书馆服务模式，开发移动应用程序，完善基于智能终端的"微"服务平台。

拓展营销渠道，要图书馆打开大门，前置服务终端，挖掘可利用的资源，开拓服务边界，创新服务模式。这种营销策略的设置，需要把握发展方向，掌握用户使用潮流，利用传统的和新兴的各类渠道，将用户在不同渠道的体验无缝衔接，打造全平台、各方位、所有时间均可获取使用的图书馆。例如，杭州图书馆的"多终端全方位数字服务平台——文澜在线"利用网络和移动终端开展移动服务，使用户真正获得随时随地、触手可及的信息服务；国家图书馆"掌上国图"移动服务品牌使读者通过手机可随时随地查看服务和活动信息、进行 OPAC（online public access catalogue，联机公共查询目录）检索、浏览数字资源等[①]。

① 张浩如. 图书馆营销研究[M]. 北京：国家图书馆出版社，2017：62.

② 王雁行. 全媒体时代的我国图书馆营销现状与发展对策[J]. 图书与情报，2016，（4）：77-82.

（四）促销策略

促销是指使用有针对性的工具和媒体来宣传图书馆的产品或服务，如广告、媒体与报道、展览、个人营销、公共关系等。在促销策略上，图书馆可以采用传统媒体宣传、网络及新媒体推广、体验式营销、关系营销等方式进行产品或服务的促销[①]。①图书馆可利用重大节庆日、与读书有关的纪念日，通过召开新闻发布会、约请专题采访、邀请媒体现场报道等形式，广泛开展新闻宣传报道，吸引社会公众对图书馆关注并参与，提升图书馆社会影响力。②除了在网站发布服务政策、服务信息、资源介绍、展览讲座等文化活动预告外，图书馆应利用新媒体互动性强的特点，运用微博、微信、社交平台等形式宣传推广信息服务，用符合网络特点的亲民形象和语言与用户开展互动，为用户答疑解惑的同时，充分了解用户需求，从而不断推出和完善服务项目。③图书馆应为用户提供更多与科技零距离接触的机会，让用户在图书馆里充分感受全媒体时代带给人们的信息体验，由此吸引用户走进图书馆。例如，上海图书馆专门开辟了名为"新阅读体验"的区域，让读者亲身感受数字阅读的快乐。④图书馆应在图书馆的宣传推广工作中运用公共关系理论，通过举办读者座谈会、读书沙龙、文化互动活动等方式，在用户心中树立图书馆的良好形象，推介图书馆的各项服务，稳定已有用户群，并发掘潜在用户群。

此外，在促销中常会出现各活动项目各自推广、互不相干的情况，导致用户对图书馆形象认知模糊，促销效果不好。因此，树立图书馆品牌，将品牌形象融入促销，能够增强其辐射力和竞争力，以良好的品牌形象带动图书馆行业的认知度、好感度，扩大图书馆用户群体。将品牌形象融入促销需要进行图书馆品牌定位，确定品牌理念，讲好图书馆故事，打造图书馆形象；然后通过各类型活动的开展和各类平台来与用户进行良性互动沟通，迎合用户偏好塑造品牌形象；最后通过促销提升用户对品牌形象的认识，让用户真正记住图书馆、使用图书馆。

五、图书馆营销评估

营销评估是图书馆营销工作中必不可少的环节，目的是掌握营销活动的整体效果，从而不断进行完善。图书馆对此应提高重视，可通过问卷调查、用户访谈、电子邮件、网站统计以及其他新兴手段获取用户对资源和服务利用情况和满意度的反馈，进行收集整理，利用科学的统计分析方法，归纳总结规律性结论，然后根据以往经验和统计分析数据，设定评估标准，开展绩效评价[①]。图书馆可结合统计数据，并对足够数量的目标用户进行深度调查获得更多的反馈信息，从而进一步做好分析和总结，形成评估报告，为改进服务内容、完善营销策略提供参考借鉴。

目前营销评估仍未形成体系，多数图书馆的营销评估蕴藏在战略规划评估之中。在图

---

① 王雁行. 全媒体时代的我国图书馆营销现状与发展对策[J]. 图书与情报，2016，（4）：77-82.

书馆愈发重视评估的背景下，图书馆战略规划应当建立营销评估体系，尤其关注社会影响与贡献，由此指导图书馆营销的自我定位、度量、改进、决策[①]。用户满意度是评估图书馆营销结果的有力指标，同时加强社会影响和社会贡献指标，更好地对图书馆营销成果进行有效评估。

六、图书馆营销实施的保障

（一）积极树立图书馆营销理念

图书馆的营销理念应兼顾图书馆自身以读者为中心的竞争营销理念：强调以用户为中心，满足用户需求，其营销的起点来源于用户的信息知识观念、需求和欲望，终点是用户需求的满足，兼顾图书馆自身组织基础上的竞争。虽然图书馆由公共财政投资作为支撑，但是还须考虑管理成本、自身的建设与发展及如何更好地服务用户。为了既有的用户和潜在的用户，图书馆必须要从传统的被动服务走出来，推销自己。正确认识图书馆开展营销工作，可以应对信息服务市场竞争的需要；改善公共图书馆社会认知的需要；实现公共图书馆社会效益最大化的需要[②]。

（二）组建统筹图书馆营销工作的专门部门

图书馆需要进一步优化公共图书馆组织机构保障机制，在图书馆内部成立开展营销推广的专门部门。它的设立有利于对内辅导对外宣传，为馆员讲授营销知识，使其掌握营销策略方法，助力营销策略的实施，并可专心致力于馆内各类活动，更好地完成图书馆的营销任务。图书馆要以用户需求为根本导向，重建其业务流程，配备专门营销人员，组建营销团队，将营销纳入图书馆战略规划中，并将目标细化分解，制定出可量化的营销指标与计划，建立营销评估标准与体系，依据评估结果及时调整营销策略[③]。

（三）强化营销人才队伍的引进与培养

完善图书馆营销服务人才队伍保障机制，加强在职培训教育，适当增加广告学、市场营销、新媒体营销等相关营销理论和实践课程，也可在图书馆相关学术会议上增加服务营销主题内容，开展相关培训，为馆员提供学习营销理论的机会。营销推广人才可以纳入图书馆编制招聘计划，适当招聘具有市场营销学相关背景的专业人员，完善人才队伍结构，或者积极招募具有市场营销特长的志愿者，制定志愿团队管理章程，打造一支综合素质较

① 张靖，任佳艺. 战略规划中的公共图书馆营销[J]. 图书馆论坛，2022，（2）：1-13.

② 王启云，黄跃进，黎汉杰，等. 江苏省公共图书馆营销管理调查与分析[J]. 图书情报知识，2014，（4）：68-79.

③ 刘冬. 融媒体时代公共图书馆营销推广的实践探索与思考——以杭州图书馆为例[J]. 图书情报工作，2021，65（1）：76-81.

高、营销水平较高、创新能力较强、能够根据不同用户需求提供深层次和多样化数字文化服务的图书馆营销人才队伍[1]。

第三节 图书馆营销与公共关系

一、公共关系与营销

（一）公共关系的概念

公共关系是组织运用传播手段，协调公众关系、改善发展环境、树立良好形象的管理活动。公共关系的结构由组织、公众、传播三个要素组成，组织是公共关系的主体；公众是公共关系的客体；联结主体与客体的中介环节是信息传播。因此，可以明确公共关系的实质：它是一种管理活动，是组织为了实现组织目标进行的实践活动。公共关系的重要任务是树立良好的组织形象。

（二）公共关系与市场营销的关系[2]

公共关系在组织经营和管理中担负着环境监测、决策咨询、沟通协调和问题处理等多项重要而又独特的具体职能。现代市场营销离不开公共关系，公共关系是市场营销成败的决定性因素之一。有效的公共关系可以通过维护和谐的社会和政治环境来促进市场营销，同样，成功的市场营销和满意的用户可以帮助建立和维护与其他各类公众的良好的关系。

公共关系主要解决的是组织和公众之间的信任关系，应坚持以公众为对象、以形象为目标、以互惠为原则、以传播为手段、以真诚为信条、以长远为方针的理念。在各类组织的营销活动中，公共关系的作用主要表现为：①搜集信息，为组织的决策提供科学保证；②建立信誉，树立组织的良好形象；③沟通、协调组织内外，为组织营造最佳发展环境；④防范和处理危机问题，为组织力挽狂澜，减少损失。

二、图书馆公共关系的概念

（一）图书馆公共关系的定义

良好的公共关系状态是处在积极、有利的社会关系环境和社会舆论中，是一种无形资产、无形财富，并能使一个组织的有形价值增值。为此，任何一个组织为创造良好的社会关系环境，争取公众舆论支持，就必须开展一些协调、沟通、传播活动。图书馆作为一个

① 刘冬. 融媒体时代公共图书馆营销推广的实践探索与思考——以杭州图书馆为例[J]. 图书情报工作，2021，65（1）：76-81.

② 张浩如. 图书馆营销研究[M]. 北京：国家图书馆出版社，2017：133-135.

具有广泛社会性的公共文化机构，要想树立良好形象和美好社会声誉，得到内部、外部公众的充分肯定，就必须开展一系列以创造良好的公共关系状态为目的的信息沟通活动，达到相互了解和信赖的目的[①]。

图书馆公共关系是图书馆运用传播手段使自己与公众相互了解相互协调的一种行为。图书馆公共关系是图书馆通过有目的、有计划的行动，促进与公众的理解与合作，对内不断加强团结，对外不断扩大影响，树立良好形象，争取社会的支持和协助，从而为图书馆生存和发展创造有利条件的一种活动[②]。图书馆公共关系对象即图书馆公众，图书馆公共关系即图书馆公众关系。图书馆公众关系又可区分为对内公众关系和对外公众关系，对内即图书馆与图书馆员工的关系；对外即图书馆与读者、与其他相联系的个人（如用户、捐赠者等）、组织（如新闻媒体、政府主管部门等）之间的关系。

（二）图书馆公共关系的特点[③]

图书馆公共关系的构成要素包括图书馆、公众和传播。图书馆是主体是图书馆公共关系活动的组织、策划和实施者。按行为主体划分，公共关系活动可以分为：图书馆行业的公共关系、单一图书馆的公共关系、图书馆员的公共关系。公众是客体，是图书馆公共关系活动的目标和对象。传播是手段、方法，是联结图书馆与公众的中介环节。在公共活动中，可采用各式各样的传播方式，重要的是传播的作用效果，如信息层次、感情层次、态度层次和行动层次。

从公共关系三要素来看，公共关系活动实际上就是围绕信息传播而展开的，因此，图书馆公共关系活动要想取得最佳实践效果，需要在制作高质量信息的基础上，选用最合适的传播渠道或传播媒介。从实际工作角度来看，现代图书馆和媒体的关系是图书馆公共关系活动中的一个重点，需要图书馆重视并积极开展和媒体之间的公共关系活动，坦诚沟通，合作共赢。

馆长是图书馆公共关系的关键性角色。要实现图书馆公共关系的长期成功，首先，要赢得馆长的支持，他决定着公共关系的目标和方案；其次，馆长要承担公共关系的义务，亲自参与图书馆公共关系活动，为图书馆发展创造良好的舆论环境，获得支持；最后，馆长与员工以及同行进行双向传播，加强图书馆内部团结，提升图书馆的业界影响力。

三、图书馆公共关系的目的和职能

图书馆公共关系是一种管理方法，也是一种传播活动，在现代图书馆事业发展中起着重要作用，是图书馆运营和管理不可或缺的重要手段。

① 张群. 论图书馆公共关系活动[J]. 图书馆理论与实践，2003，（4）：36-37.
② 黄宗忠. 论图书馆管理的公共关系方法[J]. 图书馆，1991，（3）：9-13，8.
③ 张浩如. 图书馆营销研究[M]. 北京：国家图书馆出版社，2017：142-144.

（一）图书馆公共关系的目的

公共关系的目的简单来说就是外求发展、内促团结。图书馆公共关系的目的是使图书馆和政府、媒体等建立良好关系，争取包括馆员在内的公众的理解与支持，为图书馆的发展创造良好的社会环境，使图书馆更好地实现其社会价值。具体来说，图书馆公共关系要达成的目的有：①打造新的现代图书馆形象；②提升图书馆的社会效益；③获取社会各方面的支持①。

（二）图书馆公共关系的职能①

1. 监测环境，收集信息

这要求图书馆密切关注可能影响图书馆目标实现的公众和社会因素的动态变化，如社会政治、经济和文化等因素，并收集这些信息，为评估图书馆工作提供必要的数据和资料。在内部环境上，需要关注和收集的信息包括：员工的工作状况及其情绪，图书馆内部的人际关系和舆论情况等。在外部环境上，需要关注和收集的信息有：国内外和图书馆有关的政策、法规和重大事件，上级主管部门对图书馆工作的评价，与图书馆有关的社会舆论；公众对图书馆的要求、意见和建议等。

2. 提供咨询，参与决策

根据对图书馆环境监测的情况，为图书馆决策提供科学决策依据，就图书馆存在的问题及发展趋势等向决策者提供咨询和建议，并从社会公众及整体环境角度对图书馆的决策进行评估，预测决策可能带来的社会影响。这一职能贯穿图书馆决策的调研、策划、实施和评估的全过程。

3. 传递信息，沟通协调

在图书馆的运营和管理中，难免会出现一些矛盾和问题，需要公共关系发挥作用，传递信息，沟通协调各方关系，为图书馆营造一个"内有团结、外可发展"的良好环境。图书馆内部的沟通协调，需要建立一个有效的信息传递和信息反馈渠道，如座谈、聊天、邮件、电话、社交媒体等。图书馆外部的沟通协调，需要及时向公众传递他们需要或者需要知道的各种信息，与公众积极开展信息交流，了解公众对图书馆的反映。

4. 参与社会，争取资助

图书馆职能的完成和事业的发展，需要社会各方面的支持。在我国，图书馆经费主要依靠政府财政拨款。图书馆通过公共关系去影响公众和政府官员对图书馆的看法和态度，

---

① 张浩如. 图书馆营销研究[M]. 北京：国家图书馆出版社，2017：144-149.

能帮助图书馆获得更合理的经费。图书馆可以与学校、社会组织、企事业单位合作,整合双方资源优势开展相关活动,如讲座、展览等。此外,图书馆还可以向社会公开招募志愿者,一方面解决人力不足的问题,另一方面让公众了解图书馆、爱上图书馆。

5. 应对和处理危机问题

图书馆发生危机,会对图书馆形象和发展造成影响。图书馆需要坚持诚信原则,在第一时间及时做出反应控制事态的发展,与当事人及有关人员及时沟通,通过报纸、电视、网络等大众媒体向公众表明态度,坦陈事实真相,消解各种流言和谣言给图书馆带来的不良影响。在查明真相后,也要把处理结果向公众反馈,引导舆论转向正面发展,改变公众态度,赢回公众对图书馆的信任。

四、图书馆公关活动①

(一)图书馆公关活动的类型

为实现图书馆公共关系的目的和职能,图书馆公共关系人员需要开展各种各样的活动,并且随着公共关系工作的开展,活动形式也在不断发展创新。图书馆公关活动按照不同标准分为不同类型。

按照行为主体划分,图书馆公关活动可以分为图书馆行业的公关活动、单一图书馆的公关活动、图书馆员的公关活动。图书馆行业的公关活动一般是由图书馆协会发起和主导的,宣传图书馆的社会价值,争取公众对图书馆事业的支持,预防图书馆行业危机问题的出现。单一图书馆公关活动是由某个图书馆作为主体开展的,如图书馆的各种宣传推广活动,图书馆通过大众媒体或社交媒体与公众开展的交流互动。图书馆员的公关活动则是馆员为宣传图书馆、推广图书馆的服务以及改善馆员自身形象等而开展的公关行为。

此外,按照活动的性质划分,图书馆公共关系活动可以分为宣传性公关活动、交际性公关活动、服务型公关活动、社会性公关活动和征询性公关活动。按照图书馆所处的不同时期和状态,可将图书馆公共关系活动分为建设性公关活动、维系性公关活动、防御性公关活动、矫正性公关活动和进攻性公关活动。

(二)图书馆公关活动的步骤

图书馆开展公关活动必须是有目的、有计划、有组织地进行,整个过程可分为调查研究、制订计划、组织实施和评估后果四个步骤。

1. 调查研究

调查研究是图书馆公关活动的一步,其主要任务是确定图书馆所面临的主要问题和公

① 张浩如. 图书馆营销研究[M]. 北京:国家图书馆出版社,2017:150-157.

众对图书馆的认知、态度和倾向，明确公关问题所在，为后续的工作提供相应依据。调查的主要内容有：图书馆内部的自我期望形象调查，图书馆外部的实际形象调查，两者之间差距的比较和分析。

2. 制订计划

根据调查研究的结果，图书馆应接着制订相应的公关活动计划，明确活动目标，设立活动主题，确定具体活动项目，并拟定行动方案。在公关活动计划中，公关人员应列出活动的背景、目标、主题、措施和预算。在活动行动方案中，需要具体明确活动的负责人、实施者及其主要工作内容；活动实施的程序及时间安排；活动需要的传播媒介、电子设备等。

3. 组织实施

组织实施阶段是整个公关活动中最关键且最复杂的环节，将已经制订好的公关计划付诸执行并具体落实。公关活动开展的过程中，要由专人负责各项具体活动的实施，如召开新闻发布会、举办展览、举行典礼等，实行目标管理。在公关活动实施过程中，需要从实际出发，必要时调整计划和措施。

4. 评估后果

评估主要是根据特定的内容和标准，对活动的效果、作用、影响进行评估，看是否达到预定的目标，及时总结经验，发现问题，做出改正。评估工作是针对整个公关活动开展的，包括活动的调查、计划阶段和实施阶段。评估工作的主要方法有报告法、外部监察法和比较法。